큰 소리로 읽는 한국어

- 낭독(朗讀)의 발견 -

조 동 오(趙東五)

도서출판 진 영 사

권두언(卷頭言)

- 우리말이 무너지고 있다.

현재 우리말의 오염실태는 한마디로 무어라 표현할 수 없을 정도로 도를 넘고 있다. 자연환경의 오염이 인류의 생존문제와 직결된다고 한다면 언어의 오염은 국가의 흥망성쇠(興亡盛衰)가 달린 문제이다.

한글은 뜻글자가 아니라 소리글자이다. 소리의 묘미가 있는 독특한 문자를 세종대왕은 우리에게 선물하셨다. 그러나 많은 사람들이 언어를 귀하게 여기지 않는다.

언어는 갈수록 마구 망가지면서 품위를 잃어가고 있다. 언어의 오염실태는 가정에서부터 시작하여 사회, 문화, 정치 전반에 이르기까지 어느 한구석 성한 곳이 없을 정도로 심각하다.

말이란 표준어를 쓰느냐 지방 사투리를 쓰느냐에 따라 느낌이 다르고, 발음의 정확도에 따라 그 사람의 교육 정도, 교양 정도, 심지어는 인격까지도 평가된다. 그러나 품위(品位)있고 격조(格調)가 있는 언어생활의 본보기가 되어야할 방송언어(放送言語)는 저속(低俗)한 표현으로 얼룩지기가 일쑤이며, 우리말 표준발음(標準發音)은 온데간데없이 사라지고 있다.

국립국어원이 2010년 지상파 텔레비전 방송 프로그램의 언어사용 실태에 관한 조사에서, 상반기보다 하반기에 더 많은 저품격(低品格) 언어가 사용된 것으로 나타났다. 그런가하면 전문(專門) 방송인(放送人)들의 입에서는 길게 발음을 해야 할 '연:기'(演技)를 짧게 발음을 해서 '연기'(煙氣)로 오인케 하는가 하면, 한:파(寒波)를 '한파'로 표현하는 등, 우리말의 장단음(長短音)조차 구분하지 못하고 있는 실정이다. 이러한 문제가 어디 방송뿐이겠는가?

청소년들의 언어생활도 마찬가지다. 인터넷, TV 등으로 인해 청소년들의 언어생활이 망가지고 있는 것이다. 입만 열면 인터넷 은어(隱語)다. 또 읽기도 쓰기도 서툰 아이들이 넘쳐나고 있다. 소위 '활자 이탈세대'(活字離脫世代)의 학습, 의사소통 능력에 비상이 걸렸다.

교육 현장의 교사들은 "수업시간에 교과서 '소리 내 읽기'를 좀처럼 시키지 않는다."고 한다. 읽기를 시키면 워낙 많은 학생들이 제대로 읽지 못하고 더듬거려 수업을 진행하기가 어렵다는 것이다. 또 상당수 학생들이 표준어와 맞는 글에 대한 개념(槪念)조차 잃어가고 있다. 자기가 틀렸다는 것조차 모르는 경우가 허다하다.

세계화란 남의 것을 수용하는 것만이 아니요, 우리 것을 세계에 심는 것이 되어야 한다. 그런 면에서 우리 국어를 영어나 독일어, 불어처럼 국제적인 언어가 되도록 갈고 닦고 세계화하여야 한다.

– 망가지고 있는 우리말, 낭독(朗讀)으로 살리자!

낭독(朗讀)이란 글을 소리 내서 읽는 것을 말한다. 즉 글을 '큰 소리로 읽는 것'을 말한다. 낭독은 눈으로 보고 귀로 듣는데서 그치는 것이 아니라, 입으로 소리 내어 스스로 몸을 통해서 느끼는 것이다. 그러므로 낭독은 '제3의 감각'이라고 할 수 있다.

글 읽기가 부족하면 언어 표현력(表現力) 미숙(未熟)과 언어 파괴(破壞)현상으로 이어질 수 있다. 언어는 기억력(記憶力)과 논리력(論理力), 상상력(想像力) 등 사고(思考)과정 전반에 큰 영향을 미친다.

낭독은 발음(發音)뿐만 아니라, 기본 문장구조(文章構造)와 어휘력(語彙力), 사고(思考)의 흐름도 자연스럽게 익힐 수 있기 때문에 발표력(發表力)은 물론 적극적인 성격을 형성하는데 큰 도움이 될 수 있다.

낭독(朗讀)은 발음(發音), 발성(發聲), 고저(高低), 강약(强弱), 속도(速度), 호흡조절(呼吸調節), 띄어 읽기, 어조변화(語調變化), 말의 늬앙스 등의 표현기교(表現技巧)로서 글의 내용을 되도록 바르게 음성(音聲)으로 표현하는 것이다.

낭독훈련을 통해 '**무너지고 뭉개지고 있는 우리말**'을 바로 세워야 하겠다.

차 례

제1장 낭독(朗讀)이란 무엇인가?

제2장 아름다운 표현 Beautifully

제3장 정확한 표현(表現) Correctly

제4장 방송언어(放送言語)

부 록

제1장

낭독(朗讀)이란 무엇인가?

1. 낭독은 인류 본래의 독서방식(讀書方式)
2. 글 읽기 단계(段階)
3. 낭독의 요건(要件)

제1장 낭독(朗讀)이란 무엇인가?

말을 전달하기 위한 기초 수단은 '정확한 발음'이다. 따라서 발음을 정확하게 구사하기 위해서는 '낭독훈련'이 절대적이다.

낭독은 문자언어를 통해 의미를 형성하여 나가는 사고(思考) 과정이다. 낭독은 글의 장면을 머릿속에 그리면서 장면에 어울리게 소리 내서 읽는다. 즉 글의 배경이나 인물의 성격 등에 어울려야 한다. 특히 대화 글은 글에 나타난 인물의 심리적 상태를 반영해야 하므로 인물의 말과 행동에 어울리게 읽어야 한다.

비슷한 말로는 음독(音讀) 낭창(朗唱), 낭영(朗詠)등이 있다. 음독은 묵독(黙讀)이 발전한 것으로 한 마디 한 마디 소리를 내어 읽는 것이며 혼자서 중얼거리는 경우도 포함된다. 낭독은 다른 사람에게 문장의 내용을 전달하기 위해 소리를 내서 읽는 것이지만, 음독은 단조롭게 소리 내서 읽는 것이다. 구별은 확실치 않으나 낭창, 낭영은 모두 노래를 부르는 투로 소리 내서 읽는 것이고, 시가(詩歌)의 경우에는 낭독과 거의 차이가 없다.

낭독의 형식은 혼자서 읽거나, 여러 사람이 같이 읽기, 그리고 몇 사람씩 나누어서 차례로 읽거나 역할을 정해서 희곡(戲曲)등을 읽는 방법이 있다.

낭독은 국어시간에 각종 문장을 낭독하는 일에서부터 부모가 자녀들에게 이야기책을 읽어주는 일, 법정에서의 판결문 낭독, 연설문 낭독, 회견문 낭독, 결의문 낭독, 유인물 낭독, 설교자의 성경 봉독(奉讀), 그리고 아나운서가 방송 원고를 읽는 일 등, 누구나 이용할 수 있는 실용적인 형식이다.

역할을 정해서 읽는 것과 집단적으로 모여서 읽는 것을 짜 맞춘 군독(群讀)은 연극적 수법으로도 이용된다. 최근에는 시인이 자작시를 낭독하는 '시 낭독' 시도가 많아졌다. 입체낭독(立體朗讀)은 소설 따위를 낭독할 때, 대화 장면 같은데서 여자의 말은 여자가, 남자의 말은 남자가 읽되 효과나 음악 등을 넣어서 실감나게 하는 낭독이다.

어느 시인은 "낭독문화는 삶이 갖고 있는 뜻과 아름다움을 누리기 위한 문화이며, 여름 밤 시골의 개구리 울음소리가 잠을 방해하지 않듯이 낭독문화는 몸의 리듬에 일치한다."고 한다. 또 그는 "낭독문화는 텍스트를 더 깊게 보고 더 많이 향유하는 것이고, 삶의 스타일에서 느림의 삶을 추구하는 것"이라고 말한다. 즉 '낭독은 과속하는 문화에 브레이크를 거는 것'으로서 낭독의 필요성을 강조한다.

낭독은 듣는 사람에게 내용을 충분히 이해시키고, 감동을 주어야 한다. 따라서 읽는 사람은 미리 내용을 검토하여 정확하고 아름답게 표현하도록 노력해야 한다.

1. 낭독은 인류 본래의 독서방식(讀書方式)

책 읽기의 '읽기'는 본래 '소리 내어 읽기'였다. 고대 그리스인들은 소리 내어 읽음으로써 비로소 텍스트가 완성된다고 보았다. 고대 로마의 부자들은 책 내용을 통째로 암기하고 있다가 주인의 명령에 따라 내용을 들려주는 노예를 두기도 했다. 그야말로 '살아있는 책'인 셈이다.

근대적인 의미의 작품 낭독회를 말하자면 영국 소설가 찰스 디킨스를 빼놓을 수 없다. 그는 1858년부터 시작하여 세상을 떠나기 직전까지 모두 471회에 걸쳐 정기적인 낭독회로 벌어들인 고정 수입은 글로 벌어들인 수입보다 많았다고 한다.

그렇다면 우리에게는 낭독의 전통이 없는가? 경기도 무형문화재 제 32호는 '송서'(誦書)와 '율창'(律唱)이다. 송서는 산문에 가락과 사설(辭說)을 실어 읊은 것이요, 율창은 한시(漢詩)에 가락을 실어 노래하는 것이다. 송서와 율창은 일제 강점기 때도 부잣집 사랑채를 중심으로 유행하던 풍류였다. 선비의 글 읽는 소리에 반한 옆집 처녀가 흠모의 정을 품은 나머지 담을 넘어 선비의 방으로 뛰어들었다는 일화도 많다.

전문적으로 소설책 읽어주는 일을 했던 이업복(李業福)에 관해 '청구야담(靑邱野談)'은 이렇게 전한다. "이업복은 아이 적부터 소설책을 잘 읽었다. 그 소리가 노래 같기도 하고 우는 듯도 하고 웃는 듯도 하며, 호방한 선비 같기도 하고 아름다운 여인 같기도 하니, 책 내용의 배경과 상황에 따라 자유자재 바뀌었다."

조수삼(趙秀三)의 '추재기이(秋齋紀異)'에는 서울 동대문 밖에 살았던 "기이한 이야기를 전하는 노인" 즉 전기수(傳奇叟)가 나온다. 전기수는 종로 일대를 정기적으로 돌아다니며 숙향전, 심청전, 설인귀전 등의 언문소설을 낭송(朗誦)했다. 전기수는 가장 흥미진진한 대목에서 낭송을 일부러 멈추었다. 그러면 청중들은 다음 줄거리를 재촉하며 앞 다투어 돈을 던졌다.

100연년 전에는 신문·잡지·서적 등을 갖추어 놓고 누구든지 마음대로 열

람할 수 있도록 한 장소가 '신문종람소'(新聞縱覽所)였다. 오늘의 도서관이나 소규모 신문 열람실에 해당한다. 신문 구독률이 낮았던 당시에 계몽과 학문 진흥의 한 방편으로 종람소를 설치하여 많은 사람이 신문·잡지를 읽을 수 있도록 배려했다. 하지만 종람소는 그리 많지 않았다. 그래서 사람이 많이 모이는 저잣거리에서는 신문을 크게 소리내어 읽으면 사람들이 둘러서서 듣는 광경을 흔히 볼 수 있었다.

다음은 1909년 출간된 일본인 저서 '조선만화'(朝鮮漫畵)에 조선인에게는 간단한 신문낭독 방법이 있음을 소개한 내용이다.

"조선 사람에게는 간단한 신문낭독 방법이 있다. 큰길을 향한 문밖에 대여섯 명이 모여 땅에 웅크리고 앉아 볕을 쬐는 가운데 근처의 박식한 사람이 어제의 신문지를 큰 소리로 읽는다. 운율(韻律)은 경(經)을 읽는 것처럼 가락을 붙이며 구두점을 찍고, 억양을 조절한다. 긴요한 시사 논책(論策)을 읽는 태도는 아니다. 몸을 뒤로 젖히고 가슴을 편 자세다. 담배를 피우고 가래침을 뱉으면서 덧 문짝에 기대어 태연자약하게 조금도 서두르지 않는 모습은 유학자의 풍모(儒者之風)가 있다..., 듣는 사람은 팔꿈치를 구부려서 턱을 괴고 손으로 볼을 떠받친다. 혹은 담뱃대를 물거나 혹은 왕래하는 사람들을 보면서 때로는 고개를 끄덕이며 가끔 눈살을 찌푸린다. 하늘을 우러러보거나 머리를 숙이고, 결코 질문은 하지 않되 묵회(黙會:설명을 듣지 않아도 깨달음)하는 경우가 있는 것 같다. 읽는 사람, 듣는 사람이 함께 긍지를 갖고 있는 모양이다..." ('朝鮮漫畵',鳥越靜岐·薄田斬雲 공저,1909)

이처럼 소리 내어 읽고 듣는 책의 전통은 오늘날 CD형태의 '오디오 북'으로 되살아났다. '오디오 북'은 미국에서 이미 전체 출판물 시장의 10%를 차지하고 있을 정도로 인기다. 에드거 앨런 포우나 어니스트 헤밍웨이 같은 고전적인 작가들은 물론, 토머스 프리드만의 '세계는 평평하다'와 같은 책도 대부분 CD로 나와 있다. 책 읽어주는 '북텔러'(book teller)도 신종 직업으로 등장했다. 최근에는 댄 브라운의 '다빈치 코드'등 MP3 파일 형태의 오디오 북이 새롭게 각광받고 있다.

비가 내리거나 울적할 때 반드시 소리를 내서 명심보감(明心寶鑑)을 읊어보라고 권하고 싶다. 눈으로만 보는 공부는 깊이가 없다. 가슴으로 읽어야 그 뜻이 삶의 방식으로 체득된다.

■ 낭독은 말하기 · 듣기능력을 향상(向上)시킨다.

대부분의 사람들은 '말'에 대한 공포증을 갖고 있다. 젊은 세대로 갈수록 수업시간에 발표를 못하는가 하면, 말을 내뱉지 못하고 웅얼거리는 등 말하기 콤플렉스가 더욱 심각하다. 인터넷과 휴대폰에 너무 의존하다보니 사람들과의 소통이 부족하기 때문이다. 그래서 미국에서는 80, 90년대에 출생한 젊은이들이 말을 못하는 '바보세대'로 취급받고 있지 않는가?

그렇다면 공포증을 없애는 방법은 없을까? 간단하다. 어떤 상황에서든 자신감을 키워주는 '말하기 교육'이 필요하다. 우리 국민들 대부분은 '화장(化粧)'과 '화장(火:葬)', '외군(外軍)'과 '왜군(倭軍)'의 발음차이도 구분을 못한다. 이는 음가(音價)는 무시하고 쉽게 발음하려는 경향이 있기 때문이다.

말하기의 기초는 '큰 소리로 읽는 훈련' 즉 '낭독(朗讀)'을 통해 이루어진다. 우리말 발음부터 교정해 나감으로써 자신감을 키움은 물론, 무너지고 있는 우리말을 지킬 수 있다. 동화(童話) '싱잉 푸'로 널리 알려진 저자 폴 제닝스는 "아이들이 큰 소리로 책을 읽는 것은 기본이며, 큰 소리로 읽는 능력은 나중에 중요한 자리에서 발표할 수 있는 능력을 갖게 한다."고 말한다.

낭독은 몸이 소리를 내고, 그 소리를 다시 몸으로 받아들이는 작업이라 할 수 있다. 똑같은 내용의 글이라 하여도 눈으로 읽을 때(黙讀)와 소리를 내서 읽을 때의 느낌은 사뭇 다르다. 글을 소리 내서 읽기란 쉬운 일이 아니다. 낭독은 단순히 글자를 읽어 내려가는 일이 아니기 때문이다.

낭독의 가장 중요한 요건은 듣는 이에게 '맛'을 전해야 하는 것이다. 그러기 위해서는 낭독은 너무 느리거나 빨리 읽어서도 안 되고, 감정을 십분 살려서 읽어야 한다.

낭독은 읽는 사람의 호흡과 감정, 목소리의 떨림이 그대로 실려 있어야 한다. 즉 정확한 발음은 물론, 읽는 속도, 호흡 조절, 띄어 읽기, 어조의 변화가 살아있어야 한다. 큰 소리로 읽음으로써 정확한 발음 등 감정전달의 효율성을 기한다면 더 이상 금상첨화(錦上添花)가 아닐 수 없다. 그래서 낭독연습은 '말하기'의 기초가 될 수 있는 것이다.

미국에서는 읽기로 말하기 실력을 키우는 '유창하게 읽기'가 주목받고 있다. 정확한 발음과 강세, 의미 단위로 끊어 읽기, 말하는 속도 조절하기 등을 '소리 내어 읽기'로 가르치는 것이다. 오바마 미국 대통령, 영국의 조지 6세 등 훌륭한 연설가로 손꼽히는 사람들의 비결도 바로 '유창하게 읽기'에 있다. 특히 조지 6세는 '말더듬이 콤플렉스 극복' 에 관한 영화 'The King's Speech'에서 상세히 보여주고 있다. 이 영화는 실화를 바탕으로 만든 영화인만큼 영국의 역사를 보여준 드라마이면서 조지 6세 개인의 감동적인 드라마이기도 하다.

많은 여행기를 남긴 H씨는 "최종적으로 원고를 정리할 때는 처음부터 끝까지 소리 내서 읽어보면서, 말로해서 거치적거리는 부분은 빼거나 고친다."며 낭독의 필요성을 강조한다.

보석도 갈고 닦아야 빛을 내듯이, 글을 소리 내서 읽음으로써 입 속에서 익숙해지며, 동시에 귀로 들을 수 있으니 '말하기'는 물론 '듣기'에도 도움이 된다. 시와 연극, 더 나아가서 아나운서, 성우 등, 말을 구사하는 모든 이에게 낭독은 훌륭한 학습방법으로 권장되고 있다.

■ 낭독은 기억력(記憶力)을 증진시킨다.

책을 읽으면 IQ도 키우고 대인관계도 좋아진다. 즉 책을 읽음으로써 'ㄱ, ㄴ, ㄷ' 'ㅏ, ㅑ, ㅓ'의 음과 기호를 상상할 수 없는 짧은 시간에 뜻으로 바꾸는 두뇌 활용으로 인해 결국 머리를 좋게 해주는 결과를 가져온다고 한다.

실제 책을 많이 읽는 사람들은 나이에 관계 없이 기억력 등이 왕성하다. 이런 사람들은 뇌 속의 신경세포를 연결시키며, 두뇌 활동의 척도가 되는 신경섬유(神經纖維)의 굵기가 그렇지 않은 사람보다 굵다는 조사결과도 있다. 독서를 하되 가급적 큰 소리로 감정을 집어넣어 가면서 읽는다면 더욱 효과적인 두뇌 활동이 이루어질 수 있는 것이다.

5개 국어에 능통한 P라는 사람이 있다. 청춘을 모두 외국어에 바친 셈이다. 그가 밝힌 외국어 공부의 비결은 수도승(修道僧)처럼 매일 새벽 5시에 기상해서 1시간 반 정도를 소리 내서 읽는 일이 중요한 일과였다고 한다.

- 큰 소리로 읽으며 머릿속 흔적을 남겨라

한자 1급에 합격한 초등학교 3학년 어린이가 있다. 그를 직접 가르친 아버지로부터 '한자신동'을 키워낸 교육법을 들어봤다.

그는 "아이들에겐 한자 하나하나에 집착하기보다 책 전체를 파악하는 것이 중요하다"고 말한다. 그래서 학생은 한자를 공부할 때 항상 소리를 내면서 읽는다. 아빠와 함께 손으로 허벅지를 두드리면서 운율을 타기도 한다. "옛날 서당에서 몸으로 운율(韻律)을 타며 '하늘 천(天), 땅 지(地)' 하고 읽는 모습을 저절로 흉내 내게 되는데, 아이도 그렇게 하면 즐겁게 공부할 수 있습니다. 가볍게 여러 번 읽는 것이 기억에 오래 남습니다. 머릿속에 흔적을 남겨 가는 거죠"라고 말한다. 모든 글자를 외우려 하지 않았고 손으로 쓰지도 않았다.

종래의 국어교육은 문장의 해독이나 해설에 주력했으며 작문도 중시하였으나, 말하는 일과 소리 내서 읽는 것을 등한시(等閒視) 하였다. 소리를 내서 읽으면 오감(五感)이 모두 작동한다. 오감이 모두 작동해야만 깊이 기억된다.

■ 낭독은 독서 지도에 도움이 된다.

아이에게 독서습관을 들이는데 책 읽기만큼 좋은 방법도 없다. 특히 훌륭한 작품을 잘 낭독하면 듣는 사람의 독서의욕을 돋운다. 낭독의 본질이 활자로 된 책에 생생한 생명력을 얹어주기 때문이다.

낭독은 읽는 방법이나 말하는 방법을 익히는데 도움이 될 뿐만 아니라, 묵독(黙讀)만으로 언뜻 파악하기 어려운 회화, 정경(情景) 따위를 구체적으로 이해시키는 점에서 독서 지도에 매우 도움이 될 수 있다.

읽기 능력은 독서와 절대적인 상관관계가 있다. 글을 많이 읽은 사람은 잘 읽고, 글을 적게 읽은 사람은 못 읽는다는 단순진리 그 이상도 이하도 아니다. 책을 많이 읽어야 한다. 아는 것이 많을수록 더 빨리 읽고 더 잘 이해한다. 책을 많이 읽으면 배경지식을 많이 얻게 되고 글의 구조에 대한 친숙성을 가지게 된다.

그런데 학생들의 읽기능력이 크게 떨어지고 있다. 기성세대가 문자세대(文字世代)라면 요즘 학생들은 영상세대(映像世代)다. 기성세대들은 책을 통해 공부했지만, 요즘 학생들은 학원 선생님들의 설명을 통해 지식을 습득한다. 바르게 정독(精讀)하는 과정을 통해 글 전체를 다 보는 것이 우선인데, 핵심 키워드를 읽거나 훑어서 읽는 습관부터 들인다. 글을 이런 방식으로 읽으면, 문장을 이해하는데 많은 문제점이 생긴다. 그것은 마치 출판사에서 교정(校訂)을 보는 사람들이 글을 꼼꼼히 읽으면서도 문장 전체의 내용을 거의 이해하지 못하는 것과 같은 이치이다.

책을 소리 내서 읽게 하자. 독서를 좋아하는 아이는 대부분 속독에 강하다. 소리를 내어 읽으면 집중력이 높아져 글을 정확하게 읽어내는 정독(精讀)을 할 수 있다. 이때 부모는 아이가 자연스럽게 읽는지, 끊어 읽기를 못하는 것은 아닌지, 틀리게 읽는 것은 없는지 체크해 주어야 한다. 나아가 운율(韻律)과 대화체의 맛을 살리면서 읽는다면 점차 책에 대한 흥미를 느끼게 된다.

또 아이의 책 읽는 소리를 주의 깊게 듣는 것도 매우 중요하다. 부모 앞에서 책을 읽는 아이에겐 그것이 사랑의 표현이므로 관심을 기울이지 않는 부모는 아이의 사랑을 거절하고 있는 셈이다. TV가 아무리 재미있어도, 당장 설거지가 급해도 아이 앞에 앉아 눈을 맞추고 경청해야 한다.

1993년 퓰리처상을 받고 워싱턴 포스트 서평(書評) 섹션(Book World)에 30년째 책 리뷰를 써온 서평 전문기자 마이클 더다(Michael Dirda · 60)는 어릴 적부터 책에 탐닉(耽溺)했던 과거를 돌아본 자서전 '오픈 북'(An open book)에서 "나는 완독가(緩讀家)(slow reader)다. 잘 아는 작가의 책이라 해도 그 이면을 읽어내려 한다. 입술을 움직여가며 소리 내 읽고, 세부 표현도 기억하려 애쓴다. 그래야만 책이 나의 일부가 되고, 내 스스로 원기도 찾고(refreshed) 정보도 얻는다."고 말한다.

일찍이 송나라 주희(朱熹) 가라사대 '글을 읽는 방법은 차례차례, 차근차근 정독하는 것보다 더 나은 것이 없다(讀書之法, 莫貴於循序而致精–朱熹)'라고 하였다.

■ 유아·초등학생에 낭독은 필수(必須)

유아·초등학생 시기에는 아직 체계적인 독서 습관이 몸에 배어있지 않다. 어떤 책이 유익하고 이로운지를 스스로 분별할 수 있는 능력이 떨어진다. 끈기와 의지가 부족해서 지루하거나 어려운 책은 금방 싫증내기 마련이다. 부모의 역할이 중요한 때이다.

특히 예비 초등생에게는 스스로 책을 읽는 습관과 소리 내 읽는 습관을 길러주는 것이 중요하다. 창의력과 자기주도 학습능력을 길러주는 독서방식은 묵독보다 음독이다. 큰 소리로 읽을 때 눈 뿐 아니라, 귀 등 신체 여러 부분을 사용하면서 뇌가 더욱 활성화된다.

아이들의 독서 속도는 너무 빠르지 않도록 조절해야 한다. 천천히 책을 읽으면 어휘력이 향상되고, 비판적, 추리력, 상상력을 동원할 시간적 여유를 갖게 되기 때문이다. 또 감동을 경험해야 감동적인 글을 쓸 수 있는데 너무 빨리 읽는 아이들은 책 속의 감동을 느낄 수 있는 기회를 갖지 못하는 경우가 대부분이다.

독서교육이 가장 효과적인 시기는 언어능력이 완성되는 12세 이전이다. 음성언어에서 문자언어로 나아가는 시기라 소리내서 읽는 것이 중요하다. 인간의 어휘량(語彙量)과 어휘의 질은 80% 정도가 책으로부터 결정되며, 이 기간에 어휘량의 80%가 입력되기 때문이다.

말문이 늦게 터질 때는 낭독을 많이 시키는 것이 효과적이다. 교과서를 낭독시켜도 좋고, 어린이가 좋아하고 자신감 있게 읽을 수 있는 동화(童話)를 큰소리로 낭독하게 하면 어휘력도 풍부해지고 언어사용도 용이해진다.

아이들의 두뇌는 그릇과 같다. 이 그릇 속에 많은 생각의 알갱이를 가득 채워 주어야 바른 행동과 사고력을 갖게 된다. 바른 아이로 성장시키려면 무조건 책을 읽는 아이로 키워야 한다.

- 초등학교 저학년은 발음교육의 중요시기.

언어발달에 관한 대부분의 연구 결과에 의하면 아동들은 취학 전에 이미 완숙단계에 이른다고 한다. 심지어 어느 학자는 인간의 언어능력은 10세 때 시작해서 12세에 끝난다고 주장하기도 한다. 여하튼 초등학교 저학년(1-3학년)은 발음교육이 중요시되는 시기라 할 수 있다.

그런데 문자를 보고 읽는 문자의 발음은 지금까지 취학 전에 익혀왔던 음성언어에서의 발음과는 그 성격이 크게 다르다. 즉 취학 전에 습득한 음성언어의 체계와 취학 후에 배우는 문자언어의 쓰기 체계 사이에는 괴리가 있다. 한 예로 학교에 취학한 아동들은 “그리운 고향집에는 복숭아와 밤나무가 있었다.”를 배워야 한다. 이 말은 취학 전 아동들의 언어로는 “그리운 고향찌베는 복쑹아와 바암나무가 읻썯다.”이다. 그래서 문자 읽기 지도(指導), 즉 낭독의 중요성이 있는 것이다.

■ 마술(魔術)같은 효력-책 읽어주기

어려서부터 부모가 책을 많이 읽어주는 것이 좋다. 아이가 혼자서 글을 읽을 수 있더라도 부모가 읽어주면 글자 읽기에 집착하지 않고 자유롭고 폭넓은 상상을 할 수 있고, 더 확장된 사고를 할 수 있으며 책 읽는 재미에 빠지게 된다.

아이에게 책을 읽어주는 효과는 넓고도 깊다. 우선 듣기에 대한 적응력이 높아진다. 부모나 교사가 들려주는 이야기에 집중하다보면 말귀를 잘 알아들을 수 있고 어휘력도 풍부해진다. 희곡을 읽는 것과 연극을 직접 보는 것이 다르듯 누군가가 읽어주는 이야기는 감동의 깊이가 다르다.

캐나다 국민들은 독서가 생활화되어 있다. 복잡한 지하철에서도 책을 읽는 모습이 충격적일 정도이다. 이런 습관은 아마도 어려서부터 교사와 가족들이 책을 읽어준 영향이 아닌가 한다. 한가한 낮이면 할머니가 아이들에게 책을 읽어주는 모습도 어디에서든 볼 수 있다. 캐나다의 초등학교 저학년 수업은 반 이상이 책 읽어주기로 진행된다. 거기에다 종례시간이면 교사들이 15분 정도를 할애해서 책을 읽어준다. 교사들은 하나같이 구연동화 전문가다.

캐나다 초등학교 과정에는 숙제가 거의 없다. 그저 수업시간에 풀다 남은 문제를 집에 가서 마무리 하는 정도이다. 그런데 '독서 숙제'는 모든 학년에서 필수이다.

- 책 읽어주는 엄마

잠들기 전에 책을 읽어주는 것은 아이에게 충만한 기분으로 잠들게 돕고, 정신적으로 안정과 휴식을 준다. 특히 6개월 미만의 영아들은 어휘나 책에 집중하는 것이 아니라 친근한 엄마 얼굴을 보며 소리의 높낮이를 파악하고, 다정한 목소리에 안정감을 느낀다.

영국에서는 '베드타임 스토리(Bedtime Story)'라 하여 어린이들이 잠들기 전에 아이의 머리맡에서 책을 읽어주는 것을 생활화하고 있다. 엄마가 아이에게 직접 책을 읽어주는 동안 아이들은 엄마와 유대감을 얻게 된다. 또 낭독 소리를 통해 문장의 흐름, 장단, 끊어 읽기 등을 자연스럽게 터득하게 되고 성장한 뒤에는 상대방의 이야기를 경청(傾聽)하는 자세를 갖게 된다.

사실 아이들은 책을 눈으로 보는 것보다 누군가 읽어주는 걸 더 좋아한다. 이미 알고 있는 내용이라고 해도 엄마가 읽어주면 두 눈을 반짝이며 귀를 기울인다. 사랑의 마음을 전하고 받는 마술(魔術)같은 효력! 책 읽어주기는 이처럼 단순히 책의 내용을 전해주는 것 이상의 효과를 가진다. 엄마의 목소리로, 엄마의 심장박동으로 아이에게 책을 읽어줄 때 아이는 상상의 나래를 활짝 펴고 마음껏 날아오를 수 있다.

열 살만 넘어가도 엄마하고 대화단절을 선언하는 요즘 아이들에게 책을 읽어줄 수만 있다면, 그 시간은 잔소리 백 마디가 해 내지 못하는 돈독한 관계 다지기의 초석이 될 수 있다.

책을 읽어줄 때는 한 자 한 자, 음성이 잘 들리도록 한다. 글에 띄어쓰기가 있듯, 말에도 '끊어 읽기'가 있다. 말이 다소 빨라도 끊어 읽기만 잘 잡아주면 의사전달이 명확해진다. 예를 들어 '무궁화 꽃이/(한 박자 쉬고) 피었습니다.//(두 박자 쉬기)'식이다.

아이들이 건강하게 자란다는 것은 사랑과 관심 속에 있음을 뜻하며, 음성언어 및 문자언어 경험을 충분히 누리며 자란다는 것을 뜻한다.

- 책 읽어주는 아빠들

'육아는 엄마 영역'이라는 기존 관념이 무색할 만큼 자녀 교육에 올인하는 열혈(熱血) 아빠들이 늘고 있다. 한 신문사가 직장 남성을 대상으로 설문 조사한 결과, 응답자의 45.2%가 '육아와 자녀교육에 관심이 아주 많다', 45.8%가 '많은 편'이라고 답해 '보통이다(8.4%)'라는 응답을 크게 앞

질렀다.

책을 읽어줄 때는 약간의 요령이 필요하다. 그냥 읽는 것이 아니라 감정을 실어 아이의 상상력을 자극해야 한다. 또 책을 읽어주며 자유롭게 아이의 의견을 이끌어내는 식(Open-ended Question)의 책 읽기를 유도하는 것이 좋다.

또 책을 읽어줄 때는 정확한 발음은 물론 낭독의 속도, 호흡단위 등 낭독의 요건을 갖춰야 한다. 그럼으로써 소리를 통해 문장의 흐름, 장단, 끊어 읽기 등을 자연스럽게 터득하게 되고 듣기와 말하기, 창의력 향상에 큰 역할을 함은 물론 성장한 뒤에는 상대방의 이야기를 경청(傾聽)하는 자세를 갖게 된다.

아이에게 책을 읽어 줄 경우 부모 자식 간에 친밀감과 공감대가 형성될 뿐만 아니라 언어적 기술이 더욱 발달되는 등의 장점이 있다.

– 할머니 · 할아버지에게 책 읽어 주는 아이들

시골 마을로 갈수록 한글을 모르는 노인들이 많다. 그래서 초등학교 어린이들이 노인회관을 찾아다니며 책 읽어주는 봉사활동이 늘고 있다.

어린이들이 귀여운 목소리로 종알종알 옛날 이야기책을 읽으면, 할머니, 할아버지들이 금방 이야기 속으로 푹 빠져든다. “아이고! 저런!” 하며 무릎을 치기도 하고, “고것 봐라!” 하며 손뼉을 치고 한바탕 웃기도 한다. 또 헤어질 때는 구부정한 허리로 문 앞까지 나와 “또 오너라! 또 오너라!” 하면, 어린이들은 “다음에 또 올게요!” 하며 귀엽게 손을 흔들기도 한다. 얼마나 흐뭇한 광경일까?

■ 낭독은 뇌 운동으로 건망증(健忘症)을 물리친다.

20대 이후는 다른 세포(細胞)와 마찬가지로 뇌세포가 서서히 소실되며 노화(老化)한다. 그러나 기억력 등 두뇌활동을 어떻게 사용하느냐에 따라 기능이 향상될 수 있다. 즉 일상생활에서 두뇌를 자극해야 노화에 따른 기억력 감퇴 등을 막을 수 있다. 암기량(暗記量)을 늘려서 두뇌활동을 활발히 함으로써 두뇌활동에 도움이 된다. 나이가 들면 신체만 늙는 것이 아니다. 건망증에서 치매까지 우리의 뇌도 퇴화하고 병이 든다.

인체는 운동으로 노화를 지연시킬 수 있다. 근골격(筋骨格)은 물론 심폐기능(心肺技能)도 좋아진다. 그렇다면 뇌도 운동을 하면 좋아질까. 물론이다. 인간이 태어날 때 보유한 140억 개의 뇌신경 세포(腦神經 細胞)는 20세부터 매일 10만개씩 줄어든다고 한다. 이를 극복할 수 있는 방법이 뇌 트레이닝이다. 청각장애인은 시각중추가, 시각장애인의 경우엔 청각중추가 발달하는 것이 이를 보여준다. 신경과 전문인들은 "소리가 머리를 울려 뇌를 자극하고, 내용을 파악하고, 상상을 하는 과정 모두 뇌 운동에 효과적"이라고 말한다.

뇌를 단련하려면 신문의 사설요법(社說療法)도 중요하다. 사설은 뇌 과학자들이 특히 추천하는 '뇌 트레이닝'이다. 아침에 사설을 읽고 저녁에 요약·비평을 하면 기억(記憶)·논리(論理)·분석력(分析力)이 동시에 좋아진다. 이 때 사설은 소리 내서 읽고, 비평을 쓸 때는 반드시 손으로 써야 한다. 그래야 뇌가 더욱 자극을 받는다.

대화도 중요하다. 상대방의 반응을 살피고, 단어를 선택하고, 표정을 관리하는 등 전두엽(前頭葉)을 계속 활용하기 때문이다. 이마 쪽에 위치한 전두엽은 인간을 만물의 영장으로 만든 1등 공신이다. 기억·사고·판단을 하는 종합 상황실로, 이 부위가 발달할수록 지능지수가 높다는 것이 정설로 받아들여지고 있다.

2. 글 읽기 단계(段階)

'읽는다'는 것은 읽는 동작이 목적이 아니다. 글의 내용, 즉 의미를 풀어 제 것으로 하고, 제 것이 된 글의 내용을 남에게 진솔하게 들려주는 것이다.

글을 읽고 이해하는 능력, 즉 독해력은 누구나 지니고 있는 당연한 능력으로 알고 있는 사람이 많다. 그러나 현실은 그렇지 않다. 많은 사람들의 글 읽는 모습을 지켜보면 읽는 과정에 많은 문제점이 있다는 것을 알 수 있다. 글을 읽을 때 이미 읽은 곳을 몇 번이고 다시 읽고, 중얼중얼 소리를 내서 따라 읽거나, 입을 실룩거리며 음독이나 속발음을 하면서 글을 읽는다.

또한 글줄을 놓치지 않기 위해 손가락으로 짚으며 읽거나 밑줄이나 동그라미를 쳐가며 읽을 뿐만 아니라 글을 의미 단위로 읽지 못하고 한 글자씩 또박또박 마치 원고 교정보듯이 읽는 사람도 있다는 사실이다. 이것이 바로 독해 속도와 이해도를 저하시키는 결정적인 원인 즉 독해력 결함이다.

읽기는 바르게 해야 한다. 우선 자신이 읽게 될 글의 내용을 확실하게 파악해야 하고, 모를 말이나 어려운 말은 쉽게 익혀야 하며, 글쓴이의 이미지가 살아나도록 실감 있게 남이 잘 알아듣게끔 읽어야 한다. 글 읽기에는 다음의 과정이 필요하다.

1) 묵독(默讀)

글 읽기에는 먼저 묵독의 과정이 있다. 묵독은 눈의 움직임을 주로 하는 읽기이기 때문에 글을 처음 대할 때나 글을 속히 보아 내려갈 때 묵독을 한다. 이때 온 정신이 온전히 글의 내용에 집중되므로 글의 내용을 자세히 파악할 수 있고, 어구(語句)를 구체적으로 파악할 수 있다. 그러므로 묵독의 단계에서 글의 내용을 파악하고 글쓴이의 이미지와 정감을 쉽게 파악할 수 있다.

2) 음독(音讀)

묵독 다음이 음독이다. 음독은 곧 소리를 내서 읽어보는 것으로서, 특수한 어구(語句)와 발음하기 어려운 어구를 실제 익혀 보고, 어디서 띄고, 어디서 붙이고, 어디를 강조하고, 어디를 빨리 읽고, 어디를 천천히 읽으며, 어조는 어떻게 유지하고, 어떤 소리로 읽어야 글쓴이의 뜻에 가장 가깝게 접근할 수 있을 것인가를 다지기 위해 음독은 필요한 것이다. 묵독과 음독을 거쳐야 비로소 낭독 단계에 이른다.

음독은 남에게 어떤 내용을 들려주기 위해 필요하고, 낭독 전제조건으로 꼭 거쳐야 한다. 발음이 정확히 나오느냐의 여부, 또 글을 틀리지 않게 잘 읽을 수 있는가의 여부를 확인할 때, 또는 작가의 감정과 호흡을 간접 체험하고 뉘앙스를 그대로 표현하려면 낭독에 앞서 반드시 음독을 거쳐야 한다. 그런데 음독은 발음기관 연마에 주력하는 나머지 정신이 발성에 집중되어 정작 글의 내용과 멀리 떨어져 가기 쉽다. 그래서 음독에 앞서 묵독이 꼭 필요한 것이다. 소리 내어 빨리 읽으면 읽을수록 글의 내용은 자칫 잊어버리기 쉽다.

음독의 일종으로 제독(齊讀)이 있지만 제독은 여럿이 일제히 소리내 읽는 것이다. 초등학교 어린이가 비교적 초급학년에서 선생님을 따라 국어교과서를 읽는 제독은 일종의 특이한 음조가 생기기 쉽고, 또 각 어구(語句)의 고저·장단(高低 長短)이 문란해져 음성언어 본래의 모습이 자취를 감출 우려가 없지 않다. 그러므로 다만 난삽(難澁)한 발음연습과 난삽한 어구의 음독에만 제독이 따라야 한다.

3) 낭독(朗讀 reading aloud: declamation 연극조의 낭독: recitation 청중 앞에서 하는 낭송)

낭독 역시 소리 내 읽는다는 점에서 음독과 구별하기 어려우나 낭독은 미독(美讀)을 뜻한다. 문체를 따라 읽는 투가 달라야 하는 까닭도 낭독이 실은 미독이기 때문이다.

낭독은 읽는 목적에 따라 읽는 태도가 바뀌고, 태도를 따라 읽는 법이 달라질 수 있다. 예컨대 남에게 들려줄 때에는 아무쪼록 남이 잘 알아듣도록 읽어야 할 것이다. 따라서 음성을 가다듬어 세련되고 개성 있는 음성으로, 어조(語調)를 높였다 낮췄다 하면서 부드럽게, 누가 듣든 쾌감(快感)을 느끼고 어떤 감정을 갖도록 해줘야 한다. 이것이 낭독이다.

낭독은 발음(發音), 발성(發聲), 고저(高低), 강약(强弱), 속도(速度), 호흡조절(呼吸調節), 띄어 읽기, 어조변화(語調變化), 말의 뉘앙스 등의 표현기교(表現技巧)로써 글의 내용을 되도록 바르게 음성으로 표현하는 것이다. 즉 글의 내용을 음성기교(音聲技巧)로 표출(表出)하는 것이 낭독이다.

* 배음(背音): 대사(臺詞)나 낭독 따위를 할 때 뒤쪽에서 들려주는 음악이나 음향

* 음토(音吐): ① 말하는 소리
② 시가(詩歌)를 읊거나 문장을 낭독하는 소리

3. 낭독의 요건(要件)

낭독은 아무 표정이 없는 문자의 연속체인 문장에 감정의 옷을 입혀 읽는 것으로, '표현읽기'라고도 한다. 낭독은 감상낭독(鑑賞朗讀)과 전달낭독(傳達朗讀)으로 대별된다.

감상낭독의 대상 자료는 시(詩), 수필(隨筆), 소설(小說) 등 문예작품(文藝作品)이고, 전달낭독의 대상 자료는 설명(說明), 해설(解說), 소개(紹介), 보고(報告), 축사(祝辭), 조사(弔辭), 답사(答辭), 선서(宣誓), 의견서(意見書) 등이다.

낭독에는 음성이 청랑(淸朗)하고 깊이가 있어야 하며, 발음이 정확하고 억양이 자연스러워야 하며 운치(韻致)가 있어야 한다. 호흡에 따라 휴지(休止)를 적절히 주어, 듣는 이로 하여금 충분히 음미(吟味)할 곳을 음미할 수 있게 해야 한다. 휴지가 너무 짧으면 듣는 이의 이해(理解)와 감상(鑑賞)에 무리가 생기고, 너무 길어도 잡념이 들어가 이해와 감상에 방해가 된다. 구두점(句讀點)을 무시하고 상대방이 이해하기 쉽게 끊어 읽어야 한다.

1) 글을 정확하게 소리 내서 읽는다.

낭독은 표준발음법에 맞게 발음해야 한다. 즉 우리말의 표준발음법을 정확하게 알고, 정확하게 구사해야 한다. 그럼으로써 의사전달력이 높은 '말하기'를 잘 할 수 있다.

- 낱말을 정확하게 발음하기
- 구절을 정확하게 발음하기
- 문장을 정확하게 발음하기
- 적당한 곳에서 띄어 읽기

2) 글에서 가리키는 말이 무엇을 나타내는지를 이해하면서 읽는다.

낭독은 그 글의 내용을 폭넓은 지식과 교양을 바탕으로 충분히 해석 이해하고, 그것을 음성으로 표현하는 읽기이다.

3) 장면을 떠올리며 소리 내 읽는다.

글에 제시된 배경이나 인물의 행동, 글의 내용 등의 장면을 떠올리며 읽는 것은 글의 내용을 바르게 이해하는데 중요한 능력이 된다. 그래서 어떤 이는 “영화배우. 화가. 군인처럼 읽으면 효과가 있다”고 말한다.

▶‘**영화배우처럼 읽기**’: 이순신전기를 읽을 때 자신이 이순신 역을 맡은 배우라고 생각한다. 감정 이입과 동화(同化)작용으로 집중력을 키울 수 있다.

▶‘**화가처럼 읽기**’: 문장을 그림으로 바꾸듯이 머릿속에서 생생한 장면으로 전환한다. 상상력과 기억력이 강해진다.

▶‘**군인처럼 읽기**’: 아군과 적군을 구별하듯이 뚜렷한 목표 의식을 갖고 주제를 향해 돌진한다. 분석력과 비판력을 훈련한다.

- 장면을 떠올리며 읽기.
- 장면을 떠올리며 감정을 살려 실감나게 읽기.

4) 낭독 스타일의 변화:

- 지문(地文)에서 대화문장으로 바뀔 때
- 화제가 바뀔 때
- 내용이 달라질 때
- 설명에서 묘사로 바뀔 때

- 묘사에서 설명으로 바뀔 때
- 음의 변화는 고저, 장단, 강약, 명암, 경연(硬軟) 등의 요소가 어울려 나타나야 한다.

5) 표시부호(表示符號)

낭독에 필요한 요건들에 유념해서 문장(文章)의 적절한 곳에 낭독부호를 표시해 둘 필요가 있다.

표시부호	이 름	쓰일 때
=	지움표	필요 없는 말이나 틀린 말을 지울 때
∧	반음 쉼표	숨을 반음 정도만 쉼
/	온음 쉼표	숨을 한 호흡정도 쉼
//	충분 쉼표	한 호흡 이상 충분히 쉼
◡	이음표	앞의 어휘와 붙여서 읽을 때

제2장

아름다운 표현 Beautifully

1. 음성표현(音聲表現)
2. 낭독의 속도(速度)
3. 어감(語感 Sensitivity to language)

제2장 아름다운 표현 Beautifully

아름다운 표현이란 낭독이 매력 있고 지적(知的)이어야 함을 뜻한다. 매력 있고 지적이란 자연스러운 목소리로 발음이 정확하고 음정의 높낮이, 말의 속도와 간격 등이 잘 조화되어야 한다. 자연스럽지 못하고 일부러 꾸민 목소리는 신뢰감이 떨어질 뿐만 아니라 혐오감을 준다.

낭독법(朗讀法)은 마술(馬術)과도 같다. 글의 내용이 모두 다르기 때문에 모든 글을 일률적으로 낭독할 수는 없다. 낭독자는 말(馬)을 다루는 기수(騎手)가 되어야 한다. 말을 다루는 기수가 말의 성질과 호흡을 완전히 파악하여 기수와 말이 일심동체가 되어 뛰는 것처럼, 글을 읽는 사람은 읽혀지는 글과 완전히 조화되어야 한다.

낭독자와 글이 온전히 조화된 뒤에 비로소 낭독법 상의 기교가 운위될 수 있다.

1. 음성표현(音聲表現)

목소리는 개인 이미지를 이루는 중요한 요소 중 하나다. 첫인상이 순간적인 호감을 만들어 낸다면 음성은 지속적으로 호감을 유지하는 구실을 한다. 아무리 잘 생겼다고 하더라도 날카로운 음성 또는 지나치게 굵거나 가늘어서 거슬리는 소리를 낸다면 호감을 얻기 힘들다. 낮은 목소리는 남을 매혹시킬 수 있고 설득력이 있다. 흔히 감정이 고조되면 음성이 높아지고 날카로워지기 쉽다.

말은 음정(音程=Tone)과 억양(抑揚=Intonation)으로 이루어진다. 말의 음감(音感) 또는 억양은 속도와 쉼, 크기, 그리고 주요하게는 음정변화들이 모두 결합되어 생겨난다.

메시지 전달의 중요성은 내용이 7%에 불과한 데 비해 목소리는 35%를 차지한다고 한다. 목소리만 좋으면 내용전달의 3분의 1은 성공한 셈이다.

국내 한 연구기관은 '목소리 친화도 감별기(voice friendship monitor)를 통해 부부사이가 좋을수록 음성 스펙트럼이 유사함을 밝혀낸 바 있다. 목소리는 그 사람의 기분과 성격, 생활습관 등에 영향을 받는다. 잉꼬부부일수록 함께 생활하는 시간이 많아져 식습관, 사고, 행동, 말하는 패턴 등이 비슷해지고 그에 따라 목소리의 공명주파수가 서로 영향을 받는다. 음성 즉 목소리는 절대음정이 각각 다르며 체질이 그것을 결정한다. 여성은 남성 보다 보통음정이 더 높다.

평생 다른 사람들과 대화를 주고받으며 산다는 것을 고려해 볼 때 좋은 음성을 위한 훈련과 관리는 자신을 위한 가장 확실한 투자인 셈이다.

1) 음성(Voice)

음성은 70~80%는 선천적이고 나머지 20~30%는 노력에 의해서 좋게 만들 수 있다. 좋은 음성을 내기 위해서는 평소에 자세를 바로 해야 하고 활기 있게 얘기하는 습관을 길러야 한다. 말하는 자세가 정성스럽지 못하다면 말의 효과는 기대하기 어렵다. 자세가 바르지 못하면 호흡도 일정치 않으며 따라서 발성도 바르게 할 수 없다.

음성은 발성기(發聲器 Vocalization)로부터 나오는 소리를 말한다. 발성기관은 후두(喉頭)이며 그중 가장 중요한 역할을 하는 것은 성대(聲帶 Vocal Cords)이다. 음성을 내지 않을 때의 성대는 넓게 열려있으나 음성을 내려할 때에는 양쪽의 성대가 긴장하고 접근하여 폐(肺)에서 나오는 공기가 성대의 개폐(開閉)운동에 의하여 입안에 단속적(斷續的)으로 흘러나오면 입안의 공기에 진동을 일으켜 입 밖으로 나올 때 음성이 된다. 속삭임은 성대의 운동 없이 입안의 공기 진동만으로 발성된다.

음성의 크기는 폐에서 내보내는 공기의 압력 여하에 따라 정해지며 음성의 고저(高低)는 성대 개폐운동의 진동수(振動數)에 의해 정해진다. 즉 진동이 빠를수록 높아지고 느릴수록 낮아진다.

성대의 길이는 어린이는 성인보다 짧고, 여자는 남자보다 일반적으로 짧다. 그래서 어린이와 여자는 성인 남자보다 목소리가 높다.

– 음성은 맑고 깊이가 있어야 한다.

좋은 음성이란 음색이 부드럽고 음량이 넉넉하며 차분하면서도 리듬감이 느껴지는 소리를 말한다. 말이란 곧 음악이기 때문이다. 또 음성은 깊이가 있어야 한다. 깊이란 마치 여성은 어머니 같은 따듯함이 있어야 하고, 남성은 묵직하면서 힘이 있어야 한다.

성대(聲帶)에서 나오는 목소리는 신체의 여러 부위의 공명(共鳴)을 동반

한다. 배에 공명을 주면서 나오는 목소리는 무게가 있고 낮은데 이를 복성(腹聲)이라 하고, 가슴에 공명을 주면서 나오는 목소리는 우렁찬데 이를 흉성(胸聲)이라 한다. 배나 가슴의 공명을 동반하지 않고 목에서만 나오는 단순한 목소리는 부녀자들에게서 많이 볼 수 있다. 머리에 공명을 주면서 내는 맑은 목소리는 두성(頭聲)이라 한다. 구강(口腔)의 용적이 큰 사람은 구강의 공명을 동반하고, 유난히 비강(鼻腔)의 용적이 커 그 공명을 동반하는 사람은 콧소리를 낸다.

성악(聲樂 Vocal Music)에서는 음성의 높은 순위로 소프라노(Soprano), 메조소프라노(Mezzo Soprano), 알토(Alto), 테너(Tenor), 바리톤(Baritone), 베이스(Bass)로 나누고 있다. 여자 음성은 소프라노. 메조소프라노. 알토이며 남자 음성은 테너. 바리톤. 베이스이다.

그렇다면 노래하는 가수의 무기는 무엇일까? 음폭을 좌우하는 것은 목의 길이다. 성대가 길면 그만큼 폭넓은 음역을 구사하는 데 유리하다. 노래는 후두(뒷머리)와 턱에서 만들어낸 소리를 혀와 입술이 조절하는 방식으로 부르는 법이다. 성대는 연하고 탄력 있는 점막으로 덮여 있다. 이 점막이 물결치듯 파형을 그리면서 소리가 나온다.

음성 즉, 목소리에는 맑은 목소리와 쉰 목소리, 부드러운 목소리와 딱딱한 목소리, 높은 목소리와 낮은 목소리, 굵은 목소리와 가는 목소리, 강한 목소리와 약한 목소리, 경망스런 목소리와 정중한 목소리, 배에서 우러나는 목소리, 가슴에서 울려나오는 목소리, 별다른 공명 없이 목에서 나오는 목소리, 머리에 향(響)을 주며 투명하게 나는 두성(頭聲) 등 형형색색의 목소리가 있다. 목소리는 다음과 같아야 한다.

① 흐름이 자연스러워야 하며,

② 성량이 풍부해야 하고,

③ 발음이 분명해야 하며,

④ 음의 연결이 매끄러워야 하고,

⑤ 목소리가 높지 않고, 침착할 것이며,
⑥ 파열음 같은 센 소리는 되도록 억제하고, 마찰음 같은 약한 소리는 되도록 분명히 낼 것이다.
⑦ 어두는 되도록 누르는 기분으로, 어미는 되도록 분명하게 내도록 할 것이다.

참고로 음의 종류와 음성의 종류를 간추려 본다.

- **음(音)의 종류**

① 음향(音響): 자음과 모음으로 나눌 수 없는 소리, 즉 동물의 울음 소리 등이다.
② 음성(音聲): 사람의 발성 기관에서 나는 소리. 자음과 모음으로 나눌 수 있다.
③ 음운(音韻): 수많은 구체적 음성의 대표음으로서 말의 최소 단위이다.

- **음성(音聲)의 종류**

① 유성음(有聲音. 濁音): 성대의 진동으로 나는 소리(모음의 전부와 자음 중 ㄴ, ㄹ, ㅁ, ㅇ)
② 무성음(無聲音. 淸音): 날숨이 입안의 여기저기 부딪치면서 마찰되거나 막혔다가 터져 나오는 소리(유성 자음을 제외한 나머지 자음)

- 목소리는 마음의 울림이다.

희(喜), 노(怒), 애(哀), 락(樂)은 목소리의 울림으로 표현된다. 마음이 가라앉으면 목소리가 무겁고 어두워지지만 마음이 개운할 때는 명랑하게 들린다. 즉 말이란 목소리를 어떻게 내느냐에 따라 실로 다양한 뉘앙스(Nuance)를 갖는다. 그래서 목소리에는 온도가 있고 기쁨과 슬픔의 빛깔이 있다고 말한다.

감정표현에 있어서 음성 즉 목소리는 중요한 역할을 한다. 흔히 감정이

고조되면 음성이 높아지고 날카로워 지기 쉬우므로 날카로운 소리, 콧소리는 피해야 한다.

국내 자동차보험 텔레마케터로 일하고 있는 한 여성은 '얼굴' 없이 목소리로만 자동차 보험을 팔아서 보험사 대리점 온라인 판매왕(王)으로 뽑힌 바 있다. 그는 "텔레마케터는 말만 잘한다고 해서 실적을 올릴 순 없다. 편안한 목소리와 부드러운 억양이 관건이다"라고 말한다. 또 "고객의 마음을 흔들 수 있는 건, 진심에서 우러나오는 열정"임을 강조하고 있다.

영국의 '목소리 연구' 학자에 따르면 성공한 여자들일수록 목소리가 낮고 굵다고 한다. 사람들이 가늘고 높은 여성적인 목소리보다 남성적인 목소리에 더 신뢰감을 느끼기 때문에 여자들이 사회생활을 하다 보면 살아남고 인정받기 위해 목소리가 달라진다는 것이다. 대처 전 영국 총리도 총리가 된 후 목소리가 더 낮아졌다고 한다.

목소리의 매력은 그 사람의 개성, 정신연령, 인생체험의 깊이에 의해서 뒷받침된다. 목소리는 배에서 내야하며 입을 크게 벌리는 버릇을 들여야 한다.

대체로 목소리가 맑은 사람은 사는 것도 맑고 고우며, 허스키한 목소리의 소유자는 인생애환(人生哀歡)이 있고 분위기가 있는 것으로 평가되기도 한다.

좋은 목소리란 맑기만 해서도 안 된다. 적당한 깊이가 있어야 한다. 즉 목소리는 적당한 높이(Pitch)와 적당한 크기(Volume), 그리고 힘(Power)이 있어야 하는 것이다.

- 첫인상을 좌우하는 목소리

미국의 음성학자 앨버트 메라비언의 연구에 따르면 정보 전달력에서 음성(38%)은 표정(35%), 태도(20%), 내용(7%)을 제치고 가장 중요하게 취급된다. 무슨 말을 하든지 목소리가 좋으면 메시지 전달에 3분의 1 이상

성공한 것이다. 목소리는 일상적인 커뮤니케이션의 핵심요소인 셈이다.

그렇다면 호감을 주는 좋은 목소리란 어떤 목소리를 말할까? 조선 시대에는 느리고 낮은 음으로 늘어지는 목소리를 가져야 양반답다고 여겼다. 지금은 일반적으로 명료하고 깨끗하며 톤이 약간 높고 배음과 울림이 좋아 느낌이 풍부한 소리를 좋은 소리라고 말한다.

좋은 목소리라고 하여 모든 상황에 알맞은 것은 아니다. 사람을 매료시키려면 상황에 따라 적절한 목소리를 낼 수 있어야 한다. 타고난 연설가였던 히틀러는 강하고 높은 목소리로 청중들을 선동했다. 연설을 할 때는 히틀러처럼 듣는 이가 긴장하도록 높고 강하게 말하는 것이 효과가 좋다.

반면 상담이나 고문 등의 직업을 가진 사람이라면 부드럽고 중성적인 목소리로 말해야 안정감을 준다. 면접 때에는 원래의 목소리와 속도를 유지하면서 약간 악센트를 주어야 한다. 또 자료를 읽을 때는 소리를 높이고, 성과를 말할 때는 짧게 끊듯이 강하게 말해야 하며, 제안할 때는 높이를 낮춰 부드럽게 말해야 설득의 효과가 커질 수 있다.

◆ 음성의 높이(Pitch)와 크기(Volume)

목소리는 주파수(성대가 1초에 떨리는 진동 횟수), 크기, 음색의 합작품이다. 일반 남성 목소리의 주파수는 150~160Hz, 여성은240~250Hz다. 수치가 올라갈수록 날카로운 고음이 된다. 주파수는 성대 양면의 접촉 면적에 의해 결정된다.

- **적당한 높이:**

목소리는 Pitch가 지나치게 극단적이어서는 안 되며, 고저에 적당한 변화가 주어지는 것이어야 한다. 자신의 평균 Pitch는 대화할 때, 즉 의식하지 않고 내는 자연스런 높이의 목소리여야 한다.

대부분이 말하는 도중에 목소리가 높아지기는 쉬워도 낮아지기는 어렵다. 그러므로 처음부터 높은 Pitch보다는 낮은 Pitch로 말하는 것이 좋다. 높은 Pitch는 취약성과 흥분, 그리고 젊음을 암시하며 낮은 Pitch는 확신과 안정 그리고 무한한 힘을 암시한다. 긴장하면 흥분되고 따라서 음성의 Pitch는 높아지게 마련이다. 긴장이 되는 경우에는 얼마간의 Pause를 취하고 Pitch를 낮춰야 한다.

- **적당한 크기:**

발성기관(發聲器管)을 크게 나누면 혀, 입술, 목젖 등과 같이 움직이는 기관과 성대나 입천장처럼 고정된 기관으로 양분되는데 호흡작용이 원활치 않고, 입을 벌리는 크기가 적당치 않으면 정력적인 목소리를 낼 수가 없다. 여성들 중에 예쁜 목소리를 낸다고 입을 작게 벌리려는 경향이 있으나 이는 발음상의 지장을 초래하는 결과를 가져올 수밖에 없다.

목소리는 개성이 필요하다. 여성은 애교가 있어야 한다는 생각으로 짐짓 응석어린 어조로 이야기를 한다거나 남성의 경우 점잖음을 강조하기 위해 일부러 푹 갈아 앉은 목소리를 내는 것은 부자연스러울 뿐만 아니라 말의 진실성이 결여되어 보일 수 있다. 목소리가 작은 사람은 좀 크게, 큰 사람은 좀 작게, 정황에 따라 맞춰야 한다.

◆ 목소리의 힘(Power)

목소리에는 상대방을 제압하는 힘이 있다. 동물의 세계에서 호랑이나 사자의 포효(咆哮)는 장악력을 뜻한다. 지배자의 목소리 역시 대중을 움직이는 힘을 지닌다.

대통령의 목소리는 대중에게 특별한 의미가 있다. 국민을 설득하고, 믿음을 주는 데 목소리만한 수단이 없기 때문이다.

역대 대통령 중에 가장 독특한 목소리의 소유자는 이승만 전 대통령이다. 그의 가늘게 떨리는 목소리는 지금까지도 성대모사(聲帶模寫)를 하는 사람들의 단골 메뉴다. 박정희 전 대통령은 목소리에 카리스마가 담겨 있다. 특유의 악센트는 목소리에 힘을 실어주고, 간결한 단어 사용은 강력한 인상을 주었다. 지도자 또는 기업의 CEO라면 한번쯤 자신의 목소리를 들어보고 다듬을 필요가 있다.

목소리의 크기와 힘의 변화는 엄밀히 말해 차이가 있다. 즉 어느 부분을 강조하느냐에 따라 말의 뉘앙스가 달라질 수 있다. '나는 너를 좋아한다'에서 '나는'을 강조한다면 '다른 사람이 아닌 바로 나는'이라는 뉘앙스를 풍기며, '너를'에 힘을 주면 '다른 사람도 아닌 바로 너를'이 되고, '좋아한다'에 강조하면 '무척 좋아한다'는 뉘앙스를 준다. 힘은 주로 강조하는 정도에 따라서 그 변화를 나타낸다고 할 수 있다.

◈ 목소리 관리

우리가 발음을 한다는 것은 성문(聲門)에 있는 성대를 진동시킨 음을 입이나 코를 통해 밖으로 내보내는 현상이다. 성대는 부드러운 막(膜)으로 쌓여있는 두 개의 근육으로 되어있는데 숨을 쉴 때는 이것이 열렸다가 소리를 낼 때에는 닫히고 그 사이로 날숨을 내보내어 이것을 울린다. 따라서 좋은 목소리를 내기 위한 부단한 노력이 필요하다. 말은 음성으로 하는 것이므로 발성훈련도 적극적으로 할 일이다.

윤기 있는 목소리는 건강한 몸에서 나온다. 항상 자신의 목 상태가 양호한가를 점검하고 목소리를 조절할 필요가 있다.

• 심신의 건강관리

건강한 몸에서 아름다운 목소리가 나올 수 있다. 사람은 병약하면 목소리부터 우선 달라짐을 알아야 한다.

타액의 적고 많음에 따라 목소리는 영향을 받는다. 헛기침은 목을 자극하며, 독한 술이나 담배는 해롭다. 피로는 음성을 거칠게 하는 첫째 요소이다.

근긴장성(筋緊張性) 발성장애(發聲障碍)라는 것이 있다. 근긴장성 발성

장애는 발성 시, 호흡법이 나쁘고 말을 크게 하거나 긴장하며 말하는 버릇이 그 원인으로, 긴장과 피로를 극복할 수 있는 음성훈련을 통해 완치가 가능하다. 우선 횡경막 호흡(복식호흡)을 통해 긴장된 정신을 이완시켜 편안한 상태로 유도하는 훈련이 효과적이다.

- **숙면(熟眠)**

잠을 설치면 목소리가 탁해진다.

- **목욕(沐浴)**

샤워 정도가 아닌 온탕에서 하는 목욕이 좋다.

- **스트레스**

스트레스를 받으면 목소리가 커지고 이 때문에 성대 점막의 움직임이 빨라져 강한 마찰을 일으키게 된다. 이런 과정이 되풀이되면 성대에 굳은살이 생길 수 있다.

- **음성이나 성대를 혹사하지 말아야 한다.**

높고 강한 소리를 무리하게 계속 지르면 성대가 피로하여 염증이 생기고 울혈(鬱血)상태를 이루어 진동이 제대로 되지 않기 때문에 쉰 목소리가 난다.

목을 장기간 지속적으로 쓰면 성대에 결절(結節 굳은살)이나 폴립(물혹)이 생길 수 있는데, 탁음이 생기며 이때는 목을 쉬어주는 것이 최선책이라고 전문가들은 말한다.

어떤 사람은 목을 아낀다고 속삭이듯 말하는데 이때는 성대의 마찰이 더 심해지므로 차라리 평소보다 반 옥타브 높은 소리로 힘을 빼고 말하는 것이 좋다.

- **나이 들면 성대 퇴화(退化)**

목소리는 허파에서 나오는 공기가 '목소리 상자'인 후두를 통과하면서 성대의 점막이 떨려서 나온다. 나이가 들면 호흡기가 전반적으로 약화된다. 후두의 근육 양은 줄고 연골은 딱딱해진다. 성대의 점막조직이 퇴화해 건조해진다.

이와 함께 음성과 관련된 얼굴, 턱, 인두 등의 조직이 퇴화하기 때문에 목소리의 윤기가 떨어진다. 이에 따라 보통 50대를 넘어가면서 여성은 음조가 내려가 '꾀꼬리 같던 음성'이 둔해지고 반대로 남성은 음조가 올라간다. 또 목소리의 떨림이 불안정해지고 거칠고 쉰 목소리를 내게 되며 크기는 줄어들고 가늘어진다.

• 좋은 생활습관 중요

목 건강을 위해서는 하루 최소 1.8L의 물을 마셔 성대에 습기를 보충하고 노폐물을 씻어내는 것이 좋다. 특히 목에 가래가 낀 듯하면 헛기침을 하지 말고 물을 자주 마신다. 평소 뚜렷이 말하는 것을 생활화하고 자신의 음조에 따라 신문이나 책을 소리 내서 읽거나 좋은 노래를 부르는 등 '성대운동'을 해도 도움이 된다.

지나치게 말을 많이 하거나 노래를 많이 부르는 것은 역효과를 낸다. 평소 걷기나 달리기, 자전거 타기 등 유산소운동과 복식호흡으로 호흡기능을 좋게 하는 것도 젊은 목소리를 유지하는 데 도움이 된다. 넓고 시끄러운 곳에서는 가급적 마이크를 사용하며 평소 고함을 지르지 않도록 한다. 목소리가 쉬거나 목이 피곤하면 가급적 말수를 줄인다. 또 잠자기 2~3시간 전부터 음식을 먹지 않아야 한다. 소화물의 역류현상이 일어나서 목에 좋지 않다.

• 잦은 성대모사(聲帶模寫)가 발성장애(發聲障碍) 부른다.

우리나라에서 성대모사와 모창은 매우 인기 있는 방송 소재다. 그러나 성대모사나 모창을 지속적으로 반복하면 자신의 성대나 목의 구조와는 다른 발성패턴을 갖게 되며, 비정상적인 발성근육 사용으로 인해 병에 걸릴 수도 있다. 특히 청소년은 언어와 발성패턴의 인식이 쉽게 뇌로 학습되므로 30대 이전에 성대모사와 모창을 많이 하면 자신의 목소리를 잃고 발성 장애를 초래하기 쉽다.

1940~50년대 미국 청소년들은 은막을 풍미했던 영화배우 보가트와 바콜의 목소리 흉내를 많이 냈다. 무리하게 목소리를 낮추느라 성대 바깥쪽의 근육이 과도하게 사용됐고, 턱 근육이 심하게 경직되면서 자신의 목 상태와 맞지 않는 무리하고 잘못된 발성습관이 확산됐다. 이로 인해 많은 청소년들이 높은 목소리를 내지 못하고 말을 하면 할수록 목소리가 나빠지는 음성 피로현상을 겪는 일이 흔하게 일어났다.

이와 같은 발성장애는 음성치료와 음성 재활 프로그램을 통해 교정이 가능하다. 잘못 사용된 성대 근육 역시 치료가 가능하다. 하지만 가장 중요한 것은 남의 목소리를 따라 하기보다 자신의 소중한 목소리를 지키고 아름답게 가꾸는 노력일 것이다.

- **일시적인 대책**

성대가 건조하면 자극에 민감해지기 때문에 물을 충분히 마셔야 하고 커피, 녹차 등 카페인 음료, 흡연, 음주 등은 삼가야 한다. 약보다는 소금물로 자주 목젖을 추기고 오미자차에 꿀을 타서 마시는 것도 하나의 방편이 될 수 있다.

혹자는 목청을 틔우려면 날계란을 먹으라고 하나, 날계란은 성대에 접근할 수가 없는 것이다. 날계란이 오면 성대는 기도의 역할에 충실해 확 닫혀 버린다. 다만 인두와 구강점막을 촉촉하게 해서 매끄럽도록 하는 '윤활유'라 할 수 있다. 성대에서 발성된 소리가 공명될 때 약간 부드러운 느낌은 줄 수 있다.

2) 음색(音色 Tone)

같은 단어를 발음할 때 어린이의 소리와 노인의 소리는 다르다. 그런데도 우리는 같다고 생각한다. 같은 단어라도 말하는 사람의 음색에 따라 다르게 소리 나지만 우리는 같은 소리로 듣는다. 예컨대 '푸른 하늘'이라는 말을 어린이가 말할 때, 젊은이가 말할 때, 노인이 말할 때, 남자가 말할 때, 여자가 말할 때, 음색은 다 다르지만 우리는 이것을 같은 소리로 듣고 있다.

그러나 소리의 높낮이나 크기가 같더라도 진동하는 물체나 소리를 내는 물체, 진동하는 방법에 따라 음이 갖는 감각적인 성질에는 차이가 생기기 마련이다. 이렇게 음을 만드는 구성 요소의 차이로 생기는 소리의 감각적인 특색을 음색이라고 말한다.

음색은 음의 성질, 또는 음의 맵시라고도 한다. 음색의 변화는 감정에 관계되고, 음성은 어떤 감정도 표현할 수 있다. 노(怒)한 사람과 격(激)한 사람이 노한 목소리와 격한 목소리로 말하는 것은 당연한 일이다.

음색은 아름다운 음색(sweet tone), 엄숙한 음색(grave tone), 점잖은 음색(gentle tone), 단호한 음색(resolute tone) 등이 있으며 음색을 높이거나(tone up), 낮춤으로써(tone down) 감정을 나타낼 수 있다.

화자(話者)는 어떤 확신이 서면 표현되는 감정에 따라 음성 역시 다양하게 대응해 나갈 수 있다. 이 때, Tone에 다양성을 줌으로써 스피치 기교는 자연스러워질 수 있는 것이다. 감정 효과만 고려한 나머지 감정적 톤으로 말하는 습관이 생기지 않게 주의하고, 또 웅변가형(雄辯家型)의 연사가 되지 않도록 하며, 자연스러운 대화적 화투(話套)에서 벗어나지 않게 주의해야 한다. 간혹 감정 표현을 할 목적으로 어울리지 않는 '절규'에 가까운 연설을 하는 경우가 있다. 이러한 표현은 자신감의 표출 같아 보이지만, 자칫 감정을 통제하지 못하는 사람으로 오해를 불러일으킬 수 있는 것이다.

사람은 대부분 정(情) 떨어지도록 차가운 성격도 싫어하지만, 지나친 감정의 폭발에도 거부감을 느낀다.

* 목소리 유형에 따른 대응법

• 부드러우면서도 분명한 목소리

- 차분한 성격이고 후회함이 적은 편.
- 솔직한 것을 좋아한다.
- 활동적이면서 동적인 취미생활을 즐긴다.
- 시작하면 악착같이 밀고 나간다.
- 싸우기 싫어하지만 싸우면 꼭 이기려 한다.
- 초록색, 청색, 하늘색을 좋아한다.
- 응대요령:차분히 요점을 간략하게 설명해야 한다.

• 쉰 목소리

- 욕심이 많고 자유분방하다.
- 매우 성급해 순간에 결정하며 화끈한 것을 좋아한다.
- 스트레스 해소가 늦다.
- 응대요령:상대의 말을 중단하지 말고 대화도중 묻는 것부터 말한다.

• 울리는 목소리

- 신의 있고 화합적이다.
- 남의 이야기를 잘 들어준다.
- 성격이 느긋해서 천천히 결정한다.
- 정적인 취미생활을 즐긴다.
- 응대요령:확실한 반응을 얻으면서 말하고 결정단계는 박력있게 밀고 나간다.

• 맑고 깨끗한 목소리

- 시간관념이 철두철미하고 신사도를 잘 지킨다.
- 깨끗한 선, 율동, 색깔을 좋아한다.

- 처음 결정이 어렵지만 한 번 결정하면 번복하지 않는다.
- 응대요령:예의바른 첫인상이 중요하고 재질문은 금물이다. 많은 이점(利點) 강조가 필요하고 샘플이나 선물을 좋아한다.

• 우는 목소리

- 이해심이 많으며 다정다감하고 애교 있다.
- 내성적이며 질투심이 많다.
- 끈기있고 봉사적이다.
- 응대요령:비교 설명을 좋아하므로 많은 사례를 제시한다. 말의 템포가 빠르면 싫증을 느끼므로 천천히 설명한다.

* 음성(音聲)에 관한 갖가지 표현

- 국민은 높은 언성에 싫증이 났다. (E.S 머스키)
- 할머니의 음성보다는 어머니의 음성이 높고, 어머니의 음성보다는 아내의 음성이 높고, 아내의 음성보다는 시누이의 음성이 높은데, 그 중에서 위로나 격려의 말에 가장 어울리는 음성은 가장 낮은 할머니의 음성이다.(金承鈺/낮은 음성의 慰勞)
- 첼로와 같이 조용한 그러나 묘하게 깊은 음성, 묘하게 조용한, 오히려 억눌린 것 같은 음성(D.H 로오렌스/날개 돋친 뱀)
- 목구멍에서 나오는 음성이 아니요, 땀에 젖은 교복이 팽팽하게 켕기도록 떡 벌어진 가슴 한 복판을 울리며 나오는 바리톤(남자의 저음)이다.(심훈/상록수)
- 갈기갈기 갈라진 여러 개의 쇠가 서로 부딪칠 때에 나오는 것 같은 목소리는 여전히 음산했다(박경리/토지)
- 뚝배기 깨지는 소리(*걸걸하고 아름답지 못한 소리)
- 대꼬챙이로 째는 소리를 한다(*목소리가 매우 쨍쨍 울린다는 말)
- 고자 힘줄 같은 소리(*빳빳이 힘을 들여 목을 누르며 내는 소리를 형용하는 말)
- 뜨물 먹은 당나귀 청(*혼탁한 목소리를 조롱하는 말)
- 모기 소리만하다(*소리가 매우 작아 알아들을 수 없음을 이르는 말)
- 모주 먹은 돼지 청(*컬컬하게 쉰 목소리)

3) 억양(抑揚 Intonation)

사람의 말은 파도와도 같이 어떤 높낮이와 강약의 리듬을 동반하면서 행해진다. 사람의 모든 감정(感情), 희로애락(喜怒哀樂)의 미묘한 어감은 억양에 의해 표현된다.

억양으로 인해 흔히 오해를 불러오는 경우가 있다. 억양은 높게 시작해서 낮게 끝나는 내림조와 낮게 시작해서 높게 끝나는 오름조로 구분한다. 하나의 문장을 두 개의 말토막으로 발음할 때 첫 번째 말토막은 오름조로 발음하고 두 번째 말토막은 내림조로 발음한다. 예를 들면 "철수는 학생입니다."에서 '철수'는 오름조이고 '학생입니다.'는 내림조로 발음한다. 그러나 '예, 아니오'의 의문문은 마지막 말토막도 오름조로 발음한다.

흔히 자작시(自作詩) 낭송행사(朗誦行事)에서 볼 수 있듯이 자신이 지은 시(詩)를 직접 낭독하는데도 아무런 감정이 없고 덤덤하게 느껴지는 것은 바로 낭독의 요령부족 즉 감정표현의 부족이라고 말할 수 있다.

다음의 예(例)에서 같은 '네'라는 표현도 경우에 따라 억양이나 Tone이 달라짐을 알 수 있다. 감정표현은 음조(音調) 즉 음성(音聲)은 물론 음색(音色)과 억양(抑揚), 휴지(休止)와 속도가 절대적인 역할을 하고 있음에 유의해야 한다.

예)

'네'	'이것이 千원'
물론이죠	놀라움(야 놀랐다)
아니오	경멸(흥 어이없군)
글쎄요	후회(아뿔사)
괜찮아요	절망(틀렸다)
그래서요	기쁨(기쁘다)
대답	호기심(놀랐는데)
알았다	의심(천만에)

- 오늘도 날씨가 좋습니다. 내일은 날씨가 좋을까요?
  (↗ ↗ ↘) (↗ ↗ ↗)

- 예 ↘ 학교↘ 갑시다.↘
  예?↗ 학교?↗ 갈까요?↗

우리 속담에 '어해 다르고 아해 다르다'라는 것도 억양의 미묘한 차이를 말해 주는 것이다. 즉 같은 말이라도 억양을 달리 함으로서 전혀 다른 말이 됨을 알 수 있다.

억양(Intonation)은 주로 어미(語尾)에 나타나는데 대체로 강조(降調 ↘, 서술문의 경우), 승조(昇調 ↗, 의문문의 경우), 평판조(平板調 →, 접속법의 경우)의 셋으로 갈리나 다음과 같이 여섯 가지로 세분(細分)되기도 한다.

① **전강조**(全降調 ↘)

a) 단언(斷言)

그것은 내 <u>책이다.(↘)</u>, 잘 <u>알았다(↘)</u>

b) 명령(命令)

어서 <u>가(↘)</u>, 그대로 해 <u>보게</u>(↘)

c) 의문사(疑問詞)가 있는 의문문

그는 왜 가버리고 <u>말았을까?</u>(↘), 언제 <u>오셨습니까?</u>(↘)

② **반강조**(半降調 ↘)

a) 선언(宣言) 또는 시사(示唆)

저는 그렇지 않다고 생각합니다.(↘)

당신이 맞을지도 모르는 일입니다(↘)

b) 명령

이리로 와서 앉거라!(↴), 내 말을 잊어서는 안돼(↴)

c) 의문사로 시작되는 질문

군(君)은 무슨 책이 읽고 싶은가?(↴)

그 물건은 어디에다 놓았단 말이냐(↴)

③ **전승조**(全昇調 ↗)

a) 그렇다, 아니다로 대답할 수 있는 질문

아십니까?(↗), 이 물건을 좋아하십니까?(↗)

b) 반복질문

이름을 무어라고 그랬지?(↗), 다음 달에(↗)

c) 항의적(抗議的) 명령

빨리 가라니까(↗), 잔소리 마(↗)

d) '..라고 했는데 왜'란 뜻이 포함된 진술(陳述)

그가 어제는 건강했단 말이지?(↗)

오늘까지 가져온다고 했지?(↗)

④ **반승조**(半昇調 ⌣)

안녕하십니까?(⌣), 참 건강하십니다!(⌣)

⑤ **강승조**(降昇調 ↺)

협조적 명령, 노파심적 경고

그런 짓 해선 안돼!(↺), 차 조심해라!(↺)

⑥ **평판조**(平板調 →)

a) 미 결단(未決斷)의 진술

이래서 될지 모르겠습니다(→), 할 수 없지 뭐!(→)

b) 진술의 잠정적 멈춤

그가 간다(→), 그러면 위험 할텐데(→)

- 억양의 기능적(機能的) 특징

첫째, 문법적 기능(文法的 機能)

평서문이나 의문문에서 모두 쓰일 수 있는 종결어미인 '-어(요), -지(요)'는 억양이 없으면 그 기능을 발휘할 수 없다.

즉 '밥은 먹었어'라는 문장의 끝에 오름조 억양이 실리면 의문문이 되고, 내림조 억양이 실리면 평서문이 된다. 이렇게 억양이 어떤 문장을 평서문이냐, 의문문이냐를 결정하는 일을 문법적 기능이라고 한다.

둘째, 화용적 기능(話用的 機能)

'같이 가'라는 명령문을 어떤 억양으로 말하느냐에 따라서 그 내용이 명령이 되기도 하고 부탁이 되기도 한다. 이 경우에 부탁이나 명령 등의 내용을 나타내 주는 기능을 화용적 기능이라고 한다.

셋째, 화자의 감정 및 태도의 전달 기능

'밥을 먹었어'라는 문장이 내림조 억양으로 발음되어서 평서문이 되었다 하더라도, 이 내림조 억양을 어떻게 조정하느냐에 따라 냉정한 혹은 부드러운 태도가 나타나게 된다. 문장의 끝에 실리는 억양만이 표준말의 특징은 아니지만 가장 중요한 기능이 여기에 자리 잡게 되므로 표준말을 익히려면 많은 주의를 집중해야 한다.

표준어(서울말)의 억양에서 문장의 끝에 실리는 억양 다음으로 중요한 부분이 억양 하강현상(下降現狀 Falling Intonation)이다. 경상도 방언은 단어의 음절마다 고유한 높이가 있어서 문장 전체적으로 독특한 선율이 생기게 되는데, 표준어는 그렇지 않다. 서울말은 일반적으로 문장의 처음이 가장 높이 올라갔다가 점차 낮아지는 형상을 그린다.

이 밖에 문장 중간의 적절한 곳에서 끊으면서 거기에서 적절한 억양을 구사하는 것도 다른 방언과는 다른 서울말 억양의 특징으로 꼽을 수 있다.

- 드라마(Drama)나 영화 등 영상매체에서 사투리가 나오는 이유

① 지방에서 올라온 사람, 즉 서울의 세련됨과 다른 촌스러운 사람을 표현하기 위해서.

② 촌스러울 뿐만 아니라 표준어 교육을 받지 못한 것을 표현하기 위해서.

③ 그 사투리를 쓰는 지방의 지방색(충청도-느림, 경상도-억셈)을 표현하기 위해서.

2. 낭독의 속도(速度)

낭독의 속도를 나타내는 기준은 단순히 1분에 몇 자, 몇 단어를 처리한다고 하는 물리적인 분량만 놓고 말하기는 어렵다. 낭독하기 속도는 정황에 따라, 낭독자의 감정에 따라 다르다. 오히려 듣는 이의 이해도(理解度), 즉 얼마나 알아듣기 쉬운가 하는데 중요한 관건이 있다. 상대가 연소한 어린이나 연로한 노인일 때, 비교적 천천히 읽게 되고, 이해가 빠르고 지적 수준이 높은 중년 교양층일 때는 비교적 빠르게 읽으면 된다.

예를 들어 방송에서의 스포츠 실황중계처럼 말이 비교적 빨라도 듣는 측에서 쉽게 알아들을 수 있는 경우가 있는 반면, 반대로 비교적 천천히 전달해도 그 복잡한 내용을 잘 이해하지 못하는 경우도 있는 것이다.

지나친 속독(速讀)은 허구(虛構)에 불과하다는 연구결과가 있다. 미네소타대학 시각 연구원에 따르면 사람은 분당 250~300단어만을 인지할 수 있다. 따라서 1분에 300단어 이상 읽는다는 것은 거의 불가능하다는 것이다.

속독으로 한 페이지 전체를 한 눈에 이해했다고 착각(錯覺)할 수 있지만, 실제로는 그 페이지에서 눈이 집중했던 단어만 인지할 뿐이며 나머지 글자의 이미지는 흐릿하게 시각에 남아 있는 것이라고 보고서는 지적한다. 속독은 집중한 단어만 인지할 뿐이다.

낭독은 휴지(休止)를 두어 천천히 해야 한다. 말의 속도가 너무 빠르면 상대를 이해시키기 힘들다. 설득은 더더욱 어렵다. 말을 천천히 한다는 것은 포즈(Pause)를 둘 곳은 분명히 두어서 의사전달을 분명히 하라는 뜻이다.

예를 들어 "아, 기다리고 기다리던 데이트"를 "아기다리고기다리 던데이트"라고 한다면 무슨 뜻이 되겠는가?

또 "교육감기 쟁탈전.."을 "교육감기쟁탈전"으로, "공사다망하신 중에도.."를 "공사 다 망하신 중에도.."로, "Now here is God !(지금 여기 신이 계신다)"를 "No where is god(신은 아무 곳에도 없다)"로 말한다면 엉뚱한 표현이 될 것이다.

말은 간격의 예술이다. 방송국의 아나운서는 언어 전달을 확실히 하고 청취자에게 기대감을 주기 위해 문장의 요소요소에 휴지(休止)를 둔다. 예를 들면 같은 문장이라도 '엄마나 죽어'와 '엄마 나 죽어'는 전혀 다른 내용이 되는 것이다.

낭독의 속도는 알기 어려운 곳이나 처음 나오는 말은 느리게, 알기 쉬운 곳은 빠르게 하여 전체적으로 느린듯하면서도 많은 분량을 처리하는 것이 이상적이다.

똑같은 문장을 똑같은 속도로 낭독해도 듣는 사람의 입장에서 볼 때 여자의 목소리는 고음이기 때문에 남자 목소리에 비해 더 빠르게 느낄 수 있다. 부모가 어린 자녀에게 책을 읽어줄 경우 대개는 목소리를 가다듬어 처음부터 일사천리로 읽어주게 된다. 하지만 이처럼 어린 자녀들에게 책을 줄줄 읽어주는 것은 자녀들에게 도움이 되기보다는 해를 끼칠 수 있다.

책을 읽어줄 때 잠깐씩 멈추는 것은 특히 언어발달이 늦은 어린이들에게 관심 있는 문제에 대해 스스로 얘기를 시작할 수 있는 기회를 만들어 주기 때문에 아주 좋다. 특히 말이 늦은 어린이들의 경우 부모들이 책을 줄줄 읽지 않고 어린이가 질문할 수 있도록 띄엄띄엄 쉬면서 읽어주었을 때 언어능력이 11배나 좋아지는 것으로 나타났다.

더구나 숫자 같은 것은 전달에 정확성을 기해야 함은 물론 기억하기 쉽게 천천히 읽어야 한다. 훌륭한 전달자란 천천히 말하는 것 같으면서도 많은 내용을 전달하는 사람, 다시 말해서 최단 시간 내에 이해가 용이한 정보량을 얼마나 많이 전달할 수 있는가가 중요한 것이다.

청산유수(青山流水)같이 말해서는 안 된다. 점(Comma)으로 짧은 휴지 또는 연접(連接)을 나타내서 보다 정확히 전달하는 노력이 필요하다. 말하기와 읽기에서는 공백표현(空白表現 Pause)과 함께 완급(緩急)을 구사(驅使)함으로써 듣는 이에게 활발한 인상을 주기도 하고 때로는 보다 안정감을 주기도 한다.

1) 낭독의 완급(緩急=Tempo)

생리적으로 입이 빠르고 머리 회전이 빠르며 당돌한 성격의 소유자들, 그리고 열렬한 성격의 사람이나 흥분한 사람은 말이 빠르다. 더구나 시대의 변천에 따라 우리말은 빠르고 거칠어지고 있다. 바람직한 낭독의 속도는 상대방의 이해와 공감을 먼저 생각하고 읽을 내용을 고려해야 한다.

'속도의 유혹'이라는 말이 있다. 고속도로에서 운전자가 일직선상의 길을 똑같은 속도로 달리다 보면 단조로워 졸음 때문에 사고가 잦듯이 템포에 변화가 없으면 이야기가 처지기 마련이다. 똑같은 속도로 말한다면 청자는 반드시 졸게 된다. 즉 이야기의 내용(장면), 청자의 이해능력(理解能力), 감정의 반응에 부합하도록 낭독의 속도를 적절히 조절해야 한다.

* 낭독 템포가 느려야 할 경우

- 상대가 어린이나 나이가 많을 경우
- 강조하고 싶은 곳
- 엄숙한 사실
- 억제되는 감정: "아! 슬프다"
- 숫자, 인명, 지명 같은 특별히 기억을 요하는 것
- 낭독의 서두(序頭): "어느 눈오는 날.."

* 낭독 템포가 빨라야 하는 경우

- 이해가 빠른 성인을 대상
- 누구나 다 알고 있는 사실(事實)
- 그리 중요하지 않은 것
- 손에 땀을 쥐게 하는 이야기의 클라이맥스
- 억압되지 않은 감정을 말할 때

낭독의 속도는 Speech의 목적에 따라 적절하게 맞춰야 한다. 방송의 경우 뉴스 등 보도 pro에서 어린이들 대상은 1분에 250자(字), 일반의 경우 1분에 300자가 적합하며, 속도가 너무 느리면 답답하게 들리고 빠르면 경망스럽고 이해하는데 지장을 준다.

통계내용을 말할 경우, 빠르게 말하면 한 번에 전반적인 내용을 인상깊게 할 수 있고, 느릴 경우 항목 하나하나의 내용을 중요한 것으로 보여줄 수 있다.

예 :

- 빠르게 : ...이상의 사실을 셋으로 나누어 설명한다면...
- 느리게 : 첫째,... 둘째,... 셋째,...

2) Pause(休止=공백표현)

우리의 일상에서 쉼표가 필요하듯이 'Pause는 곧 말'이라고 할 만큼 Speech의 기교중의 하나로 중요한 역할을 한다. Pause는 말과 말의 사이, 말하기 전의 어떤 시간적인 공백표현(空白表現)이라 할 수 있다.

말하기나 읽기에서 중간에 사이나 쉼이 없이 끝까지 단숨에 계속하기는 어렵다. 한 가지 유념할 일은 의미의 전달과 관계없이 마구 구사되는 공백표현은 없는 것만 못 하다. 다시 말해서 전달효과를 감소시키는 공백은 위험한 것이다.

동양화는 서양화와 아주 다른 특징이 있다고 한다. 그것은 바로 여백이다. 화가에게 물었다 "이렇게 작은 그림을 그리려면 이 종이의 8분의1 정도만 있어도 충분할텐데 왜 이렇게 큰 종이를 낭비합니까?"

"종이의 8분의7에 비어있는 공간을 만들려고 나머지 8분의1에 그림을 그렸습니다."

참 멋진 대답이다. 동양화에서 공간이 얼마나 중요한가를 말해주는 것이다. 공간 때문에 그림이 살고, 그림 때문에 공간이 사는 것이다. 둘 다 사는 것이다.

'뜸을 드리다'라는 말이 있다. 그림의 맛은 여백에 있고 노래나 춤의 묘미도 마찬가지이다. 말에도 Pause를 둠으로써 마음의 준비와 이야기에 대한 반응을 볼 수 있다.

Shakespeare는 '말이 제 구실을 다하지 못할 경우에는 차라리 순수하고 진지한 침묵이 사람을 설득시킨다.'라고 말함으로서 '소리가 없는 소리', '말이 없는 말의 세계' 즉 Pause의 중요성을 강조하였다.

카네기는 링컨의 전기를 읽고 난 후 '링컨은 때때로 말하는 도중 말을 끊었다. 중요한 대목에서 청자의 마음속에 강한 인상을 주고자 할 때, 청자의 눈을 살피면서 말을 멈췄다..., 링컨의 Speech는 말 하기전의 침묵에는 깊이가 있고, 말하고 나서의 침묵에는 무게가 엿보인다. 만약 말에 침묵의 배경이 없다면 말은 깊이와 무게를 잃고 말았을 것이다'라고 말하고 있다.

결국 Pause란

a) 일층 강한 감정과 극적인 분위기를 나타내고

 예: 드디어 그는 계단을 오르기 시작했다. 한 계단// 두 계단//...

b) 말을 강조하고 힘을 주며

c) 청자에게 상상력을 부여하고 화자(話者)는 여유를 갖게 된다.

d) 청자의 주의와 관심을 집중시키는 효과를 갖는다.

그런데 Pause를 효과적으로 살리기 위해서는 적절한 어조(語調)의 변화와, 속도의 변화가 뒤따라야 한다. Pause의 Type을 예로 들어보자.

a) 이야기의 구조(構造)를 보이는 것(꾸밈새)

 '..한 까닭입니다..., 그래서...'

b) 이해를 바라는 것

'아시겠습니까?..., 그것은...'

c) 생략으로 암시하는 것

'그것이 설마..., 모르죠...'

d) 반성을 바라는 것

'정말 그럴까요?..., 저는 이렇게 생각합니다만...'

e) 강조하는 것

'갈 사람은 가고..., 남을 사람은 나와 같이 남아있자!'

f) 기대를 주는 것

'그리고 나서..., 새파랗게 질린 그는 휘청휘청 걸어 나왔다'

g) 여운을 남기는 것

'그리고..., 지평선 너머로 사라져 가는 것이었다'

Pause를 둘 때는 무리하지 않은 호흡조절과 강조사항에 유의해야 한다. 즉 호흡에 따라 휴지(休止=Pause)를 적절히 주어서 듣는 이로 하여금 충분히 음미(吟味) 할 곳은 음미할 수 있게 해야 한다. 휴지가 너무 짧으면 듣는 이의 이해(理解), 감상(鑑賞)에 무리가 생기고 너무 길어도 잡념(雜念)이 들어 이해와 감상에 방해가 된다.

언어학에서 말하는 종결어조(終決語調)는 글로 쓸 때 보통 한 점(Comma)으로 표시하는 잠깐 멈춤(Suspension)과 단어의 경계를 짓는 개리연접(開離連接 Open Juncture)이 있다. 잠깐 멈춤은 하나, 둘, 셋,...를 계속 셀 때 인식되는 휴지로, 살짝 올리는 pitch를 수반하며 개리연접은 실제 소리의 단절은 안보이고 그 앞의 소리가 길어지는 것으로 그 존재를 인식한다. 어느 학자는 '휴지'에 관하여 '말토막'과 '말마디'로 설명한다. 즉 말토막 경계는 쉼이 없거나, 있어도 임시적이고 불완전한 아주 짧은 쉼을 나타낸다. 말토막 경계에 나타나는 휴지는 경계 앞 음절을 장음화시키고 앞 말 토막과 뒤 말 토막의 억양과 리듬의 끊김을 초래한다.

말마디는 숨쉬기의 단위이다. 말마디의 경계에도 휴지가 부과되는데, 이 경우의 휴지는 종종 숨쉬기에 의한 에너지의 공백을 수반하며 경계에서 나타나는 휴지는 말토막 경계에서 나타나는 휴지보다 더 길게 실현된다.

3) 끊어 읽기

글에 띄어쓰기가 있다면 말에는 끊어 말하기가 있다고 하겠으나 여기서의 '끊어 읽기란' 띄어쓰기의 개념이 그러하듯이 무조건 도막도막 끊어서 읽는다는 뜻이 아니라, 의미 단위를 기준으로 붙여 읽어야 할 곳은 붙여서 읽고 끊어 읽어야 할 곳은 끊어서 읽는다는 뜻으로 써 보는 말이다. 그리고 '끊음'과 '붙임'도 상대적인 개념으로 이해해야 한다. 비유하건대 끊는 동안(시간)의 수치가 2라면 이는 1에 비하여는 '끊음'이오, 3에 비하여는 '붙임'이다.

예) a. 나물(山菜)좀 줘
나 물좀 줘
b. 밥 또 먹었니?
밥도 먹었니?
c. 그의 妻 음행한 일
그의 처음 行한일
d. 나도 가네
나(姓이) 都哥(姓)네
e. 엄마나 죽어
엄마 나죽어
f. 언니가 방에 들어가
언니 가방에 들어가
g. 누가가(마태복음) 나?
누가 가나?

h. 다 시가요(市街)
다시 가요

글에서와 마찬가지로 말에서도 끊어 말하기를 잘못했다 하더라도 그 문맥이나 상황에 따라 그 의미를 바르게 파악할 수는 있다. 그러나 듣는 사람을 생각하지 않고 자기 편한 대로만 말해 버리는 것은 하나의 폭력이고 독선이라 할 수 있다. 아무렇게나 말해 놓고 듣는 사람이 알아서 들으라는 식은 언어생활의 민주주의가 아니다.

예:

① 좀⌒먹는다
좀ˇ먹느다
② 차가운 데에⌒서
차가운 데에ˇ서

위의 보기에서는 어떻게 말하느냐에 따라 말이 전혀 달라진다. ①처럼 '좀'과 '먹는다'를 붙여서 말한다면 '좀이 쓸다'라는 움직씨가 되며, '좀'과 '먹는다' 사이를 끊어서 말하면 '조금 먹는다'라는 말이 된다. ②처럼 '데에'와 '서'를 붙여서 말하면 '(차가운) 곳에서'라는 말이 되며, 끊어서 말하면 '(차가운) 곳에 서서'라는 말이 된다.

③ 영호는 웃으면서⌒들어오는 철이에게
영호는 웃으면서ˇ들어오는 철이에게
④ 고향에 다니러 온 아들과⌒딸을 멀리 떠나보낸 어머니
고향에 다니러 온 아들과,ˇ딸을 멀리 떠나보낸 어머니

③에서 붙여서 말하면 웃으면서 들어오는 사람이 '철이'이며, 끊으면 웃는 사람은 '영호'이고 들어오는 사람은 '철이'가 된다. ④에서 붙이면 고향에 다니러 온 사람이 '아들과 딸' 둘이지만, 끊으면 고향에 다니러 온 사람은 '아들' 뿐이다

⑤ 부모님전 상서
부모님˅전상서
⑥ 명예˅식품 감시원
명예⌒식품 감시원

⑤는 무슨 말인지 도저히 이해하지 못하는 무지의 소치가 아닌가 한다. '~앞'이라는 표현처럼 '전'은 '앞 전(前)'임을 안다면 '부모님전 상서' 즉 '부모님에게 올리는 글'임이 분명하다.

⑥은 '명예식품'이란 이 세상에는 없다. 명예 식품 감시원이라고 해야 식품 감시원이 명예직임을 나타낼 수 있다.

띄어쓰기와 관련된 이야기를 한 가지 소개할까 한다. 김삿갓이 원주 치악산을 구경하고 어느 마을에 갔더니 부침개 냄새가 코를 찔렀다. 다음날이 오 진사(進士) 댁 진갑(進甲)이라 온 마을이 잔치 준비를 하는 중이었다. 그런데 오 진사의 표정이 어두웠다. 고을 사또(使道)를 초대했더니 사또로부터 '來不往 來不往(내불왕 내불왕)'이라는 답장이 왔는데 무슨 뜻인지 모르겠다는 것이었다. 김삿갓은 한참을 보더니 띄어쓰기에 비밀이 있다는 걸 알아차렸다. "來不 往(오지 말라 해도 가겠는데) 來 不往(오라고 하는데 왜 안 가겠는가)"이었다. 그날 밤 김삿갓은 술과 안주를 실컷 먹고 융숭한 대접을 받았다고 한다.

다음의 글을 의미가 효과적으로 전달되도록 읽어보자.
(※제2장 낭독의 요건 '표시부호' 참조)

- 공사 다망(公私多忙)하다?
  (공사 다망하다)
- 아버지 가방에 들어가시다?
  (아버지가˅방에˅들어가시다)
- 이혼인이 성사(成事)되었음을 선언(宣言)합니다?
  (이˅혼인이˅성사되었음을˅선언합니다)

- 이 캠페인은 문화시민운동중앙협의회 제공입니다?
  (이ˇ캠페인은ˇ 문화시민운동ˇ중앙협의회ˇ제공입니다)
- 아기 다리 고기다리 던데이트?
  (아! ˇ기다리고ˇ기다리던ˇ데이트)
- 천안 시어머니 합창단?
  (천안시ˇ어머니ˇ합창단)
- 피자 헛 먹었다?
  (피자헛ˇ먹었다)
- 울산경찰서장 생포 파출소?
  (울산ˇ경찰서ˇ장생포ˇ파출소)

4) 호흡단위(呼吸單位)

일상생활에서 휴일 등 쉼표가 필요하듯이, 실제 언어활동에서도 쉬지 않고 계속 말하거나 읽을 수는 없다. 생리 조건으로 보아도 마찬가지이다. 그러나 중간을 끊어도 의미가 효과적으로 전달되도록 끊어야 한다. 이렇게 끊겨진 단위를 호흡단위라 한다. '띄어 말하기', '띄어 읽기'라 이름 붙여, 정서법의 '띄어쓰기'와 구별한다.

호흡단위는 한 개 음소(音素) 또는 음절(音節)에서부터 매우 긴 것까지 있으나 길이를 규정할 필요는 없다. 가장 기본적인 기준은 의미 단위에 따르는 것이다. 강조할 말의 앞과 뒤에 Pause를 두는 것이 바로 그 때문이다. 불교에서는 숨 쉬는 것만 해도 훌륭한 명상(冥想.瞑想) 수행(修行)이 될 수 있다고 한다. 사실 따지고 보면 들숨과 날숨 사이가 연결되지 않으면 그것이 바로 죽음이 아닌가?

5) 수의적(隨意的) 발음 조절(調節)

발음의 장단이나 강약 또는 휴식과 같은 것을, 맥락(脈絡)에 따라서 적절히 조절하여 의미의 모호성을 강화하는 수단으로 이용할 수가 있다.

예)

① 얘, 철수가 저-기 있다.

② 비행기가 노-프게 떴다.

③ 그 고기는 이마-ㄴ큼 크더라.

④ 그 괴물은 굉-장히 커서 말 할 수도 없다.

⑤ 사-람, 왜 그 모양인가?

①에서 ⑤까지와 같은 발음의 비정상적인 연장은 그 부분을 강조하기 위한 것이다. 특히 ①에서 ④까지의 경우는 그 정도가 심한 것을 나타내는 효과가 있다.

이런 경우 비정상적으로 발음이 연장되는 부분은 대체로 강하게 발음되는 경향이 있다. 결국 강조하기 위해서 길고 강하게 발음하는 것이다.

⑥ a. 이것은 영양이 풍부한 채소로 만든 /좋은 음식이다.

b. 이것은 영양이 풍부한 /채소로 만든 음식이다.

⑦ a. 저 사람이 / 바로 어제 /내가 만난 영희의 애인이다.

b. 저 사람이 바로 /어제 내가 만난 영희의 애인이다.

c. 저 사람이 바로 어제 내가 만난 영희의 /애인이다.

d. 저 사람이 바로 어제 내가 만난 /영희의 애인이다.

특정한 부분에서 정상적인 휴식보다 다소 긴 휴식을 둠으로써 의미를 분명하게 하는 표현효과를 상승시킬 수 있다. ‘ / ’부분이 상대적으로 긴 휴식을 두는 곳이다. 문자로 표기할 때는 이곳에 코마를 찍는 방법이 있다.

‘영양이 풍부한’이 수식하는 것은 a에서는 ‘채소’이며 b에서는 ‘채소로 만든 음식’이다.

‘어제 만난’것이 영희냐 영희의 애인이냐 하는 모호성의 요인도 잠재해 있어서 발음에 조심해야 한다. c, d와 같이 하면 모호성은 완화된다. 화자가 만난 것이 c에서는 영희이고 d에서는 영희의 애인이다.

3. 어감(語感 Sensitivity to language)

'광에서 인심 난다'는 말이 있다. 돈 없이도 베풀 수 있는 7가지, 즉 '무재칠시'(無才七施)다. 그 가운데 '언사시(言辭施)가 있다. 좋은 말씨로 베풀라는 말이다. 좋은 말씨란 상대를 배려하는 말 씀씀이다. 말을 잘못하면 칼이 되고, 말을 잘 쓰면 천 냥 빚도 갚는다. 아울러 말 씀씀이가 사람의 품격을 가늠케 한다. 품(品)자는 입구(口)자가 3개가 모인 것이다.

'아 다르고 어 다르다'고 한다. 또 '아 해 다르고 어 해 다르다'라고도 한다. 우리말은 같은 말이라도 어떻게 하느냐에 따라 그 느낌이 확연히 달라질 수 있다. 알록달록 예쁜 색동저고리를 얼룩덜룩하다고 하면 졸지에 지저분해진다. 추녀 끝에 풍경이 찰랑이는데 가슴이 철렁 내려앉을 리 없다. 늠름한 산봉우리를 '산봉오리'라고 하면 별로 오르고 싶지 않을 것이고, 반대로 꽃봉오리를 '꽃봉우리'라고 하면 예쁜 맛이 싹 사라지기 마련이다.

어감이란 말소리 또는 말투가 가지는 크고, 작고, 세고, 약하고, 곱고, 거칠고, 또는 좋고 나쁜 따위의 느낌과 맛을 말한다. 낭독에는 부드럽고 안정감 있는 좋은 어감이 필요하다.

〈낭독 연습〉

'침묵'도 일종의 Pause라고 할 수 있다. 다음의 글을 소리 내서 읽으면서 Pause의 의미를 음미해 보자!

'침묵(沈默)'

"두 사람이 서로 말을 주고받을 때, 거기에는 항상 그것을 듣는 제3자가 있는데, 이 제3자가 곧 침묵이다" '막스 피카드'의 말입니다.

여름날 밤이면 숲 속에서 여기저기 반딧불이 날고 있습니다. 우리들의 삶도 잠시 반짝이다가 사라지는 저 반딧불과 같은 존재가 아닐까 싶습니다. 밤하늘 아래서 귀를 기울이고 있으면 우주는 두꺼운 침묵으로 이뤄진 커다란 생명체처럼 여겨집니다.

침묵은 근원적인 현상입니다. 침묵은 온갖 이해관계를 넘어선 평화입니다. 그리고 이 침묵 속에서 인간은 과거와 미래의 세대로 이어져 있음을 확인할 수 있습니다. 따라서 인간의 말은 이 침묵을 배경으로 이루어져야 우주적인 메아리를 가져올 수 있습니다.

말을 가지고 살아가는 사람일수록 침묵에 귀 기울이는 시간을 가질 필요가 있습니다. 인간의 말이 소음으로 전락되지 않으려면 침묵의 대지에 말의 씨앗을 뿌려 움이 트고 잎이 피고 꽃이 피고 열매가 맺도록 해야 합니다.

언어는 "존재의 집"이라고 말한 철학자도 있지만 우리들이 쓰는 말이 존재의 집이 되려면 깊이 생각한 끝에 될 수 있는 한 적게 말해야 합니다. 이 침묵의 우주질서를 의식한다면 아무 말이나 함부로 뱉을 수가 없습니다.

사람의 진정한 말은 침묵에서 우러납니다. 이 침묵과의 연계를 잃어버린다면 인간의 말은 소음으로 타락하고 맙니다.

오늘밤도 달이 뜨고 별들이 돋아날 것입니다. 아무리 바쁘더라도 잠시 밤하늘에 눈을 주고 침묵에 귀를 기울여 봅시다. 오늘 자신의 있음이 어떤 모습인지 확인하게 될 것입니다.

제3장

정확한 표현(表現) Correctly

1. 정확한 발음
2. 발음의 기초(基礎)
3. 음운의 변동(音韻의 變動 Phonological Changes)
4. 발음연습
5. 낭독의 실제(實際)

제3장 정확한 표현(表現) Correctly

인간이 생각이나 느낌을 남에게 전달하기 위해서는 표정이나 손짓, 몸짓, 소리 지르기 등 여러 수단과 방법이 있다. 그러나 가장 완전한 것은 말이다.

말은 목소리를 통해서 발화(發話)하면 상대방은 청각을 통해서 그 내용을 파악하게 된다. 이때 그 계기구실(契機口實)을 하는 것이 발음(發音)이다.

소리를 통해서 발화(發話)된 말, 곧 음성언어(音聲言語)는 문자라는 기호로 기록해 놓으면 글, 곧 문자언어(文字言語)가 된다. 이를 음성언어 상태로 환원시켜 음미하거나 상대방에게 들려주기 위해서는 역시 발음이라는 수단을 통해서 상대방의 청각에 자극을 주도록 해야 한다. 말은 소리와 의미(意味)의 약속이다. 말이란 곧 의사소통(意思疏通)의 수단이며 생각하는 바를 표현하는 수단이 되고 인품을 결정짓는 표본이기도 하다. 때문에 정확한 발음을 구사(驅使)할 수 있는 능력이 있어야 한다.

말을 할 때는 물론이지만, 글을 소리 내서 읽을 때, 글자를 기계적으로 소리를 바꾸는 것이 아니라, 말이 되게 발음을 해야 한다. 표현력이 뛰어나도 발음이 좋지 않으면, 듣는 사람들의 반응이 별로 좋지 않고 말하는 사람 역시 말하기에 대한 흥미를 잃고 만다. 말하기의 기초체력인 '발음'을 정확하게 갈고 닦아서 말 그대로 '말'을 제대로 해야 한다.

영국 사람들은 처음 만났을 때 "처음 뵙겠습니다."(How do you do?)라고 악수를 나누면서 상대방의 모든 것을 안다고 한다. 어느 지방에서 태어났고 학교 교육을 얼마나 받았는지, 그리고 어느 계층 사람인지를 악센트와 매너 등으로 금방 파악한다는 것이다. 마가렛 대처(Thacher) 전 총리는 옥스퍼드대학 출신임에도 불구하고 너무 목소리 톤(tone)이 높아 경박스럽다는 지적을 받자, 총리 취임 이후 발음교정(發音矯正)을 받아 더욱 또렷하고 힘 있는 연설을 하게 된 것으로 유명하다.

활자매체(活字媒體)의 문장에서는 맞춤법에 맞춰 표기만 하면 되지만, 발음은 맞춤법은 물론이요 표준발음이라는 한 가지 조건이 첨가되어 더 어려울 수밖에 없다. 아무리 좋은 음식도 하찮은 그릇에 담기면 맛이 덜하듯, 아무리 좋은 메시지라도 바른 소리와 언어에 실리지 못하면 제대로 전달되지 못하는 법이다. 말을 할 때에는 말이 되게 발음을 해야 한다. 즉 정확한 발음을 구사하여야 한다.

1. 정확한 발음

우리는 일정한 기준의 철자법(綴字法)은 갖고 있으면서 발음에 관해서는 무관심한 실정이다. 활자매체(活字媒體)의 문장에서는 맞춤법에 맞춰 표기만 하면 되지만, 발음은 맞춤법은 물론이요 표준발음(標準發音)이라는 한 가지 조건이 첨가되어 더 어려울 수밖에 없다.

국립국어연구원이 표준어를 사용하고 있는 서울, 인천, 경기지역 주민을 대상으로 단어의 발음실태를 조사한 결과, 현재 표준말로 쓰이고 있는 서울말에 급격한 언어변화가 진행되고 있는 것으로 나타나고 있다. 즉 동일 단어에 대한 국어사전의 표준발음과 실제 서울말 발음이 크게 다르다는 것이다.

가령 '관건' '땅거미' '보온병' '불법'의 표준발음은 표제어와 동일하지만 조사 대상자 다수는 '관껀' '땅꺼미' '보온뼝' '불뻡' 등으로 경음(硬音)을 사용하고 있었다. 또 '밟고'는 '밟꼬(밥:꼬)', '온랭'은 '올랭(온:냉)', '인사말'은 '인산말(인사말)', '힘입다'는 '힘닙따(히밉따:이상 괄호 속이 표준발음)' 등으로 발음이 바뀌고 있는 것으로 나타났다.

또 조사의 두드러진 특징 가운데 하나는 성별, 학력별 발음 차이보다는 세대 간 차이가 확연했다는 것이다. 특히 젊은 층으로 갈수록 말이 빨라지고 그 소리 남도 거세다. 따라서 장음(長音)을 단음(短音)으로 발음하는 경향이 두드러졌다. 예를 들어 '김밥' '미술'은 '김:밥', '미:술'로 발음해야 하지만 각각 '김빱' '미술'로 짧게 발음했다. '김밥'은 단음화(短音化)와 경음화(硬音化) 현상이 함께 나타나, 젊은 층일수록 짧고 강한 발음을 사용하는 것으로 조사되었다.

정확한 발음을 구사하기 위해서는 발음법칙에 준하고 음가(音價)를 충분히 나타내야 한다. '확실히'를 '학실히'로, '문교부'를 '뭉교부'로, '전보'를 '점보'로, '합격'을 '학격'으로 '꽃밭'을 '꼽밭'으로, '한강'을 '항강'으로 발음한다면 음가(音價)를 제대로 표현했다고 할 수 없다. 더구나 국호인

'대한민국'을 '대함밍국'으로, 또 '신의 가호(加護)가 있기를..'을 '신의 과오(過誤)가 있기를..'이라고 발음한다면 수치스러운 일이 아닐 수 없다.

'재고(再:考)'와 '제고(提高)', '재일동포(在:日同胞)'와 '제일동포(第一同胞)', '개(犬:)'와 '게(蟹)', '내(我:)'와 '네(汝)'같은 '애~에'의 올바른 구별은 음가와 관련된 것이다. 또 '서광(瑞:光)이 비치다'와 '서광(西光)이 비치다', '방화(放:火)하다'와 '방화(防火)하다', '사의(謝:意)를 표하다'와 '사의(辭意)를 표하다', '사형(死:刑)을 집행하다'와 '사형(私刑)을 집행하다', '회의(會:議)를 갖다'와 '회의(懷疑)를 갖다'는 음의 장단에 관계된 것으로 역시 음가와 관련된 것이다.

발음이나 발성에 문제가 있는 사람은 흔히 '혀가 짧다'고 말하는데, 실제로 '혀'가 짧은 경우보다는 입을 벌리지 않고 말하는 경우가 많다. 입은 거의 움직이지 않고 소리만 내는데 발음이 좋을 수가 없는 법이다. 특히 우리말은 입을 위 아래로 벌리는 연습이 많이 필요하다. 명확한 발음은 입을 크고 정확하게 벌려 소리 내야한다.

정확한 발음은 정보전달(情報傳達)이라는 목적을 가장 효과적으로 이룩할 수 있는 최상의 도구인 것이다.

가. 발음(發音)의 중요성

우리 주변에는 발음이 분명치 못한 사람이 너무나도 많다. 또 많은 사람들이 내 나라 말의 발음은 엉망이면서 외국어 발음은 열심히 사전을 찾아가면서 익히려고 노력한다. 흔히 '나의 조국'을 '나이 조국' 혹은 '나으 조국'이라고 발음하면서 스스로 애국자임을 자처하는 사람들이 있다.

어느 TV에서 미국 로스앤젤리스에 사는 한 교포의 집을 취재해서 방영(放映)한 적이 있다. 그 집에는 15년 동안 앵무새 한 마리를 키우고 있었는데, 그가 흉내내는 말이나 노랫소리는 너무나도 사람 이상으로 발음이 정확할 뿐만 아니라 음정, 박자 또한 훌륭해 감탄을 금할 수 없었다. 예를 들어 "안녕하세요, 또 만났군요", "왜 불러? 왜 불러? 돌아서서 가는 사람, 왜 불러? 왜 불러?", "학교 종이 땡 땡 땡, 어서 모이자" 등의 우리말 노래는 물론, "Happy Birthday to you" 등 영어 노래까지 유창하게 부르는 것이었다.

우리나라 역대 어느 대통령은 '경제'를 '갱재'로, '관광'을 '강간'으로 발음하여 한때 화제가 되었던 일이 있다. 비단 그 분만의 일이 아니다. 많은 사람들이 자기나라 말조차도 부정확하게 발음을 하고 있는 실정이다. 그야말로 '말은 무너지고 발음은 뭉개지고'(著者의 저서 2003년) 있는 것이 아닌가?

중요한 사실을 전달하고자 할 때 입 속에서 우물우물 한다든지 말끝을 얼버무린다면 상대방은 어림짐작으로 이해 할 수밖에 없거나 원래 의도된 목적과 전혀 다른 결과를 초래할 수도 있을 것이다.

영어를 하는 사람들 중에는 미국의 힐러리 국무장관을 존경하는 사람이 많다. 그는 지구상에서 가장 영향력 있고, 가장 정확한 발음을 구사하는 달인으로 존경받고 있다. 무엇 때문일까? TV 앞에서 그가 하는 말은 곧 세계인이 듣는다. 때문에 그는 발음을 또박또박 정확하게 표현하도록 노력한다. 예를 들어 'I want to hold your hand'를 미국인들은 '아이 원어

홀 유어 핸' 정도로 표현한다고 한다면, 그는 '아이 원트 투 홀드 유어 핸드'라고 표준 영어를 구사한다.

말이란 본래 야누스신(神)과도 같아서 양면성(兩面性)을 갖고 있다. 한 면은 음성(音聲)이고 다른 한 면은 의미(意味)인 것이다. 그러나 말은 분명하고 구체적이어야 한다. 즉 글과 말이 다르고 철자와 발음이 다르다. 발음이 중시되는 것은 글은 막연하고 추상적이며 모호한 반면, 말은 분명하고 구체적이며 다양하기 때문이다.

진정한 의미의 말이란 남을 설득하는데 목적이 있는 것이며 그러기 위해서는 화자(話者)의 의사가 분명히 상대방에게 전달되어져야 한다. 즉 이해하지 못하면 판단을 내릴 수 없으며 듣지 않으면 설득은커녕 이해도 할 수 없는 법이다.

이름난 사수(射手)라 할지라도 불량실탄을 사용해서는 목표물을 정확히 맞출 수 없으며, 곧은 화살을 사용치 않고는 양궁(洋弓)의 금 '메달리스트'가 나올 수 없듯이, 말을 전달하는 입장에서 정확한 발음을 구사(驅使)할 수 없다면 어떠한 달변(達辯)의 소유자라 하여도 목적한 바를 달성할 수 없는 것이다.

공자(孔子)는 "덕 있는 사람은 반드시 말을 바로 하지만, 말 잘하는 사람이 반드시 덕 있는 것은 아니다"라고 하였다.

나. 우리말 발음법칙

우리말 표준 발음법 규정 총칙 제1장에 「표준 발음법은 표준어의 실제 발음을 따르되, 국어의 전통성과 합리성을 고려하여 정함을 원칙으로 한다」 고 명시되어 있다.(국립국어원, 한국어문 규정집)

발음에는 어두운 밤(夜)과 먹는 밤(栗)의 길고 짧음이 있다. 그런가 하면 '암행어사 출두요!'에서 '어'음은 어린이의 '어' 음과는 소리 남이 다르다. 간단한 언어라 하더라도 Pause(쉼), 억양(Intonation), 말의 속도, 시제(時制)등의 요령이 필요하며, 발음 법칙에 준해서 음가(音價)를 충분히 나타냄으로서 정확한 발음을 구사할 수 있다.

우리는 유창한 말치레 요령을 배우기에 앞서 내 나라의 말, 우리말을 먼저 익혀야 할 것으로 생각된다. 특히 방송인 가운데도 많은 사람이 '으'와 '어', '애'와 '에'의 발음을 명확히 구분하지 못하고 있다. 즉 사투리 방송을 하고 있는 것이다.

'겉모습'을 '금모습'으로 발음하거나 '증폭'을 '정폭'으로, '걱정'을 '극정'으로, '스물 다섯 명'을 '서물 다섯 명'으로 잘못 발음하는가 하면, '최고'를 '채고'로, '세력'을 '새력'으로, '재정'을 '제정'으로 각각 발음하는 경우가 있다.

한편 '잘 사는'을 '잘 싸는'으로, '부정적'을 '부정쩍'으로, '일삼은'을 '일쌈은'으로, '창고'를 '창꼬'로, '근본적'을 '금본쩍'으로 발음하는 등 된소리로 잘못 발음하는 경우(경음화)가 많다.

또 '육학년'을 '육악년'으로, '회복할'을 '회복알'로, '시작한'을 '시작안'으로, '핵 확산'을 '핵 왁산'으로, '신(神)의 가호(加護)가 있기를..'을 '신의 과오(過誤)가 있기를..'로 발음하는 등 'ㅎ'탈락현상도 자주 일어난다. '법학'은 '버팍'으로, '기록하다'는 '기로카다'로, '생각하다'는 '생가카다'로 발음해야 한다.

이밖에도 '頂上(정상)'과 '正常(정:상)', '先手(선수)'와 '選手(선:수)'처럼 뜻이 다른 한자말에서 장음(長音)과 단모음(短母音)을 혼동해서 본래의 뜻이 제대로 전달되지 않는 경우가 많다.

이런 오류사례는 한글의 역동적이고 진취적인 강한 발음체계를 힘없고 유약하게 만들고 한글이 가지고 있는 언어의 힘을 떨어뜨린다.

정확한 발음을 구사하기 위해서는 발음법칙(發音法則)에 준하고 음가(音價)를 충분히 나타내야 한다. '친구'를 '칭구'로, '선교(宣教)의 자유'를 '성교의 자유'로 발음한다면 음가를 제대로 표현했다고는 할 수 없다.

정확한 발음은 정보전달(情報傳達)이라는 목적을 가장 효과적으로 이룩할 수 있는 최상의 도구이다.

다. 표준 발음(標準發音)

문명한 나라에는 모두 표준말이라는 것이 있다. 우리나라는 서울말을 표준말로 삼고 있다. 표준 발음이란 한 나라의 표준말의 발음을 뜻한다. 표준말을 구사한다는 것은 올바른 말소리로 발음한다는 뜻이다. 다시 말하면 홀소리나 닿소리는 물론이고 그 밖에 소리의 길이, 세기, 높낮이와 나아가서 말의 리듬과 억양이 모두 표준적이어야 한다는 것을 의미한다. 그렇다면 표준 발음은 왜 필요한 것인가?

(1) 표준 발음은 효율적인 의사소통(意思疏通)에 필수적이다.

인간의 말은 1차적으로 입으로 발음하고 귀로 듣는 '소리 말'(또는 입말)의 형태로 존재하며, 글자로 써서 눈으로 볼 수 있는 '글말'은 어디까지나 언어의 2차적인 형태일 뿐이다. 그리고 말은 기본적으로 소리, 즉 음성으로 이루어지고 전달된다.

따라서 말의 뜻을 올바로 전달하려면 무엇보다도 발음이 정확하여야 함을 알 수 있다. 발음이 부정확하고 바르지 않으면 아무리 내용이 좋고 어법(語法)이 바르다고 할지라도 의미 전달(傳達)이 제대로 이루어질 수 없다.

(2) 표준 발음은 지역감정을 극복하는 지름길이다.

지역 방언(方言)의 난립은 단순히 의사소통의 장애요소가 될 뿐만 아니라, 지역감정의 촉발제(觸發劑)로 작용한다. 이름도 성도 모르는 주변의 사람들을 대하면서, 우리는 그들의 말씨를 듣고 무의식적으로 그들의 출신지를 점치며, 정치, 사회적 지역의식과 이질감(異質感)을 떠올리게 된다.

따라서 이 문제를 해결하는 언어적인 방법은 바로 표준말의 표준 발음을 널리 보급하여 공직자나 지도층 인사를 비롯해서 지식인 및 모든 국민은 적어도 사회의 공식적인 자리나 모임에서는 반드시 표준 발음을 사용하도록 하는 것이다. 그러기 위해서는 초등학교에서부터 표준말, 표준 발음교육이 필수로 되어야 할 것이고, 우선 각급 학교의 교사부터 표준 발음으로 무장되어야 한다.

외국어는 표준 발음으로 올바르게 말을 해야 하고 모국어인 한국어는 아무렇게나 멋대로 발음해도 좋다는 생각, 이는 곧 언어의 사대사상(事大思想)을 웅변으로 증명하고 있는 것이다.

(3) 표준 발음은 교양인의 자격 요건이 된다.

교양(教養) 면에서 표준 발음(標準發音)이 중요한 구실을 한다. 옛날 중국에서 시작하여 동양의 여러 나라에서는 신언서판(身言書判)이라 하여 사람을 평가하는 척도로 '신(신체)' 다음으로는 '언(말씨)'을 중시하였다. '서(글씨)'에 앞서 '언(소리 말)'을 앞세운 것이다. 더구나 이는 한자(漢字)라는 뜻글자를 쓰는 중국에서 인물평가(人物平價)의 척도로 쓰던 기준이어서 더욱 의미가 심장하다.

표준 발음이란 한 나라의 표준적인 발음으로 정해진 것이므로, 사회생활을 하는 교양인과 지식인 및 공직자는 마땅히 표준 발음을 배워서 써야 할 사회적인 의무와 책임이 있는 것이다.

현행 표준어 규정은 1988년 정부가 고시한 후, 1989년 3월1일부터 시행에 들어가 지금에 이르고 있다. 표준어 규정 제1항에는 '표준어는 교양 있는 사람들이 두루 쓰는 현대 서울말로 정함을 원칙으로 한다.'로 되어 있다. 또 표준 발음법은 '표준어의 실제 발음을 따르되, 국어의 전통성과 합리성을 고려하여 정함을 원칙으로 한다'고 하였다.

세련된 speech는 세련된 말씨에서 찾을 수 있고 세련된 말씨는 우선 정확한 발음에서 찾을 수 있다. 그러므로 미묘한 발음의 차이를 하나하나 익혀두자.

(4) 표준 발음 구사(驅使)를 방해하는 요인들

대부분의 사람들이 정확한 발음 구사능력을 제대로 갖추지 못하고 있다는 것은 그만큼 우리말 발음 교육에 문제가 있다는 사실을 암시한다. 이에 덧붙여 교육의 영역 외에도 여러 가지 환경적인 요인을 지적하지 않을 수 없다.

• 교육 과정

국어 교육 과정을 분석해 보면 발음에 대한 교육이 지속적(持續的)이지 못하고, 적절한 시기에 이루어지지 못한다는 사실을 알 수 있다. 문자언어(文字言語)와는 달리 음성언어(音聲言語)가 매우 이른 시기에 습득해야 한다는 점을 고려한다면, 초등학교 저학년 시기는 이미 웬만한 발음은 거의 습득한 상태라고 할 수 있다. 그러나 이러한 시기에 겨우 1, 2학년 동안에 낱글자와 자음과 모음에 대해서만 발음 교육을 하고 그 이후로는 6학년이 될 때까지 아무런 교육도 하지 않는다는 것은 매우 무책임한 일이다.

• 한글 중심의 국어교육

한글만의 국어교육은 결과적으로 국어 발음에 이상 현상을 가져왔다. 어휘를 구성하는 한자의 뜻을 모른 채 음만 갖고 이해하는 데는 한계가 있다. 전에는 '聖人'하면 [성:인] 이요 '成人'하면 그냥 [성인] 으로 별 신경 안 쓰고 장단(長短)을 구분했었으나, 한글로 「성인」 하고 보면 장단 구분이 어렵게 되어 덮어놓고 짧게 발음하게 되고 말았다. 한자(漢字)는 글자마다 장단의 구분이 있어 그 글자가 들어가서 된 말의 장단은 자연스럽게 구분해 낼 수 있었던 것인데 그것이 깨져 버린 것이다.

어려운 한자어는 알기 쉬운 말로 바꾸되, 그렇다고 무리한 풀이를 해서는 안 된다. 존대어(尊待語), 겸양어(謙讓語), 인사말은 물론 모든 어휘나 어법을 경우에 맞게 써야 한다. 그리고 목소리의 크기나 높낮이, 말의 속도도 상황에 맞게 써야 한다.

한글 문장에 한자(漢字)가 조금씩 섞여 나오면 시각적 효과가 크다. 한자의 제시는 그 문장에서의 중심어구(中心語句)의 경우라든가, 특히 신문에서 한자의 시각성(視覺性) 배려는 짧은 시간을 이용하여 읽어야 하는 독자들에게 더 없이 훌륭한 친절이며 꼭 그렇게 처리해야 할 문제이다.

● **대중매체(大衆媒體)**

대중매제는 남녀노소를 불문하고 대부분의 화자(話者)들에게 아주 막강한 영향력을 행사하고 있다. 대표적인 매체가 바로 텔레비전인데, 발음과 관련하여 텔레비전이 미치는 영향은 특히 20대 이전의 학생들에게 매우 크게 작용한다.

그런데 텔레비전은 올바른 발음 습득이라는 면에서 볼 때 매우 유용한 도구이면서도 한편으로는 매우 해로운 도구(道具)라고 할 수 있다. 텔레비전이 가지고 있는 2중성이 발음과 관련해서도 예외가 아니기 때문이다. 한자를 등한시하는 요즘 세대라고는 하지만 얼마 전 '아버님전(前) 상서(上書)'를 '아버님 전상서'라고 방송하는 것을 듣고 아연실색(啞然失色)했던 일이 있다. 이 말은 '아버님께 드리는 글'이라는 뜻이다.

매일 매일의 생활에서 우리와 불가분의 관계에 있는 것이 신문과 방송이다. 그러나 활자매체인 신문보다 말로 직접 호소해 오는 방송이 더 직접적이다. 따라서 방송에 출연하는 아나운서는 물론, 해설자나 보도기자, 그 밖의 스튜디오에 나오는 모든 사람들은 언어사용에 각별히 신경을 써야 한다. 그 한마디 한 마디가 전 국민에게 예민하게 영향을 미치기 때문이다.

라. 발음기관(發音器官)

우리가 발음을 한다는 것은 성문(聲門)에 있는 성대(聲帶 vocal cords)를 진동시킨 음을 입이나 코를 통하여 밖으로 내보내는 현상이다. 이때에 성대를 발성기관(發聲器官 organs of speech)이라 하며 입(口腔)과 코(鼻腔)는 소리를 조절하는 구실을 한다는 뜻에서 조음기관(調音器官)이라 한다. 그런데 입 속에서 음을 조절하는 것은 입술(上.下唇), 이(上.下齒), 잇몸(齒齦), 입천장(口蓋), 혀(舌瑞, 舌面, 舌根)들이다. 위의 발성기관과 조음기관을 합하여 발음기관이라 한다.

음성기관(音聲器官)과 그 작용을 세부적으로 나누면 다음과 같다.

a) 발동부(發動部)

음성의 자료인 날숨([-쑴:] 내뿜는 숨 exhalation)을 제공하는 기관이다. 호흡은 숨을 내쉬는 호기(呼氣)와 들이쉬는 흡기(吸氣)로 이루어지는데, 음성은 호기만을 이용하게 된다. 그러나 소(牛)를 모는 소리나 혀를 차는 소리 등은 흡기를 이용하는 수도 있다.

말소리를 내기 위해서는 먼저 허파의 작용이 있어야 한다. 허파가 확장되면 바깥의 공기가 코나 입을 통해서 안으로 들어가고, 허파가 수축하면서 그 속의 공기가 코나 입을 통해 밖으로 나간다. 이것을 들숨, 날숨이라고 한다.

b) 발성부(發聲部)

날숨이 성대를 진동시키면 소리가 나는 기관이다. 허파에서 나오는 공기는 두 목청 사이를 통과하지 않으면 안된다. 이 때 두 목청이 좁게 열려서 그 사이를 통과해 나오는 공기에 의해 진동이 되면 울림소리(有聲音)가 나고, 그렇지 않으면 안울림소리(無聲音)가 난다. 안울림소리가 날

때는 목청이 넓게 열려 있어서 그 사이를 공기가 자유롭게 통과하기 때문에 진동이 없다.

- 울림소리(有聲音)...모음 전부와 자음 중에는 'ㄴ, ㄹ, ㅁ, ㅇ'이 해당된다.
- 안울림소리(無聲音)...울림소리를 제외한 모든 소리, 즉 'k, t, p, s, sh, h' 등이 이에 속한다.

c) 조음부(調音部)

성문을 나온 날숨이 입안과 코 안에서 소리를 고르게 된다. 즉 입안은 혀, 입술, 이, 잇몸, 입천장에서 조음되고, 코 안에서는 'ㄴ, ㄹ, ㅁ, ㅇ' 등의 콧소리가 나게 된다.

풍부한 성량(聲量)을 유지하기 위해서는 생활 습관이 중요하다. 발음기관의 건강을 위해서는 하루에 최소 1.8L의 물을 마셔 성대에 습기를 보충하고, 유산소 운동과 복식(腹式) 호흡으로 호흡기능을 좋게 함으로써 좋은 목소리를 유지할 수 있다.

또 술과 커피는 탈수를 유발(誘發)해 목의 점막에 좋지 않으며, 잠자기 1~2시간 전부터 음식을 먹지 않는 것이 좋다고 의학전문가들은 말한다. 소화물의 역류(逆流) 현상이 일어나기 때문이다.

무엇보다 평소에 뚜렷이 말하는 것을 생활화함은 물론 자신의 음조에 따라 신문이나 책을 '소리 내서 읽는 습관'이 성대운동에 도움이 된다.

☺ 유우머 한마디

① '가장 비싼 지하철 표'

물가 인상을 반영하듯 잔뜩 오른 교통비.

서울 외곽에 사는 탓에 집까지 가는데 지하철 요금이 1000원이나 된다.

비싸다는 생각이 들지만 안 살수는 없고..., 그런데 내 바로 뒤에서 표를 사는 한 남자가 이렇게 말했다.

"2900원짜리요"

아니 아무리 지하철 표 값이 올랐다지만 이렇게 비쌀 수가!

표 파는 아저씨도 몰랐는지 되물었다.

"얼..,마요?

그러자 그 남자는 또박또박 다시 말했다.

"이촌역, 900원짜리요."

② '민간인이다!'

내무반에 갑자기 대대장이 들어왔다. 대대장이 흐뭇한 표정으로 장병들을 둘러보며 말했다.

"우리 군인들이 여성들이 좋아하는 남성상 2위로 뽑혔다!"

군인들은 마구 소리 지르며 기쁨의 환호성을 질렀다. 그때 사병 한 사람이 손을 들고 대대장에게 물었다.

"그럼 1등은 누굽니까?"

그러자 대대장 말씀이...,

"민간인이다!"

2. 발음의 기초(基礎)

언어는 인간과 다른 생명체를 구별해 주는 척도(尺度)중의 하나다. 이 언어를 크게 음성언어(音聲言語)와 문자언어(文字言語)로 나눌 때 인간이 공유하고 있는 언어적 특성은 문자 언어보다는 음성언어와 밀접한 관련을 갖는다. 다양한 인간사회에서 문자 언어를 소유하지 못한 경우는 많이 발견되어도, 음성 언어를 소유하지 못한 경우는 발견되지 않는다. 이 때문인지 많은 사람들은 문자 언어보다 음성 언어에 더 친밀감을 느끼며, 스스로도 문자 언어보다는 음성 언어를 구사하는 비율이 더 많다.

그러나 언중들이 생각하는 것과는 달리 우리나라 사람들이 구사하는 발음은 그리 완벽한 편이 아니다. '표준 발음법'은 물론 개별적인 어휘(語彙)의 발음에 이르기까지 다양한 오류들이 발견되고 있다.

현재 심각한 문제가 되는 것은 많은 화자들이 올바른 발음을 구사하지 못한다는 것보다 발음에 대한 올바른 교육이 체계적으로 이루어지지 못하고 있다는 점이다. 또한 대체로 국어 화자들의 올바른 발음에 대한 관심과 인식이 부족하다는 점도 문제를 심각하게 만드는 요인 중의 하나이다. 구어(口語)와 문어(文語)는 엄청난 차이가 있음을 인식해야 한다. 따라서 보다 효율적인 발음교육(發音教育)이 필요하다.

가. 모음(母音)과 자음(子音)

1) 모음(母音 vowels)

성대(聲帶)를 진동시킨 음파(音波)가 조음기관의 장애를 별로 받지 않고, 비교적 자유롭게 구강(口腔)을 통과하였을 때 들리는 소리를 모음이라고 한다. 모음은 다 성대를 진동시키고 나오므로 유성음(有聲音)이다. 그러나 귓속말을 할 때의 모음은 성대의 진동이 없으므로 무성음(無聲音)이다.

현재 쓰이고 있는 표준어의 모음은 단모음(單母音) 10개와 이중모음(二重母音) 11개를 합한 21개가 있다.

단모음(單母音) ㅏ ㅐ ㅓ ㅔ ㅗ ㅚ ㅜ ㅟ ㅡ ㅣ(10개)

* 'ㅚ,ㅟ'는 이중 모음으로 발음할 수 있다.

이중모음(二重母音) ㅑ ㅒ ㅕ ㅖ ㅘ ㅙ ㅛ ㅝ ㅞ ㅠ ㅢ(11개)

이를 다시 정리하면 다음과 같다.

- **혀의 위치에 따른 구분**

  전설모음(前舌母音): ㅣ, ㅐ, ㅔ, ㅚ

  중설모음(中舌母音): ㅡ, ㅏ

  후설모음(後舌母音): ㅜ, ㅗ, ㅓ

- **혀의 높낮이에 따른 구분**

  고모음(高母音): ㅣ ㅡ, ㅜ

  중모음(中母音): ㅔ, ㅚ, ㅗ

  저모음(低母音): ㅐ, ㅏ, ㅓ

- **입술의 모양에 따른 구분**

  원순모음(圓脣母音): ㅚ, ㅗ, ㅜ

  평순모음(平脣母音): 나머지 모음

모음 가운데 소리를 내는 도중에 입술 모양이나 혀의 위치가 처음과 나중에 달라지면서 소리도 달라지는 것이 있는데 이것을 이중모음(二重母音 diphthong)이라고 한다.

- **혀의 위치가 'ㅣ'의 자리에서 시작되는 모음: ㅑ, ㅕ, ㅛ, ㅠ, ㅒ, ㅖ**

- **혀의 위치가 'ㅗ, ㅜ'의 자리에서 시작되는 모음: ㅘ, ㅚ, ㅟ, ㅞ, ㅝ**

- **용언의 활용형에 나타나는 '져, 쪄, 쳐'는 [저, 쩌, 처]로 발음한다.**

가지어 →가져[가저]　　찌어 →쪄[쩌]
다치어 →다쳐[다처]

- **'예, 례' 이외의 'ㅖ'는 [ㅔ]로도 발음한다.**

계집[계:집/게:집]　　개폐[개폐/개페](開閉)
계시다[계:시다/게:시다]　　혜택[혜:택/헤:택](惠澤)
시계[시계/시게](時計)　　지혜[지혜/지헤](智慧)
연계[연계/연게](連繫)　　몌별[몌별/메별](袂別)
한계[한:계/한게](限界)

- **자음을 첫소리로 가지고 있는 음절의 'ㅢ'은 [ㅣ]로 발음한다.**

늬큼　무늬　씌어　늴리리　틔어
희어　희망　유희　희떱다　띄어쓰기
흰무리　희미하다

- **단어의 첫음절 이외의 '의'는 [ㅣ]로, 조사 '의'는 [ㅔ]로 발음함도 허용한다. -표준 발음 제5항-**

주의[주의/주이]　　협의[혀븨/혀비]
우리의[우리의/우리에]　　강의의[강:의의/강:이에]

2) 자음(子音 consonants)

기류가 후두나 구강 안 어느 부분에서 막히거나 좁혀져서 나는 소리를 자음이라 한다.

자음은 위에서 말한 발음기관의 어느 자리에서 음이 조절되느냐 하는 조음 위치에 의한 분류와, 어떻게 발음되느냐 하는 조음 방법에 의한 두 가지로 나누어 보면 다음과 같다.

- **조음 위치에 의한 분류**

① 양순음(兩脣音, 입술소리 bilabial)........ㅁ, ㅂ, ㅍ, ㅃ

② 치조음(齒槽音). 또는 설단음(舌端音 혀끝소리)
ㄴ, ㄷ, ㅌ, ㄸ, ㄹ, ㅅ, ㅆ

③ 경구개음(硬口蓋音 센 입천장소리 palatal) 또는 설면음(舌面音).......
ㅈ, ㅊ, ㅉ

④ 연구개음(軟口蓋音, 여린 입천장소리 velar) 또는 설근음(舌根音).....
ㄱ, ㅋ, ㄲ, ㅇ

⑤ 성문음(聲門音 glottal) 또는 후두음(喉頭音 목청소리): 두 성대가 닫히거나 접근한 상태에서 나는 소리......ㅎ

- **조음 방법에 의한 분류**

① 파열음(破裂音 plosive/stop): 입안의 어느 곳을 완전히 막고 기류를 압축시켰다가 터뜨리는 소리.
양순파열음(兩唇破裂音)........ㅂ, ㅍ, ㅃ
치조(齒槽 또는 舌端)破裂音......ㄷ, ㅌ, ㄸ
연구개(軟口蓋 또는 舌根)파열음.....ㄱ, ㅋ, ㄲ

② 마찰음(摩擦音 fricative)
치조(齒槽 또는 舌端)마찰음.....ㅅ, ㅆ
성문(또는 후두)마찰음....ㅎ

③ 파찰음(破擦音 affricate): 파열음의 터짐이 서서히 완만하게 이루어질 때에 나는 소리....ㅈ, ㅊ, ㅉ

④ 통비음(通鼻音 또는 通鼻閉鎖音, 鼻音nasal): 입안의 어느 한 곳을 막은 채로 연구개를 아래로 내려 기류를 비강으로 통과시켜 내는 소리 즉 콧소리이다.

양진통비음(兩唇通鼻音)........ ㅁ
치조(또는 설단)통비음...... ㄴ
연구개(軟口蓋 또는 舌根)통비음(通鼻音)...... ㅇ

⑤ 유음(流音 liquid)
진동음(振動音, 舌卷音 rolled)... ㄹ(r)
측음(側音. 舌側音 lateral).... ㄹ(l)

- **기타, 성질상으로 본 분류**

① 예사소리(평음): 예사의 숨으로 내는 소리
ㄱ, ㄷ, ㅂ, ㅅ, ㅈ, ㅎ

② 거센소리(격음): 거센 숨결로 내는 소리
ㅊ, ㅋ, ㅌ, ㅍ,

③ 된소리(경음): 된 숨결로 내는 소리
ㄲ, ㄸ, ㅃ, ㅆ, ㅉ

④ 흐린소리(탁음): 성대를 떨어 울리는 흐린 숨결로 내는 소리
ㄴ, ㄹ, ㅁ, ㅇ

자음의 경우 주의할 것은 일부 지방이나 개인의 어벽(語癖)에 따라 'ㅈ'을 탁음(濁音)으로 내는 일이 있으며, 경상도 일부에서는 'ㅆ'을 [ㅅ] 으로 발음하는 것은 올바로 고쳐야 할 것이다.

이들 자음을 나타내는 자모로 표기된 경우에 그 자모에 해당되는 자음으로 발음한다. '쌀'을 [살]로 발음하면 안 된다. 표기와 달리 발음하는 경우에는 표준 발음법에 제시된 규정에 따라 발음하여야 한다.

예컨대 '곱돌'을 [곱돌]로 발음하지 않고 표준 발음법 제 23항의 '된소리되기'규정에 따라 [곱똘]로 발음하고, '밭이'는 제17항의 "받침 'ㄷ, ㅌ(ㄾ)'이 조사나 접미사의 모음 'ㅣ'와 결합되는 경우에는 [ㅈ,ㅊ]으로 바꾸어서 뒤 음절 첫소리로 옮겨 발음한다."란 규정에 따라 [바치]로 발음한다. (국립국어원 어문규정집 참조)

나. 음의 고저(高低) · 장단(長短)

음악에 멜로디와 리듬이 있듯이 우리 언어에도 음의 높고 낮음, 길고 짧은 이른바 고저, 장단이라는 것이 있다.

언어란 음절(音節)마다 동일한 길이와 세기로 발음되는 것이 아니라 음절에 따라 길이와 세기가 달라지는데 어느 학자는 '땅디'와 '디땅' 두 가지 유형으로 표현하기도 한다. 대체로 첫 음이 장음(長音)일 때 '땅디'로, '단음'일 때 '디땅'으로 멜로디가 생길 수 있다고 설명한다.

장음(長音)의 경우 '장:관(長官)'을 '장관'으로, '장:로(長老)'를 '장로'로, '대:통령(大統領)'을 '대통령'으로 짧게 발음한다면 경박(輕薄)스러움을 느끼게 된다. 고유어에서도 '사:람'을 '사람'으로, '말:씀'을 '말씀'으로 했을 때도 같은 경우이다.

■ 고저 · 장단(高低長短)의 필요성

첫째. 의미의 구별(구분)이다.

어휘의 양적 증가를 위해서 장·단음화(長短音化)가 되었다고 할 수 있다. 한국어 표준 발음사전(한국정신문화 연구원)에서 한글로 표기했을 때 동자 2음 2의어(同字二音二義語)를 발췌해 본 결과 5천 단어 이 상의 엄청난 어휘가 발견되었다.

둘째. 미적 언어(美的言語)를 위해서

음악이 멜로디(高低)와 리듬(長短)의 변화가 있기 때문에 아름답듯이 언어도 역시 음악의 이치와 같은 것이다.

셋째. 품위 있는 언어

장음은 장중(莊重)하고 중후한 맛을 주며 고모음(高母音)은 음성미학적으로 볼 때 고상한 격(格)을 풍기게 한다. 한편 저모음(低母音)은 산뜻하면서도 담백미(淡白美)를 준다.

'어:사(御使)'를 '어사'로, '성:인(聖人)'을 '성인'으로, '성:당(聖堂)'을 '성당'으로 '어:른'을 '어른'으로, '경:로(敬老)'를 '경로'로, '병:(病) 주고 약(藥) 주고'를 '병 주고 약 주고'로 발음한다면 경망(輕妄)스러워 듣기가 민망할 뿐만 아니라 뜻이 제대로 전달되지 않는다.

■ 고저장단(高低長短)의 특징

a) 장, 단음이 고정되어 있는 어휘가 대부분이다.

- '방(放)'자로 조어(造語)되는 어휘는 모두 길게 발음된다.
  방송(放:送) 방심(放:心) 방임(放:任)
- '소(小)'자는 훈(訓)이 '작을 소'이기 때문에 짧을 것 같지만 항상 길다.
  소인(小:人) 소설(小:說)
- '단(短)'은 '짧을 단'이기 때문에 발음도 짧을 것 같지만 항상 길게 발음된다.

단검(短:劍) 단장(短:杖) 단소(短:小), 심지어 '단음(斷: 音)'도 길게 발음한다.

團旗 [단:기]	短刀 [단:도]	短命 [단:명]
短音 [다:늠]	短日 [다:닐]	短點 [단:쩜]
短縮 [단:축]	短打 [단:타]	短距離 [단:거리]
單身 [단:신]	短信 [단:신]	短時日 [단:시일]

b) 장, 단음이 일정치 않고, 결합되는 어휘에 따라 다른 경우가 많은데 여기에 장단(長短)의 묘미와 어려움이 따른다.

- '대(大)'자의 경우 대문(大:門) 대동(大:同) 대사(大:使) 대중(大:衆)은 길지만, 대전(大田), 대구(大邱)에서의 '大'는 짧다.

- '정(正)'자는 '정월(正月)'에만 저모음으로 소리 나며 나머지 '正'자가 첫 음으로 오면 고(高) 모음으로 소리 난다.

正午(정:오) 正直(정:직) 正統(정:통) 正答(정:답)
正刻(정:각) 正服(정:복) 正南(정:남) 正-(정:말)
正常(정:상) 正門(정:문) 正面(정:면) 正帽(정:모)
正堂(정:당)
正比例(정:비례) 正反對(정:반대) 正副統領(정:부통령)

- '장(長)'자의 경우 훈이 '긴 장'자 이기 때문에 길게 발음될 것 같지만 그렇지 않다. '웃어른(senior)이나 '우두머리'(chief)란 뜻으로 쓰일 때는 길게 [장:] 으로 발음하고, '자라다'(grow) '길다'(long)는 의미로 쓰인 경우에는 짧게 [장] 으로 발음한다.

長衫 [장삼] 長生 [장생] 長松 [장송] 長壽 [장수]
長身 [장신] 長魚 [장어] 長安 [장안] 長點 [장쩜]
長程 [장정] 長調 [장쪼] 長足 [장족] 長時間 [장시간]

長官 [장:관] 長孫 [장:손] 長子 [장:자] 長조카 [장:조카]
長孫女 [장:손녀]

c) 둘째 음절(音節) 이후에는 길거나 높게 발음되지 않는다. 단 복합어일 때는 예외이다.

공정(公正) 위대(偉大) 부모(父母)
(복합어) -좌지우지(左:之右:之) 반신반의(半:信半:疑)
대학병원(大:學病:院)

d) 한자어가 아닌 순 한글의 장, 단음 어휘도 상당량 있다.

솔:(刷毛) - 솔(松)　누:르다(壓) - 누르다(黃)

줄:(鑢) - 줄(線, 列, 絃)

쇠:다(명절이나 기념일) - 쇠다(푸성귀 따위)

e) 말을 품위 있고 고급화하기 위해 고모음화(高母音化) 또는 장음화(長音化)시켜 왔으며 현재 지식층의 일상 회화에서도 그러한 현상이 있다.

- '경(景)'자에서 궁중어일 때는 높여 썼으니 경덕왕(景德王) 경복궁(景福宮)의 '景'은 고모음(高母音)이며 경치(景致), 경기(景氣) 등에서는 저모음(低母音)으로 쓰임을 알 수 있다.
- '정(井)'자는 저모음인데 정화수(井華水)라고 할 때는 '井'자가 고모음으로 쓰인다.

f) 음의 고저(高低)와 장단(長短)은 엄격히 다르다.

'아기를 등에 업다'에서의 'ㅓ'모음과 '돈이 없다'의 'ㅓ'모음의 소리 남이 다르다.

고모음 ㅓ:, ㅕ:, ㅝ: 는 한국어의 리듬을 품위 있게 해주는 귀한 음소(音素)이며 많은 사람들이 고저와 장단을 혼동하고 있다.

1) 음의 고저(高低)

음의 고저란 낱말 구조의 형상에 따른 소리 남의 차이, 즉 음의 높고 낮음을 말한다.

고저는 고저모음(高低母音)의 약어로서, 'ㅓ'와 복모음(複母音) 'ㅕ' 'ㅝ'가 고모음(高母音)으로 발음될 때는 길 뿐 아니라 높은 조음점(調音點)에서 난다. 'ㅓ'를 예로 든다면 고모음 'ㅓ:'는 중설반폐모음(中舌半閉母音)이며 저모음 '어'는 후설반개모음(後舌半開母音)이다. 이것이 중설모음의 최고점에 있는 'ㅡ' 발음의 조음점에 가깝게 되면 금-찰, 으-른, 증-확, 등으로 들리게 됨으로 주의해야 한다.

말하자면 긴 소리로서의 [ㅓ]는 [ㅡ]와 짧은 [ㅓ]와의 중간 모음인 올린 'ㅓ'로 하는 발음이 교양 있는 서울말의 발음이다. '걸다, 더럽다, 덥다, 멀다, 번지다, 썰다, 얻다, 얼다, 적다, 절다, 젊다, 헐다' 등의 첫째 음절이 긴소리인데, 이때에 올린 'ㅓ'로 발음한다. '거리(距離), 거머리, 널, 덤, 번민, 벌(蜂), 설, 섬(島), 얼, 전화, 헌법, 헝겊' 등의 경우에도 마찬가지다.

흔히 방송계에서는 자고저(字高低)라 일컬어 오지만 글자 자체에 높낮이가 표시되는 것이 아니기 때문에 음(音)의 고저라고 고쳐 부르는 것이 옳다. 물론 자고저는 국어 발음의 한 가지 뚜렷한 현상일 뿐, 자고저가 곧 국어 발음은 아니다.

'암행어사 출두요!'에서 '어사'의 '어'음이 보통 '어린이'의 '어'음과는 소리 남이 다르다. 즉 '어른'의 '어:'음과 상통한다. '어린이와 어:른' '여성과 여:당' 등을 발음해 본다.

정(丁)-정(鄭:)	섬(石)-섬(島:)	벌(罰)-벌(:蜂)
별(別)-별(星:)	병(甁)-병(病:)	전신(全身)-전신(電:信)

정기(精氣)-정기(定:期)
정당(政堂)-정당(正:當)
거리(街)-거리(距:離)
연기(煙氣)-연기(演:技)
성인(成人)-성인(聖:人)
범인(凡人)-범인(犯:人)
정식(定食)-정식(正:式)
경비(經費)-경비(警:備)

거부권(拒:否權)
서무과(庶:務課)
영등포(永:登浦)
경상도(慶:尙道)
건국대(建:國大)
연극계(演:劇界)
연구생(硏:究生)
거:북하다
거:룩하다
성수동(聖:水洞)

헌법(憲:法)
건물(建:物)
검사(檢:査)
거인(巨:人)
정비(整:備)
정직(正:直)
검토(檢:討)
경기(競:技)
변천(變:遷)

건조(乾燥)~건:조(建造)/경계(境界)~경:계(警戒)
서광(西光)~서:광(瑞光)/업다(負)~없:다(無)
천녀(天女)~천:녀(賤女)/현미(玄米)~현:미(現米)
천출(天出)~천:출(賤出)/아기를 등에 업다~돈이 없:다

- 정오(正:午)를 알립니다
- 더:럽다/더:러운/더:럽히다
- 경:복궁이나 다녀 오련다

〈낭독 연습〉

• 지하철은/ 우리네 삶을 엮어가는 길이다.// 사방팔방(四方八方)으로 뚫린 지하세계를 지나는 지하철 안에서/ 사람들은 다양(多樣)한 삶의 군상(群像)을 만들어낸다.//

헤어짐을 아쉬워하는 젊은 연인(戀人)들의 꼭 잡은 두 손,/ 경로석(敬老席)에 앉아 일부러 자는 척 하는 학생의 어설픈 졸음 연기(演技),/ 자리에 앉자마자 휴대폰을 꺼내들고 누군가에게 끊임없이 문자를 보내는 엄지족,/ 졸다가 내릴 역을 지나친 피곤해 보이는 아저씨,/ 열심히 자신의 제품을 선전(宣傳)하는 외판원 아줌마의 쉰 목소리 등,/ 지하철 안에서 만날 수 있는 다양한 사람들은/ 몸을 부대끼며 목적지(目的地)까지 함께 희로애락(喜怒哀樂)을 만든다.// 그 안에서/ 때론 그림같이 영화같이 펼쳐지는 지하철 속 특별한 일상(日常)은/ 우리네 인생의 축소판(縮小版)처럼 닮아 있다.//

발음) 사방팔방 [사:방팔방] 세계 [세:게] 연인 [여:닌]
두 [두:] 연기 [연:기] 졸다 [졸:다] 경로석 [경:노석]
쉰 [쉰:] 일상 [일쌍] 사람 [사:람] 외판원 [웨:파눤]
속 [속:] 제품 [제:품] 그림 [그:림] 목적지 [목쩍찌]
희로애락 [히로애락]

• 가을이 깊다.// 햇살은 한여름의 공격성(攻擊性)을 버리고/ 한껏 부드러움을 풀어내고 있다.// 물론 그 노란 부드러움이 봄날의 햇살처럼 희망에 찬 생기를 발산(發散)하지는 않는다.// 오히려 그것은/ 스스로를 비우며 세상의 많은 것들을 품어 안는다. //

풍성한 결실을 맺는 과일과 곡식에서부터/ 마지막 열정 같은 붉은 단풍까지,/ 이 비움과 채움 때문에 가을은 아름답고도 애틋하다.//

발음) 공격성 [공:격썽] 풀어내다 [풀어내:다] 노란 [노:란]
세상 [세:상] 안다 [안:따] 과일 [과:일]
많은 [마:는]

2) 음의 장 · 단(長短)

글자가 같다고 해서 그 소리의 길이도 같은 것은 아니다. 우리말에서는 모음의 길이가 중요하다. 같은 모음이라도 뜻에 따라 길게 소리 나기도 하고 짧게 소리 나기도 하므로 이를 지키지 않으면 말의 뜻이 바르게 전달되지 않는다. 즉 글자는 같지만 음의 장단(長短)이 낱말에 따라 차이가 생기는 것이다.

예를 들면 '눈(目)에 눈(雪)이 들어가니 눈물이냐? 눈물이냐?'에서, 같은 '눈'이지만 보다 짧으면 '눈(目)'이 되고, 보다 발음이 길면 '눈(雪)'이 된다. 또 같은 '말'이지만 보다 짧으면 말(馬)이 되고 발음이 길면 말(語)이 된다.

또 '적지 않다'는 말만을 떼어놓고 볼 때 이 말이 '많다'는 소리인지, 아니면 '써놓지 않다, 필기하지 않았다'는 뜻인지 알 길이 없다. 그런가 하면 '정상으로'는 '산의 맨 위쪽'을 말하는지, '특별한 변동이 없는 정규적인 상태'인지 이해할 수가 없다. 얼마나 긴가 하는 것은 정확히 말할 수는 없다. 그것은 사람마다 느낌이 다르고, 또 같은 사람이라도 그때의 기분에 따라 달라질 수 있기 때문이다.

예) 말은 말:을 못한다.
밤에 밤:을 구워서 먹었다.
가:장 행렬을 가장 잘 하였다.
사:과를 하면서 사과를 안 개 주었다.
보:물을 땅에 묻는 이유가 무엇이냐고 묻:는다.

한 중소 전자업체의 TV광고에 이런 내용이 있었다.

〈..., 우리나라 전자산업을 선:도(善導)하는 00電子!〉

참으로 우스꽝스러운 표현이다. '선도'(善導)란 '잘못한 사람을 좋은 방향으로 이끌어 준다'는 뜻이다. ㅇㅇ 등 일류기업이 무슨 잘못이 있기에 감히 조그마한 중소기업이 좋은 길로 인도한다는 말인가? 그들 일류기업이 이의(異議)라도 제기한다면 과연 무엇이라고 답변할 것인가?

물론 그런 뜻으로 제작된 내용은 아닐 것이다. 단지 선도(先導)를 선도(善:導)로 잘못 표현했을 것이다.

또 어느 라디오에서 방송된 CM내용이다

〈...아빠가 다니는 회사가 잘 돌아갈 수 있도록..., ㅇㅇ은행!〉

여기서 '돌아가다'는 '오던 길을 다시 가다' 혹은 '죽다'의 높임말이다. 설마 회사가 퇴보하거나 망하라는 뜻으로, 높은 비용(費用)을 들여 만든 광고는 아닐 것이다.

회사가 자금회전(資金回轉)이 잘되고, 운영이 잘 되라는 뜻이라면 '돌:고, 돌:다'와 같이 '돌'을 장음(長音)으로 발음해야 함은 물론이다. 차라리 '회사가 잘 돌: 수 있도록...'이 어떨까?

우리말 장·단음 구분은 그래서 중요한 것이다. 광고업계의 각별한 주의가 요망된다.

■ 소리의 길이(Length)

소리의 길이는 시간의 길이를 말한다. 소리의 길이가 길고 짧음에 따라 단어의 뜻이 분별되고, 긴 소리와 짧은 소리는 주로 모음에서 나타나며 단어의 첫째 음절에서 실현된다.

밤 나무/밤 길 　말씨/말 타기 　눈 사람/눈물
감사하다/감사원 　김밥/김씨 　과장하다/과장님
시장/시장하다 　힘 센 장수/과일 장수
거리가 멀다/거리에서 놀다

- 모음의 장단을 구별하여 발음하되 단어의 첫 음절에서만 긴소리가 나타나는 것을 원칙으로 한다.(표준 발음법 제3장)

① 눈보라 [눈:보라] 말씨 [말:씨] 밤나무 [밤:나무]
벌리다 [벌:리다] 많다 [만:타] 멀리 [멀:리]
② 첫눈 [천눈] 참말 [참말] 쌍동밤 [쌍동밤]
수많이 [수마니] 눈멀다 [눈멀다] 떠벌리다 [떠벌리다]

다만 합성어의 경우에는 둘째 음절 이하에서도 분명한 긴소리를 인정한다.

반신반의 [반:신바:늬/반:신바:니] 재삼재사 [재:삼재:사]
반관반민 [반:관반:민]半官半民 선남선녀 [선:남선:녀]善男善女
전신전화 [전:신전:화]電信電話

- 같은 음절의 반복으로 두 음절이 되어 있는 경우에는 절대로 둘째 음절은 긴소리로 발음하지 않는다.

반반(半半) [반:반] 간간(間間)이 [간:간-] 영영(永永) [영:영]
서(徐徐)이 [서:서-] 시시비비(是是非非) [시:시비비]

〈낭독 연습〉

- 신인(新人)/신용(信:用)
  신고(申告)/신장(腎:臟)
  신승(辛勝)/신축(伸:縮)
  신하(臣下)/신사(紳:士)

- 아기를 업어준다.
  아기가 없:어서 걱정이야.

- 국에 밥을 말아 먹는다.
  길에서 놀:지 말:고 빨리 집에 가거라.

- 김치에 굴을 넣어야 맛있다.
  분당에 가려면 굴:을 지나야 한다.

- 눈이 아프면 병원(病:院)에 가라.
  눈:이 펑펑 내린다.

- 잘못했으면 벌(罰)을 받아야지.
  벌:이 이마를 쏘았다.

- 완만(緩:慢)하게 턱을 이루며 한 발자국 한 발자국 높은 공간을 향:해 올라가는 층계의 고민..., 계단(階:段)은 오르기만 위해서 있는 것도 아니라 올라가는 계:단은 동시(同:時)에 내려가는 계:단이기도 하다.
- 1년의 계획은 봄에 있고 하루의 계획은 아침에 있다. 봄에 갈:지 않

으면 가을에 거둘 것이 없:고, 아침 일찍 일어나서 서두르지 않으면 그날 할 일:을 못한다. (공자)

- 생각이 온전하면 지혜가 생기고, 생각이 흩어지면 지혜를 잃나니, 이 두: 갈래 길을 밝게 알아서 지혜를 따르면 도(道:)를 이룬다.(법구경)

- 가을철에는 벌초를 하다. 벌:에 쏘여 생명을 잃는 일:이 발생하곤 한다. 본래 벌:은 공:격적인 곤충이 아니다. 대:부분의 벌:은 여왕벌을 중심으로 생활하는 유순하고 부지런한 곤충이다. 하지만 집단의 안위(安危)를 위협하는 순간 자기가 죽게 될 것을 알:면서도 벌:침을 쏘아 응징(膺:懲)한다. 벌:이 침입자를 공:격할 때는 한 마리가 아닌 떼를 지어 공:격한다는 데서 봉기(蜂起)라고 한다.

■ 우리말의 긴소리 원칙

예) '방:귀 뀌:다'

'방:귀가 잦으면 똥 싸기 쉽:다'

'방:귀 뀐: 놈이 성:낸다'

◀ 원래 모음의 발음이 긴 순수한 우리말

임:금(王) 사:람(人) 제:비(燕) 안:개(霧) 개:다(晴)
시:내(溪) 박:쥐(蝙) 도:끼(斧) 비:단(錦) 꿰:다(貫)
괴:다(飣) 메:다(背) 새:다(曙) 세:다(强) 옮:기다(遷)
웃:다(笑) 울:다(泣) 잇:다(繼) 좋:다(好) 계:시다(存)
짓:다(制) 잣:나무

거:짓 계:집 까:치 그:네 대:추 자:랑 내:다
호:박 섣:달 형:겁 귀:지 냄:새 긋:다 깁:다
놀:다 밟:다 털:다 개:다 때:다 쥐:다

벌:다 얻:다 곱:다 내:처 모:두
검:다 멀:다 피:다 겹:다 끼:다
진:작 가:(邊) 곰:(熊) 게:(蟹)

대:보다 갸:륵하다 거:룩하다 감:싸다 고:약하다
가:엾다 참:하다 그:리다 거:드름 어:설프다
덜:하다 아:무리 거:머리 더:럽다 거:북하다

◀ **자음으로 시작되는 어미 위에서 장모음으로 발음되는 용언어간의 모음이 피동이나 사동, 접미사와 모음으로 시작되는 활용어미를 만나면 단음화 한다.**

남:다, 남:고, 남:지, 남:는 ································ 장음
남아서, 남으니, 남기다 ···································· 단음
울:다, 울:고, 울:지, 울:면 ································ 장음
울어, 울어도, 울어서, 울리다 ···························· 단음

• **긴소리를 가진 음절이라도 다음과 같은 경우에는 짧게 발음한다.**

① 단음절인 용언 어간에 모음으로 시작된 어미가 결합되는 경우

감다 [감:따] –감으니 [가므니]
밟다 [밥:따] –밟으면 [발브면]
신다 [신:따] –신어 [시너]
알다 [알:다] –알아 [아라]

다만 다음과 같은 경우에는 예외적이다.

끌다 [끌:다] –끌어 [끄:러]　떫다 [떨:다] –떫은 [떨:븐]
벌다 [벌:다] –벌어 [버:러]　썰다 [썰:다] –썰어 [써:러]
없다 [업:따] –없으니 [업:쓰니]

② 용언 어간에 피동, 사동의 접미사가 결합되는 경우

감다 [감:따] –감기다 [감기다]
꼬다 [꼬:다] –꼬이다 [꼬이다]
밟다 [밥:따] –밟히다 [발피다]

다만, 다음과 같은 경우에는 예외적이다.

끌리다 [끌:리다]　벌리다 [벌:리다]　없애다 [업:쌔다]

• **다음과 같은 합성어에서는 본디의 길이에 관계없이 짧게 발음한다.**

밀물 썰물 쏜살같이 작은 아버지

◀ **'ㄱ'. 'ㄹㄱ'. 'ㄲ' 종성을 갖는 어간모음은 원칙적으로 단음이다.**

예외) 작:다 적:다(小) 굵:다

◀ **'ㄴ'종성. 'ㄴㅈ' 'ㄴㅎ'종성**

장음- 신:다(履) 안:다(抱)

단음- 앉다 얹다 끊다

◀ **'ㄷ' 'ㅅ' 'ㅂ' 'ㅌ' 'ㅍ' 'ㅂㅅ' 'ㄹㅂ'종성으로 발음되는 용언의 어간모음은 변칙용언을 제외하고 원칙적으로 단음이다.**

예외)

얻:다(得) 걷:다(步) 묻:다(問) 붇:다(殖) 싣:다(載)

쉽:다(易) 곱:다(麗) 굽:다(灸) 깁:다(補) 눕:다(臥)

덥:다(暑) 돕:다(助) 웃:다(笑) 긋:다(劃) 낫:다(勝)

붓:다(注) 잇:다(續) 없:다(無) 밟:다(履) 떫:다(澁)

긷:다(汲) 묻:다(問) 짓:다(作) 겹:다(不勝) 엷:다

◀ **'ㄹ'종성을 가진 용언은 장음이다.**

갈:다(耕.磨) 골:다(鼾) 괄:다(過激) 걸:다(掛.肥沃)

굴:다(行勢) 끌:다(牽) 길:다(長) 널:다(擴)

놀:다(遊) 살:다(生)

예외)-단음

깔다(敷) 날다(飛) 늘다(增)

*** 글자의 모양은 다르면서 발음이 같은 단어도 음의 장단에 따라서 뜻이 달라지는 경우가 있다.**

'나를 남보다 낫게 [낟:께] 여기는 사람'
'나를 남보다 낮게 [낟께] 여기는 사람'

이 두 문장에서는 분명히 서로 다른 단어를 하나씩 사용했지만, 들을 때는 장단의 차이 외에는 똑같이 들린다. 그러나 그 의미에는 분명한 차이가 있다. 글로 써 놓았을 때는 그 뜻이 분명하게 구별되지만, 음의 장단이 제대로 지켜지지 않고 잘못 발음된다면 전혀 다른 뜻으로 오해하기 쉽다.

첫 번째 문장은 서로 견주어서 좋은 점이 더하다는 뜻으로, 나보다 어떤 면에서 뛰어나다고 말할 때는 [낟:께] 와 같이 길게 발음해야 한다.

그러나 두 번째 문장처럼 정도나 지위 또는 능력이나 수준 따위가 아래라는 뜻으로 사용할 경우에는 [낟께] 와 같이 짧게 발음해야 한다.

따라서 두 문장 가운데 '나를 남보다 낫게 [낟:께] 여기는 사람보다'는 '나를 남보다 낮게 [낟께] 여기는 사람'이 더 바람직하다고 할 수 있다.

〈발음 연습 1〉

- 다른 것은 하지 말:고, 김:밥 마는 일:만 하거라.
- 방만(放:漫)한 경영 탓에 파산(破:産)이 우려된다.
- 사차로(四:車路) 교통사고(交通事:故)

〈발음 연습 2〉

밤(夜)-밤:(栗)　발(足)-발:(簾)　벌(罰)-벌:(蜂)

감(去)-감:(柿)　섬(石)-섬:(島)　배(梨)-배:(倍)

돌(週)-돌:(石)　별(別)-별:(星)　굴(石花)-굴:(窟)

구(丘)-구:(具)　종(鐘)-종:(奴)　유(劉,兪)-유:(柳)

새(新)-새:(鳥)　간(鹽,調味料)-간:(肝)

가재(家財)-가:재(石蟹)　고가(高架)-고:가(古家)

사가(社歌)-사:가(史家)　가정(家庭)-가:정(假定)

감사(監査)-감:사(感謝)　개성(開城)-개:성(個性)

강도(强度)-강:도(强盜)　감정(鑑定)-감:정(感情)

과거(科擧)-과:거(過去)　경계(境界)-경:계(警戒)

경기(京畿,景氣)-경:기(競技)　경로(經路)-경:로(敬老)

건조(乾燥)-건:조(建造)　경비(經費)-경:비(警備)

고문(拷問)-고:문(古文)　고목(枯木)-고:목(古木)

고성(高聲,高城)-고:성(古城)　과장(課長)-과:장(誇張)

고전(苦戰)-고:전(古典)　광주(光州)-광:주(廣州)

고해(苦海)-고:해(告解)　교수(絞首)-교:수(敎授)

개발(開發)-개:발(犬足)　군정(軍政)-군:정(郡政)

금주(今週)–금:주(禁酒
구두(신발, 句讀)–구:두(口頭)
간부(幹部)–간:부(奸婦. 夫)

기생(寄生)–기:생(妓生)
가장(家長)–가:장(假裝, 假葬)
거리(街)–거:리(距離)

돌집(아기의 생일)–돌:집(石造)
무력(無力)–무:력(武力)
새집(新屋)–새:집(새의 집)
부자(父子)–부:자(富者)
비행(飛行)–비:행(非行)
시계(時計)–시:계(視界)

모자(母子)–모:자(帽子)
부정(不正)–부:정(否定)
여권(女權, 旅券)–여:권(與圈)
영동(嶺東)–영:동(永東, 永同)
비단(非但)–비:단(緋緞)
사과(과일)–사:과(謝過)

장사(商業)–장:사(壯士, 葬事)
중상(中傷)–중:상(重傷)
타력(他力)–타:력(打力)
하품(졸릴 때)–하:품(下品)
한식(寒食)–한:식(韓式, 韓食)

정액(精液)–정:액(定額)
장수(商人, 長壽)–장:수(將帥)
한방(一房)–한:방(漢方)
화랑(花郎)–화:랑(畵廊)

영리(營利)–영:리(伶俐)
전철(前轍)–전:철(電鐵)
재미(즐거움)–재:미(在美)

연기(煙氣)–연:기(演技)
정당(政黨)–정:당(正當)
정상(頂上)–정:상(正常)

〈발음 연습 3〉

- 가마(질그릇 만드는 곳)
  가:마(탈 것)
- 갈다(새것으로 대신한다)
  갈:다(문지르다)
- 눌리다(조금 눋게 하다)
  눌:리다(누름을 당하다)
- 말다(밥을 물에 넣어 풀다)
  말:다(그만두다)

- 묻다(땅에 파묻다)
  묻:다(질문하다)
- 쇠다(채소가 억세고 굳다)
  쇠:다(명절을 지내다)
- 세나다(부스럼이 덧나다)
  세:나다(잘 팔려나가다)
- 패다(곡식의 이삭이 나오다)
  패:다(장작을 패다)
- 물다(嚙)
  물:다(賠償)
- 그리고(and)
  그:리고(畵)
- 굽다(曲)
  굽:다(炙)
- 적다(필기하다)
  적:다(少)
- 전기(前期)
  전:기(電氣)
- 경기(京畿)
  경:기(競技)

☺ 유우머(Humour) 한마디

【말: 못할 녀석】

머리에는 갓을 쓰고, 소를 타고 가는 사:람에게 나그네가 물었다.

"여보시오. 이 마을에 주가(酒家)가 어디 있소?"

"주가(周哥)는 없고, 박(朴)가, 정:(鄭)가는 있소이다."

"그게 아니라 술집 말:이오."

"술집은 당신 코밑에 있잖소."

"여보시오. 그 쓴 것이 무엇인데, 그런 말:대꾸를 한단 말이오?"

"쓴 것? 그야 곰:의 쓸개가 쓰지."

나그네는 화(火):가 났다.

"이놈아. 네 대가리에 쓴 것 말:이다"

"대가리 쓴 것은, 가물 때 오이 대가리가 쓰지."

"예끼, 말: 못할 녀석이군."

"글세 말 못 탈 처:지(處地)이기에 소를 탔지."

【새: 이름】

어느 교:수(教授)님의 컴퓨터가 바이러스에 걸려 서비스센터 직원이 고치러 왔다. 그런데 교:수님 컴퓨터에 저:장(貯藏)된 파일을 보니 '독수리.hwp', '앵무새.hwp'.... 전부 조류 이름들로 되어있는 것이다.

궁금해진 서비스센터 직원은 교:수님에게 물었다.

"교:수님은 새:(鳥)에 대한 논문(論文)을 쓰시나 보죠?"

교:수가 얼굴에 울:상을 지으면서 말:하기를 "아닐세, 그것 때문에 짜증나서 미치겠어... 저:장할 때마다 '새: 이름으로 저:장'이라고 나오는데... 이젠 생각나는 새: 이름도 없다네."

■ 합성어(合成語)와 파생어(派生語)의 발음

합성어나 파생어는 두 단어 이상이 합해져서 된 말로 둘째 음절 이하에서라도 홑단어 때에 지녔던 본래의 길이를 유지할 수 있다. 그러나 획기적인 물질문명의 발달과 정신문화의 다양화로 언어에 많은 변화를 불러왔다. 그 가운데에서 두드러진 것 가운데 하나가 신조어(新造語)이다

신조어의 대표적인 것은 이미 보편화된 낱말들 간의 결합으로 이루어진 합성어와 어근(語根)에 접사를 결합시킨 파생어(派生語)이다.

- **합성어**

산-돼지　　오-가다　　오르-내리(다)　　집-터
검-푸르다　　생사(生死)　　마소(馬牛)　　손-발(手足)
기와-집　　소-나무　　눈-물　　밤-낮(늘, 항상)

- **파생어**

개-살구,　　덧-문,　　치-솟(다)
선생-님,　　멋-장이,　　번영-하(다)

이들 신조어들은 발음에 있어 혼란이 다소 있는 것이 사실이다. 즉 연음과 경음(된소리)의 혼란, 장음과 단음의 혼란, 자음간의 변이의 혼란이다. 이와 관련된 발음문제는 표준발음법 제28항과 29항에서 참고하기 바란다.

a) 합성 명사(合成 名詞)

곰:팡이 냄:새　　가:짓말　　밤눈:　　푸대:접　풋과:실
야:구 경:기　　부도:덕　　죄:악감　　대:중 소:설
공중 전:화　　본 궤:도　　무감:각　　초 만:원

건:널-목　사:자-춤　홰:방-꾼　굴:뚝-새　대:장-일
시:냇-가　미친-개:　간:헐-적　난:대-림　미:장-원
사:자-탈　미:술-계　사:상-범　신:축-성　개인-소:득
가:능-성　감:수-성　가:결-안　간:담-회　양-담:배
끝-내:기　손-도:끼　미:남자　비:공식　비:교전-국

솜-이불[솜:니불]　내복-약[내:봉냑]　담-요[담:뇨]
밤-윷[밤:뉻]　송별-연[송:벼련]　샛-길[새:낄/샏낄]
대팻-밥[대:패빱/대:팯빱]

b) 합성 동사(合成 動詞)

수:다 떨:다　캐:내다

다음과 같이 원래 긴소리 음운을 가진 동사에 강세접두사 같은 말이 오면 뒤 어근(語根)의 긴 소리는 나지 않는다.

놀:다 →뛰놀다　굴:다 →뒹굴다　돌:다 →감:돌다
밟:다 →짓밟다

c) 합성 형용사(合成 形容詞)

드리 없:다　기:나길:다　넉살 좋:다

다음과 같이 원래 긴소리 음운을 가진 형용사에 강세 접두사와 같은 말이 오면 뒤 어근의 긴소리는 나지 않는다.

덥:다 →무덥다　누:렇다 →싯누렇다　세:다 →드세다

• 한 단어 안에서는 긴소리가 연달아 나지 않는다.

굴:+속: →굴:속　　군:+밤: →군:밤　　군:+말: →군:말
볼:+일: →볼:일　　괸:+돌: →괸:돌　　벗:+삼:다 →벗:삼다

맴:+돌:다 →맴:돌다　널:+대;문 →널:대문　선:+무:당 →선:무당
말:+없:다 →말:없다　말:+대:꾸 →말:대꾸　맹:+연:습 →맹:연습
가:+없:다 →가:없다

• 두 음절 이상이나 혹은 소리의 일부분이 축약(縮約)된 준말 단음절어는 긴소리를 낸다. 즉 낱말의 음절이 줄어들면 그 모음의 발음이 길어진다.

보아 →봐 [봐:]　　기어 →겨 [겨:]　　되어 →돼 [돼:]
두어 →둬 [둬:]　　하여 →해 [해:]　　띠어 →뗘 [뗘:]
이어 →여 [여:]　　시어 →셔 [셔:]　　주어 →줘 [줘:]
꾸어 →꿔 [꿔:]　　쑤어 →쒀 [쒀:]　　뵈어 →봬 [봬:]
쇠어 →쇄 [쇄:]　　죄어 →좨 [좨:]　　괴어 →괘 [괘:]

• 용언 활용의 경우는 아니더라도 피동·사동의 경우에 어간과 접미사가 축약된 형태의 경우에도 마찬가지로 긴소리로 발음한다.

싸이다 →쌔다 [쌔:다]　　누이다 →뉘다 [뉘:다]
트이다 →틔다 [틔:다]　　쏘이다 →쐬다 [쐬:다]

다만, '오아 →와, 지어 →져, 찌어 →쪄, 치어 →쳐' 등은 긴소리로 발음하지 않는다. (* 표준 발음법 제6항)

또 예전에는 음절이 둘이었는데 하나로 줄어지면서 음이 길어진다.

뱀:(배암)　　들:(野)　　둘:(二)　　개:(犬)

솜:(綿) 쌈:(싸움) 새:(間) 골:(고을)
무:(무우) 샘:(새암) 감:(材料)

맘:(心. 마음) 말:(村. 마을) 김:(耘. 기음)
생:쥐(새앙쥐) 빔:(비음-설빔)

山에는 꽃이 피네 꽃이 피네 갈: 봄 여름 없이 꽃이 피네...

– 山有花 – 金素月 詩

※ 산짐승과 산 짐승

동요 가운데 '산토끼'라는 노래가 있다. 이 '산토끼'라는 말은 [산토끼] 하고 짧게 발음할 때와 [산:토끼] 하고 길게 발음할 때 그 뜻이 달라진다.

우선 [산토끼] 하고 짧게 발음하면 '산이나 숲 속에 야생하는 토끼'를 뜻하고, [산:토끼] 하고 길게 발음하면 '살아있는 토끼'를 가리키게 된다. 이는 '산'이라는 명사는 짧게 발음하고, '살다'라는 동사는 [살:다] 와 같이 길게 발음하기 때문이다.

이와 마찬가지로 '산에서 사는 새'는 '산새 [산쌔] '이고, '살아있는 새'는 '산 새 [산:새] '가 된다. 그리고 '산 속에 사는 짐승'은 '산짐승 [산찜승] '이고, '살아있는 짐승'은 '산 짐승 [산:짐승] '이라고 길게 발음한다.

여기서 주의해야 할 점은 '산에서 사는 새나 짐승'을 뜻할 때는 둘째 음절을 된소리로 발음해서 [산쌔] , [산찜승] 으로 발음해야 한다는 것이다.

또한 참고로 '지난 봄에 산 소가 새끼를 낳았다'의 경우는 '사다'라는 동사에서 나온 것으로 '지난 봄에 소를 샀다'는 뜻이기 때문에 [산소]로 짧게 발음해야 옳다.

■ 표현자질(表現資質)로서의 긴소리

주어진 상황에 따라 표현상의 강조를 달리할 필요를 느꼈을 때에 쓰는 긴소리로서 말하는 이의 태도에 따라 다를 수 있다.

- 무:진 애를 썼다
  무진:애를 썼다
- 기진:맥진 힘이 빠졌다
  기진맥진: 힘이 빠졌다

- 옛:날에 옛날에 어느 산골에
  옛날에: 옛날에: 어느 산골에

- 감:감하다 • 얼:얼하다 • 빼:빼하다 • 쌀:쌀하다
- 감감:하다 • 얼얼:하다 • 빼빼:하다 • 쌀쌀:하다

- 쓸:쓸하다 • 알:알하다
- 쓸쓸:하다 • 알알:하다

'~하다'가 붙은 대부분의 형용사는 '~하다' 앞의 음절이 길게 소리 날 수 있다.

간간:하다 새큼:하다 흐릿:하다

위와 같은 형용사의 '~하다' 앞의 음절 형태를 간추려 보면 다음과 같다.

~ㄱ:하다 ~룩:하다 ~득:하다 ~막:하다
~숙:하다 ~씩:하다 ~욱:하다
~읔:하다 ~직:하다 ~찍:하다
~ㄴ:하다 ~근:하다 ~만:하다 ~뻔:하다
~지근:하다 ~큰:하다

~ㅁ:하다 ~름:하다 ~음:하다 ~큼:하다

~ㅇ:하다 ~숭:하다 ~엉:하다

~ㅅ:하다 ~듯하다 ~읏:하다

~ø:하다 ~스레:하다 ~드레:하다 ~스:하다

〈낭독 연습〉

-말과 관련된 명언-

- 세상(世:上)에는 진실보다 아름다운 거짓이 있으며
  [거:지시]
  거짓도 진실로 받아들이는 사랑이 있다.
  [거:짇또]
- 말:은 하기 쉽게 하지 말:고, 알아듣기 쉽게 해:라.
  [쉽:께] [아:라] [쉽:께]
- 지루함을 참고 들어주면 감:동을 얻는다.
  [참:꼬] [언:는]
- 한쪽 말:만 듣고 말:을 옮기면 바:보 되기 쉽다.
  [쉽:따]
- 대화의 시:작은 호칭(呼稱)부터다.
- 대화의 질서는 새:치기 때문에 깨:진다.
- 무시(無視)당하는 말:은 바:보도 알아듣는다.
  [아:라]
- 허세(虛勢)에는 한 번 속지 두: 번은 속지 않는다.
- 약점(弱點)은 농담(弄:談)으로라도 들추어서는 안 된다.
- 말:은 가슴에 대:고 해:라.
- 넘겨짚으면 듣는 사:람 마음의 빗장이 잠긴다.
- 말:투는 내:용을 담:는 그릇이다.

■ 한자(漢子)말의 장단음(長 · 短音)

한자(漢字)는 배우기 어렵고 쓰기 어려운 흠이 있으나 반면에 시각성(視覺性), 조어력(造語力), 축약(縮約)이 월등하다.

시각성에서 한자는 긴 소리 발음을 알 수 있는 특성을 가지고 있다. '가정과 교육'이 '家庭科 教育'인지, 또 '봄이 되면 거울을 자주 들여다보는 성장한 여인을 자주 본다'에서 '성장'은 '成長' 혹은 '聖:裝'의 두 가지 한자말의 장·단음에 유의해야 한다. 글자가 같다고 해서 그 소리의 길이도 같은 것은 아니다. 즉 글자는 같지만 음의 장·단이 낱말에 따라 차이가 생긴다.

2004년 4월, 금강산 이산가족 상봉행사에서 우리 측 통일부 소속 사무관이 무심결에 한 발언으로 소동이 벌어졌다. 거창하게 표현의 자유를 내세우지 않더라도, 초보적인 상식만 있는 사람이라면 웃어넘길 수도 있는 농담이었는데 왜 그렇게 큰 사건이 되었을까?

북한 주민들이 김정일 국방위원장을 '천출(天出)'명장으로 받드는 게 현실이라 해도 '천출(賤出)' 또한 같은 발음이 분명한데 왜 우리 정부와 대표단은 '말실수'로 처리하지 못하고 북한의 항의에 쩔쩔 매야 했을까?

'천출(天出)'은 '하늘이 낳은'의 의미이고 '천출(賤:出)'은 '천한 첩의 소생 즉 서출(庶出 illegitimate child)이란 뜻임을 명심하자.

- 같은 한자음이라도 장·단 두 가지로 발음되는 것

	단 음	장 음
〈공〉	工, 功, 空, 公, 恭	共, 攻, 貢, 供, 孔
〈부〉	夫, 扶, 父, 婦, 部	富, 否, 附, 腐, 副

대구, 대전 →大:王, 大:洋 强者, 强大 →强:盜, 强:姦

火藥, 火曜 →火:傷, 火:氣 考察, 考證 →考:古, 考:究

傾注–競:走　　分水(嶺)–噴:水　　兵力–病:歷
開放–개:(犬)방　　高價–低:價　　防火–放:火
兵馬–病:魔　　個人–個:別　　調査–弔:詞

총(무기)–總:需要　　한도(一度)–限:度
主義(義)–注:意　　前線(方)–電:線(氣)
家庭(長)–假:定,(裝)

期待–기:대다　　시장하다–市:長(場)　　동시–童:詩
監査–感:謝　　司正–事:情

可:決　　檢:討　　近:處　　命:令　　死:亡
契:타다　　求:하다　　禁:하다　　定:하다　　醉:하다

可:憐하다　　可:憎스럽다　　所:重하다　　壯:하다
純:하다　　可:及的　　未:嘗不　　暗:暗裡에
假:令

- 옛날에는 단모음인 것이 장음화하는 경향이 있는 것

家– 家具店　　歌– 歌手　　加– 加勢
居– 居室　　階– 階級

加法　　加擔　　居住所　　居處　　階段
階層　　家長

• 같은 글자가 장·단 두 가지로 발음되는 것

〈簡〉

간- 單 -略 -便 -潔

간:- 紙 -牒 -易

〈强〉

강- 力 -風 -權 -大

강:-制 -盜 -奪

〈冬〉

동-至 -柏

동:-季 -服 -眠 -節氣

• 순 우리말이나 한자말을 불문하고 어두(語頭)에서 장음으로 발음되는 것이 둘째 음절 이하에서는 단음화(短音化) 하는 경향이 있다.

숨(息):-목숨 감(柹):-곶:감 새(鳥):-참새

덥:다-무덥다 없:다(無)-실없다 말:(語)-참말

밀:다(推)-내:밀다

性:質-男性 品:質-上:品 長:官-長短:

눈(雪):-함박눈 命:令-生命 語:學-國語

• 큰사전(한글학회), 국어대사전(이희승편)

- 장모음으로 표시되어 있는 것을 단모음 처리해야 된다고 생각하는 것.

卷頭 技術 管理 貫通 慣例 巧妙 露骨 映畵

- 단모음으로 처리한 것을 장모음으로 처리해야 된다고 생각하는 것

佳人 姦夫 歸國 濃厚 援助 姿態 昌盛

- 동음(同音) 이의어(異意語)의 경우, 장·단음을 명확히 구별하지 못하면 뜻의 혼동을 가져올 염려가 있다.

곱다(曲)－곱:다(麗)　　굽다(曲)－굽:다(炙)
깊다(深)－깁:다(補)　　낮다(低)－낫:다(勝)
射하다－謝:하다

고가(高架.高價)－고:가(古家)　　감상문(鑑賞文)－감:상문(感想文)
과거(科擧)－과:거(過去)　　교수(絞首)－교:수(教授)
단가(團歌.單價)－단:가(短歌)　　무용(無用)－무:용(舞踊)
사과(沙果)－사:과(謝過.四課)　　선전(宣傳)－선:전(善戰)

* 長과 短
長 : 단체나 관청의 우두머리 → 長:官
길이(Length) → 長短:

* 가장(家長) · 가장(假:裝) · 가장(假:葬)

우리말에는 글자의 모양은 같아도 발음이 다르거나 소리의 길이가 다른 경우가 있다. 그런 예 중의 하나가 '가장'이란 단어이다.

'가장'이라는 말이 뜻하는 것은 여러 가지가 있다. 우선 뒤에 오는 말을 꾸며 줘서, 여럿 가운데 어느 것보다도 더 어떻다는 뜻을 가지고 있다. 그래서 '내가 가장 좋아하는 꽃' '세계에서 가장 빨리 뛰는 사람'과 같이 쓰게 될 때는 [가장] 이라고 짧게 발음한다.

두 번째로, 집안의 어른이나 남편을 지칭하는 말로 쓰이는데, 이것 역시 짧게 발음한다.

세 번째로, '겉으로 거짓된 태도를 취할 때'와 '다른 사람이 알아보지 못하게 얼굴이나 몸차림을 바꾸어 꾸밀 때'도 이 말을 사용한다.

예를 들어 '애써 태연을 가장하고 모르는 체한다.' 또는 '가장 무도회'와 같은 경우에 쓸 수 있다. 이때는 [가:장] 이라고 길게 발음해야 한다. 그리고 '어떤 것을 임시로 땅에 묻는다'는 뜻으로 사용할 때도 [가:장] 으로 길게 발음한다.

정리해 보면 '가장 예쁜 옷', '가장 제도'에서는 짧게, 임시로 묻는다는 뜻의 '가장'과 '가장 행렬'은 길게 발음한다.

* 부정

- 부정(不正) → 바르지 않음 injustice
- 부정(不定) → 일정하지 않음 indefiniteness
- 부정(不貞) → 여자가 정조를 지키지 아니함 unchaste
- 부정(不淨) → 깨끗하지 못함 dirtiness
- 부정(夫情) → 아버지의 정
- 부정(否:定) → 그렇지 않다고 인정함 denial

* 한해

旱害(한:해) → 가뭄으로 인한 피해
寒海(한해) → 추위로 인한 피해

* 소식

蔬食(소식) → 나물 반찬뿐인 밥.
小食(소:식) → 음식을 적게 먹음.
消息(소식) → 안부나 새로 일어나는 사실 등에 관한 기별이나 알림.

* 화장
火葬(화:장) → 시체를 불에 살라 장사함.
化粧(화장) → 분 · 연지 따위로 얼굴 · 머리털을 곱게 매만짐.
火匠(화:장) → 도자기 가마에 불을 때는 사람

* 방만한 경영 → 방만(放:漫)한 경영
파산이 우려 → 파산(破:産)이 우려
사차로 → 사차로(四:車路)

* 戰勢(전:세) → 전쟁이 되어 가는 형편(war situation)
傳貰(전세) → 어느 기간까지 집이나 물건을 빌어 쓰는 일(lease)

〈낭독 연습〉

- 어제 밤에 늦게까지 책을 읽었다.
  대:보름에도 호도, 잣:, 땅콩, 밤: 등을 먹는다.

- 발이 아파서 혼났다.
  문은 열어 놓고 발:을 쳐.

- 김치에 굴을 넣어야 맛이 있다.
  분당으로 가려면 굴:을 지나야 한다.

- 눈이 아프면 병:원에 가라.
  밖에 눈:이 온다.

- 죄:를 지었으면 벌을 받아야지.
  벌:이 손등을 쏘았다.

- 거리에 나와서 장사를 하고 있다
  거:리가 멀어서 그곳에는 갈 수 없:다.

- 언어 절제(節制 Shut Up)
  '입은 닫을수록 좋:고 지갑은 열:수록 환영받는다.'
  '어디서나 꼭 할 말:만 하라.'
  '논평(論評)보다는 덕담(德談)을 많:이 하라.'
  '말:하기보다 듣기를 좋아하고 박수를 많:이 치면 환영받는다.'
  '장광설(長廣舌)은 금물(禁:物)이다.'

'짧으면서 곰:삭은 지혜로운 말:이나 유우머 한마디는 남을 즐겁게 한다.'

※ 장광설(長廣舌): 쓸데없이 장황하게 늘어놓는 말.
곰삭은: 젓갈 따위가 오래되어 푹 삭다.

■ 성(姓氏)의 장 · 단음

남의 성(姓)을 잘못 발음하는 것은 대단한 결례(缺禮)가 된다. 뿐만 아니라 상대방의 심기(心氣)를 상하게 되므로 각별히 조심하지 않으면 안 된다. '정씨가 '鄭氏'인지 혹은 丁氏'인지, '조씨'가 '趙氏'인지 혹은 '曺氏' 인지는 한자라야 분명하다.

우리말 전체 어휘의 70%가 한자어이다. 개념이나 추상명사는 대부 분 한자가 포함돼 있다. 인문·사회·자연·과학의 학문 용어도 거의 한자어이다. 어휘를 구성하는 한자의 뜻을 모른 채, 음만 갖고 이해하는 데는 한계가 있다. '회귀(回歸)' '귀환(歸還)' '귀소(歸巢)'같은 단어들은 '귀(歸)'라는 한자가 '돌아간다'는 의미라는 것을 알면 각 단어의 뜻을 짐작할 수 있다. 그러나 귀의 뜻을 모르면 기계적으로 따로따로 외워야 한다.

한자의 원산지는 물론 중국이다. 그러나 우리들이 교과서에서 배운 한자는 우리글이다. 읽는 것, 쓰는 것 모두 우리 손으로 갈고 다듬어낸 우리 문자이다. 국가 차원에서 한문교육의 필요성이 절실한 시점이다.

※ 회귀(回歸) →한 바퀴 돌아 다시 본디의 자리에 돌아옴(return)
귀환(歸還) →제자리로 다시 돌아오거나 돌아감(return)
귀소(歸巢) →동물이 멀리 갔다가도 제 집에 돌아오는 본능(homing instinct)

-긴 소리 성(姓)-		-짧은소리 성(姓)-	
정(鄭)	조(趙)	정(丁)	조(曺)
공(孔)	전(錢)	공(公)	전(全, 田)
신(愼)	하(夏)	진(陳, 秦)	신(申, 辛)
변(卞)	여(呂)	하(河)	변(邊)
송(宋)	맹(孟)	여(余)	오(吳)
심(沈)	사(史)	현(玄)	고(高)
봉(奉)	이(李)		

■ 수사(數詞)의 장 · 단음

수사란 품사의 하나로서 수량을 계산하거나 또는 물건의 차례를 정하여 나타내는 품사를 말한다. 앞의 것을 양수사(量數詞)라 하고 뒤의 것을 서수사(序數詞)라고 한다.

- 한자음 이:(二), 사:(四), 오:(五), 만:(萬)은 장음이다.
  예) 사:차로(四車路)

- 고유어 둘:(두:) 셋:(세:) 넷:(네:) 쉰:은 장음이나 두:, 세:, 넷: 의 바로 뒤에 숫자가 따르면 단음이다.
  두셋 · 서너 개 · 너덧(너 · 너댓)
- 숫자의 단위가 냥 · 달 · 돈 · 섬 · 장 · 줄 · 짐이면 세: 가 아니라 석: 을 쓰고, 이때에는 네: 대신에 넉: 을 쓴다.
  석: 냥 석: 달 석: 돈 넉: 섬 넉: 장 넉: 줄 넉: 집
  * 석: 척(×) 〈 세: 척(O)

- 장음인 숫자라도 그 위에 단음절 숫자가 오면 단음으로 변한다.
  (표준 발음법 제6항 참조)
  두: 달 →열두 달 넉: 장 →열넉 장 두: 개 →백두 개
  석: 장 →천석 장 2:월 →12월

■ 지명(地名)의 장 · 단음

광:산(光山) 서:산(瑞山) 금:산(錦山)
보:은(報恩) 부:천(富川) 사:천(泗川)
선:산(善山) 여:수(麗水) 정:읍(井邑)
포:천(抱川) 순:천(順天) 임:실(任實)
진:안(鎭安) 대:덕(大德) 해:남(海南)
서:천(舒川) 이:천(利川) 인:천(仁川)
순:창(淳昌)

과:천시(果川市) 성:수동(聖水洞) 영:등포(永登浦)
경:주시(慶州市) 경:상도(慶尙道) 건:대(建大)입구
서:초동(瑞草洞) 왕:십리(往十里) 주:문진(注文津)

공주(公州) 무안(務安) 통영(統營) 대전(大田)
원주(原州) 아산(芽山) 온양(溫陽) 대구(大邱)
광:주(廣州)와 광주(光州)
영동선(嶺東線) 영산강(榮山江) 임진강(臨津江)

* 인명, 지명을 원음대로 표기하다보니 언제부턴가 중국의 '상해(上海)', '모택동(毛澤東)'을 '상하이', '마오쩌둥'이라고 표기한다. 그렇다면 '만리장성(萬里長城)', '자금성(紫禁城)'을 '완리창정', '쯔진청'이라고 하면 뜻을 알 사람이 과연 얼마나 될까 걱정이다. 더구나 중국어 4성(聲)의 원음을 제대로 발음하기란 여간 힘든 일이 아니다. 최소한 한자를 필요로 하는 중국의 인명과 지명은 종전과 같이 한자음대로 표기하는 것이 바람직하지 않을까?

〈낭독 연습〉

소풍(逍風) 철이라서 그럴까요./
출퇴:근시간 지하철에서 웃고 떠:드는
학생 손님들이∧ 부쩍 늘었습니다.//

어떤 친구는 둥근 손잡이에
대롱대롱 매:달려서 몸을 흔들고/
어떤 친구는 문이 열릴 때마다
잽싸게 내렸다 타기를 반:복합니다.//
술래잡기하듯 뛰는 아이가 있고,/
교:실 구석인 것처럼 빙: 둘러서서
소란(騷亂)을 피우는 아이들도 있습니다.//

문제는 말리는 사:람도 없:고,
꾸짖는 사:람도 없:다는 것입니다./
그저∧ 못마땅한 시:선(視線)이 있고
짜증스런 표정이 있을 뿐,/
아:무도 나서는 사람이 없:습니다.//
열차 안에는 그 애:들의
어머니 아버지만 있는 걸까요./
행여 아이들의 기가 죽을까봐
가만히 놔:두는 걸까요./
그 애들이 더∧ 어릴 때 그랬듯이, ∧
식당이나 공공 장:소에서 떠:들고 장난칠 때 그랬듯이.//

지금 오늘의 우리 앞엔
대학입시 제:도만큼 중요한 문제가 또 하나 있습니다.
가정 교:육이 그것입니다.//
(* 장 · 단음에 유의해서 낭독해 보자.)

■ 동음 이의어(同音 異意語)

음은 같으나 뜻이 다른 낱말이 있다. 예를 들어 같은 '배'라도 배 (腹), 배(船)가 있다. 한자 숙지는 물론 장단음에 유의해야 한다.

- 가정(家庭) 한 가족으로서의 집안
  가:정(假定) 임시로 정함. 가혹한 정치

- 가공(加功) 터무니 없는. 손질을 더함
  가:공(可恐) 두려워 할만한

- 가장(家長) 집안의 어른. 제일, 매우
  가:장(假裝) 거짓으로 꾸밈. 가면으로 꾸밈

- 간장(醬) 음식의 간을 맞추는 흑갈색의 액즙
  간:장(肝腸) 내장의 한 부분

- 갈다 먼저 것 대신에 새것으로 바꾸다.
  갈:다 다른 물건에 대고 문지르다. 논밭의 흙을 뒤집다.

- 감사(監査) 감독하고 검사하다. 관찰사를 뜻할 때.
  감:사(感謝) 고마움. 죄인의 벌을 감하여 줌.

- 감상(鑑賞) 작품을 맛봄
  감:상(感想) 생각과 느낌

- 감정(鑑定) 사실과 허위를 감별하고 결정함.
  감:정(感情) 마음. 기분. 생각 등 느끼어 일어나는 심정

- 강도(强度) 강렬한 정도
  강:도(强盜) 폭행 협박 등의 수단으로 남의 것을 뺏는 행위

- 공수(空輸/空手) 빈손. 항공수송의 준말.
  공:수(攻守) 공격과 수비

- 검정 검은 물건이나 빛깔
  검:정(檢定) 어떤 일에 자격이 있고 없음을 검사하여 정함.

- 공(功/空/共/公) 여러 사람에게 관계되는 일. 속이 텅 빈 것. 공로의 준말.
  공:(ball) 둥글게 만든 운동구.

- 교정(矯正/交情) 서로 사귀는 정분. 틀어진 것을 바르게 잡음.
  교:정(校訂/校庭) 학교의 마당. 가르치어 바르게 함.

- 경비(經費) 일을 경영하는데 쓰는 비용.
  경:비(警備) 만일을 염려하여 미리 방비함.

- 귀국(歸國) 본국으로 돌아감 또는 들어옴.
  귀:국(貴國) 상대의 나라를 높여 부르는 말.

- 공작(工作) 토목, 건축, 제조 등의 일. 어떤 목적을 위하여 일을 꾸밈.
  공:작(孔雀) 공작새.

- 고사(固辭/古事) 굳이 사양함. 옛 역사.
  고:사(告祀) 계획, 일 등이 잘 되도록 지내는 제사.

- 고속(高速) 아주 빠른 속도.
  고:속(古俗) 옛 풍속.

- 고시(高試) 고등고시의 준말.
  고:시(告示) 일반에게 공고하여 알림.

- 구두 가죽신
  구:두(口頭) 입으로 하는 말

- 과장(課長) 소속된 과의 책임자.
  과:장(誇張) 사실보다 크게 떠벌림.

- 금주(今週) 이번 주일
  금:주(禁酒) 술을 못 먹게 함

- 교우(交友) 벗을 사귐. 친구와 교제함.
  교:우(校友) 같은 학교에서 배우는 벗. 한 학교의 졸업생.

- 고소(苦笑) 어이가 없거나 하찮아서 웃는 웃음.
  고:소(告訴) 피해자가 그 사실을 수사기관에 신고함.

- 고장 어떤 지역의 땅
  고:장(故障) 기계가 부서져 운전이 정지됨.

- 교사(狡詐) 교묘하게 남을 속임
  교:사(校舍/敎師/敎唆) 학교의 건물. 선생님을 일컬음. 남을 선동하여 못된 일을 하게함.

- 난민(難民) 곤경에 빠진 백성
  난민(亂:民) 반란을 일으킨 백성

- 노비(奴婢) 남자 종과 여자 종의 총칭
  노:비(老婢) 나이 많은 여자 종. 노자(路資)

- 대사(臺詞) 각본에 따라 배우가 무대에서 하는 말
  대:사(大使) 큰 일. 외교관 계급

- 대(臺) 높이 쌓는 곳. 차 또는 기계 등을 셀 때의 단위.
  대:(代/大) 가정의 전통이나 지위를 이어 잇는 동안. 크다

- 단식(單式) 단순한 방식.
  단:식(斷食) 먹는 일을 중단함.

- 도장(塗裝) 칠 따위를 발라서 치장함.
  도:장(道場) 연무장. 수련하는 장소.

- 동기(同氣/同期/銅器/冬期) 형제자매. 같은 시기. 구리 그릇. 겨울철.
  동:기(動機) 일의 실마리

- 돌 태어난 뒤에 한 해씩 해마다 돌아오는 그날.
  돌:(石) 석재.

- 매 사람, 짐승을 때리는 막대기, 곤장, 회초리의 총칭.
  매:(鳥) 매 종류의 총칭.

- 무적(無敵) 대적할 사람이 없음.
  무:적(無籍) 국적, 호적, 학적 등 해당 부분에 기록되지 않음.

- 묻다 물, 가루 때 같은 것이 달라붙다.
  묻:다 모르는 일에 대답을 요구하다.

- 만개(滿開) 꽃이 활짝 핌.
  만:개(萬個) 숫자의 표시 단위가 되는 뜻.

- 미치다(及) 한정한 곳에 이르다(reach)
  미치다(狂) 정신에 이상이 생기어 하는 짓이 보통 사람과 다르다.

- 무사(無事) 아무 일 없음. 사사로움이 없이 공평함.
  무:사(武士) 무예와 전쟁에 관한 일. 무술을 닦은 사람.

- 반려(伴侶) 짝이 되는 친구
  반:려(返戾) 반환

- 발 다리 끝에 달려 땅을 디디게 된 부분.
  발: 무엇을 가리는데 쓰는 것

- 방(房) 사람이 거처하기 위해 만든 곳.
  방:(放) 널리 알리는 것.

- 방화(防火) 불을 예방함.
  방:화(放火) 불을 놓음.

- 병사(兵事) 군사. 병역, 군대 등에 관한 일.
  병:사(病死) 병으로 죽음.

- 배 몸의 일부. 선박. 배나무의 열매.
  배:(倍) 갑절.

- 부처 석가모니불
  부:처(夫妻) 남편과 아내
  부:처(部處) 정부 조직체의 '부'와 '처'의 총칭

- 부채 손으로 흔들어 바람을 일으키는 기구
  부:채(負債) 남에게 빚을 짐.

- 부정(不正) 깨끗하지 못함.
  부:정(否定) 그렇지 않다고 단정함.
  부정(不定) 일정하지 않음

- 부호(符號) 어떤 뜻을 나타내는 기호
  부:호(富豪) 재산이 넉넉한 부잣집.

- 분(粉) 얼굴 화장품의 한 종류.
  분:(憤) 어떤 사정에 의해 억울해 함.

- 벌 옷을 셀 때. 넓고 평평한 땅. 죄의 값
  벌: 날벌레의 한 종류.

- 변경(邊境) 나라의 경계가 되는 변두리의 땅.
  변:경(變更) 바꾸어서 고침.

- 배달 물건을 가져다주는 일.
  배:달 배달나라의 준말.

- 상처(傷處) 다친 다리
  상:처(喪妻) 아내의 죽음을 당함.

- 상품(商品/賞品) 팔고 사는 물건. 상으로 주는 물품.
  상:품(上品) 높은 품위. 질이 좋은 물건.

- 새(新) 새로운
  새:(鳥) 날짐승의 총칭.

- 손(手) 사람의 양팔 끝에 달린 부분. 손님.
  손:(損) 손해의 준말.

- 산수(山水) 산과 물. 산에 흐르는 물
  산:수(算數) 계산. 수학의 초보적 부분.

- 사회(司會) 집회에서 진행을 맡아 봄.
  사:회(社會) 공동생활을 하는 인류의 집단.

- 소(牛) 가축 소.
  소:(少) 작다는 뜻을 나타내는 말.

- 소화(消化) 섭취한 음식물을 몸 안에서 흡수할 수 있도록 하는 작용.
  소:화(燒火/小話) 불사름. 불에 태움. 짤막한 이야기.

- 소매 옷소매
  소:매(小賣) 물건을 도매상에서 사들여 소비자에게 팜.

- 소생(蘇生) 다시 살아남
  소:생(小生) 자기를 낮추어 일컫는 말.

- 소원(訴願) 호소하여 청원함. 관청에다 원통함을 호소함.
  소:원(所願) 본디부터 원하는 바.

- 성적(成績) 배운 지식, 기능, 태도 등의 평가된 결과.
  성:적(性的) 성에 관계되는 것. 유서있는 성스러운 사적 또는 고적.

- 사정(查定) 조사하여 결정함. 개인으로서의 정.
  사:정(事情) 실정을 그려냄. 일의 형편. 살펴 잘못을 바로 잡음.

- 선도(先導) 남보다 먼저 도착함. 앞장서서 이끔.
  선:도(善導) 바르고 착한 도리. 올바른 길로 인도함.

- 선발(先發) 먼저 출발함
  선:발(選拔) 많은 속에서 골라 추려냄.

- 성인(成人) 이미 성년이 된 사람.
  성:인(聖人) 지혜와 덕이 뛰어나게 높아 길이길이 스승이 될 만한 사람.

- 사고(私考/思考) 자기 혼자의 생각. 생각하고 궁리함.
  사:고(事故) 뜻밖의 탈.

- 사리(私利/舍利) 개인의 이익. 사리탑.
  사:리(事理) 일의 이치.

- 사기(詐欺) 남을 속여 해침.
  사:기(士氣/史記) 용기를 내는 기운. 역사적 사실을 기록한 책.

- 시사(時事) 그 당시에 일어난 세상의 정세
  시:사(試寫/示唆) 영화를 공개하기 전에 관계자들에게 영사하여 보이는 일. 미리 암시하여 알려줌.

- 시:조(始祖) 한 가계의 맨 처음이 되는 조상
  시조(時調) 우리나라 고유의 전형시의 한 형태

- 수치(羞恥) 부끄러움
  수:치(數値) 어떤 문자를 대표하는 수

- 순종(純種) 딴 계통과 섞이지 않은 순수한 종류.
  순:종(順從) 순순히 복종함.

- 원인(原因) 일의 근본이 되는 까닭.
  원:인(願人/援引) 청원하거나 바라는 사람. 끌어당김.

- 원수(元首) 한 나라의 우두머리로서 그 나라를 대표하는 사람.
  원:수(怨讐) 참지 못할 해를 끼친 사람. 원한이 되는 물건.

- 원시(元始) 본디, 원래. 처음, 시초, 근본.
  원:시(遠視) 먼 곳을 봄

- 원조(元朝) 첫 대의 조상
  원:조(援助) 도와줌.

- 양서(洋書) 서양 서적
  양:서(良書) 좋은 책.

- 양식(糧食/樣式/良識/洋食) 먹고 살거리. 일정한 모양과 방식. 건전한 식견. 서양요리.
  양:식(養殖) 인공적으로 길러서 번식하게 함.

- 의사(醫師) 병을 고치는 일을 직업으로 하는 사람.
  의:사(義士/意思) 의협심이 강한 사람. 마음먹은 생각.

- 의식(衣食) 의복과 음식
  의:식(意識) 자각의 뜻. 깨닫는 마음의 작용.

- 이사(移徙) 집을 다른 곳으로 옮김.
  이:사(理事) 법인체의 권리를 행사하는 직책.

- 오리 물오리. 집오리의 통칭.
  오:리 십리의 절반. 청렴하지 못한 관리.

- 이월(移越) 옮겨서 넘김
  이:월(二月) 한 해의 열두 달 중 둘째의 달.

- 종(鐘) 쇠붙이로 소리가 날 수 있도록 만든 것.
  종:(從) 부리는 아랫사람을 가리키는 말.

- 장기(長期) 오랜 시간. 내장의 여러 기관.
  장:기(將棋) 놀음놀이의 하나.

- 장수 장사를 하는 사람. 오래 삶.
  장:수(將帥) 군사를 거느리는 우두머리.

- 장사 물건을 사서 파는 일. 기개와 골격이 굳센 사람.
  장:사(葬事) 죽은 사람을 묻는 것.

- 정형(情形) 어렵고 딱딱한 형편. 정황
  정:형(整形) 모양, 형체를 바르게 함.

- 정찰(偵察) 살펴서 알아냄. 자세히 살핌
  정:찰(正察/正札) 똑바로 살핌. 정당한 물건 값

- 정상(情狀/頂上) 실제의 사정과 형편. 정권을 이용하여 개인의 이익을 꾀하는 무리. 꼭대기. 그 이상 더 없는 것.
  정:상(正常/定常) 바르고 떳떳함. 일정하여 변하지 않음.

- 정사(政事/情思/情死) 정치상의 일. 감정과 생각. 사랑하는 사람끼리 함께 자살함.
  정:사(正史/正邪) 정확한 사실의 역사. 옳은 일과 간사한 일.

- 전신(全身) 온몸.
  전:신(電信) 전신기를 써서 행하는 통신.

- 정기(精氣) 만물의 생성하는 원기
  정:기(定期) 일정한 기간 또는 시기.

- 재판(裁判) 옳고 그름을 살피어 판단함.
  재:판(再版) 이미 간행된 출판물을 다시 출판함.

- 정도(程度) 알맞은 한도
  정:도(正道) 규칙을 바로 잡음. 바꿀 수 없는 도리.

- 정당(政黨) 정치의 뜻이 같은 사람끼리 조직된 당파.
  정:당(正當) 바르고 옳음. 이치에 당연함.

- 주력(主力) 주장이 되는 힘.
  주:력(注力/走力) 힘을 들임. 두루 돌아다님. 달리는 힘.

- 주의(主意) 주장이 되는 요지
  주:의(注意) 마음에 새겨 조심함.

- 전후(前後) 앞과 뒤
  전:후(戰後) 싸움이 끝난 뒤.

- 조:선(造船) 선박을 건조함
  조선(朝鮮) 우리나라 상고시대의 국명

- 지장(指章) 손도장
  지장(支障) 일을 하는데에 계제나 형편이 나쁜 사정. 장애(障碍)
  지장(地藏) 〈불〉지장 보살(준말)

- 편재(偏在) 한 곳에만 치우쳐 있음
  편:재(遍在) 두루 퍼져 있음

- 총:(總) 모두
  총(銃) 군대 무기의 하나

- 통치(通治) 한 가지의 약이 여러 가지 병에 효험이 있음.
  통:치(統治) 도맡아 다스림. 국토와 국민을 다스리는 일.

- 한해(寒害) 추위로 인한 피해
  한:해(旱害) 가뭄으로 인한 피해

- 화장(化粧) 각종 화장품으로 얼굴, 머리털을 곱게 매만짐.
  화:장(火葬) 시체를 불사르고 뼈를 모아 장사지냄.

〈발음 연습〉

1. 여자는 가정(家庭)을 지켜야지.
 이 문제는 해결할 수 있다고 가정(假:定)하자.

2. 밥을 국에 말아 먹었어.
 길에서 놀지 말:고 집에서 놀아라.

3. 애기를 업어 주어라.
 애기가 없:어서 걱정이야.

4. 비가 오니 빨래를 걷어요.
 빨리 걷:는 것이 운동이다.

5. 미쳐야(狂) 미치지(及)!
 미치지 않고 성공할 수 있나?

☺ 유우머 한마디

'짜증나는 남자 Best 5'

a. 말없는 남자
 '말이 없으면 분위기라고 있어야지, 괜히 음료수만 홀짝대는 남자.

b. 말 많은 남자
 재미없는 썰렁한 말을 하면서 계속 삼천포로 빠지는 남자.

c. 말이 안 통하는 남자
 동문서답하면서 자기 생각대로 행동하는 남자.

d. 삼척(?)인 남자
 있는 척 +아는 척 +잘난 척하는 남자.

e. 엄마 찾는 남자
 우리 엄마가 이랬는데, 저랬는데...마마보이는 피곤하다.

다. '의'음의 4가지 변음(變音)

우리말 '의' 모음의 소릿값은 언어 이론으로 보면 매우 불안정하다. 그래서 제 소릿값을 유지하기가 매우 힘들어 이웃하는 다른 소리로 바뀌어 가는 것이다. 이러한 변화는 특히 사투리에서 더 심하다. 그래서 '표준발음법'에서도 '의' 소리를 다른 소리로 발음하는 것을 허용하고 있다(제5항)

대부분의 교육을 받은 사람들은 '의' 음을 '에' 즉 'e'로 발음하고 있는 것이 현실이다. 표준말이나 표준발음은 언제나 표준어를 말하는 사람들의 입에 담겨 있는 것이지 누가 규제하지는 못한다.

그러나 소위 사회의 지도급 인사들이 대중 앞에서 '의'발음을 표현할 때 '나으 조국' '나이 조국'이라고 한다. 이것도 부족해서 심지어 "최선으 노력을 다하자"는 상투적(常套的), 중복적 표현을 말끝마다 습관적으로 쓰는 지도자도 있다. 이는 듣기에도 역겨움을 느끼게 되며 언어순화에 있어서 신경을 자극하는 범주에 속하므로 지양하는 것이 현명하리라 생각한다. '최선을 다하자'로 간결하게 표현해야 한다.

우리말에서는 원래 조사 '~의'가 흔하게 사용되지는 않았다. 사람을 가리키는 '나, 너, 저'의 경우 조사 'ㅣ'가 붙은 '내, 네, 제'로만 사용됐다고 한다. '내 사랑', '네 물건', '제 식구' 등 현재도 그대로 쓰이고 있다.

'의'가 붙은 '나의, 너의, 저의'는 개화기에 이르러 자주 쓰이게 되었다. 이는 일본에서 두루 쓰이는 조사 'の'의 영향을 받았기 때문이다. '나의 침실'은 '내 침실', '나의 살던 고향'은 '내가 살던 고향'이 정상적인 우리말 어법이다.

요즘 들어서는 "국회의 변화하는 모습을 국민은 기대하고 있다" (→"국회가 변화하는 모습을~"), "스스로의 약속을 저버렸다" (→"스스로 한 약속을~"), "타고난 저마다의 소질을 계발해야 한다"("저마다 타고난 소질을~") 등 '의'를 마구 사용하고 있다.

"소득의 향상과 식생활의 서구화로 쌀의 소비량이 부쩍 줄었다"에서는 명사와 명사 사이에 모두 '~의'를 넣었으나 불필요한 것이다.

'만남의 광장'도 억지스럽게 말을 만든 것으로, '만나는 광장'으로 해야 우리 식이고 의미가 제대로 통한다.

'범죄와의 전쟁', '전통 문화와의 만남'에서 '~와의'도 일본어식 이중조사로 '범죄 척결', '전통문화 만나기' 등으로 해야 한다. 그러나 '~의'를 배척하자는 것은 아니다. 나름대로 효용도 있다. 불필요한 사용을 자제하고, '~의'자를 이용해 억지 말을 만들지 말자는 얘기다. 전라도 지방에서는 조사(助詞)의 '의'를 '으'라고 하는 경향이 있고 제주(濟州)에서는 어떠한 경우든 '이'라고 발음하는 경향이 있음을 참고하기 바란다.

- 말의 첫소리에 쓰일 때 : '으이'로 소리 난다.
  의사(醫師) 의심(疑心) 의무(義務) 의견(意見) 의논(議論)
  의상(衣裳) 의당(宜當) 의례(依例) 의지(意志) 의미(意味)
  의리(義理) 의식(意識) 의아(疑訝) 의자(倚子) 의장(議長)
  의족(義足) 의존(依存) 의거(依據) 의료(醫療) 의결(議決)
  의관(衣冠) 의도(意圖) 의중(意中) 의학(醫學) 의향(意向)
  의회(議會) 의욕(意慾) 의원(議員) 의문(疑問) 의복(衣服)
  의연금(義捐金) 의정부(議政府)

- 소유격 조사(助詞)로 쓰일 때 : '에'에 가깝게 소리 난다.
  '즐거운 나의 집' '우리의 사명' '국민의 의무'.
  '마음의 행로' '사랑의 풍토' '초원의 결투'
  '토론의 주제' '우리의 소원' '발등의 불'

- 낱말의 두 번째 자리에 오는 '의'는 거의 모두 '이'로 발음한다.

  意義 論議 動議 善意 物議 歸依 衆意

  誠意 錦衣 白衣 問議 謀議 名義 道義

  內衣 大義 注意 便宜 會議

- 자음을 동반하는 첫 음절 '의'는 '이'로 발음한다.

  희망(希望). 희다. 늴리리. 띄어쓰기. 닁큼. 희로애락

-표준 발음법 제5항 참조-

〈낭독 연습〉

- 이 글은 말과 관련된 좋은 글이다. 내용을 음미하면서 차분히 낭독해 보자 -

- 따져서 이길 수는 없:다.
- 사랑이라는 이름으로도 잔소리는 용서(容恕)가 안: 된다.
- 좋:은 말:만 한다고 해서 좋:은 사:람이라고 평가(評價)받는 것은 아니다.
- 말:에는 자기 최면(催眠) 효:과가 있다.
- '툭'한다고 다: 호:박 떨어지는 소리는 아니다.
- 유머에 목숨을 걸:지 말:라.
- 반드시 답변(答辯)을 들어야 한다고 생각하면 화(禍:)를 자초한다.
- 상대편(相對便)은 내가 아니므로 나처럼 되라고 말:하지 말:라.
- 설명(說明)이 부족한 것 같을 때쯤 해서 말:을 멈춰라.
- 앞에서 할 수 없:는 말:은 뒤에서도 하지 말:라.
- 농담(弄:談)이라고 해서 다: 용서(容恕)되는 것은 아니다.
- 표정(表情)의 파워를 놓치지 말:라.
- 적당할 때 말:을 끊으면 다: 잃지는 않:는다.
- 사소한 변:화에 찬사(讚:辭)를 보내면 큰 것을 얻:는다.
- 말:은 하기 쉽:게 하지 말:고, 알아듣기 쉽:게 해라.
- 립 서비스의 가치(價:値)는 대:단히 크다.
- 내가 이 말:을 듣는다고 미리 생각해 보고 말:해라.
- 지루함을 참:고 들어주면 감동(感:動)을 얻:는다.
- 한쪽 말:만 듣고 말:을 옮기면 바:보 되기 쉽:다.
- 눈으로 말:하면 사랑을 얻:는다.

- 덕담(德談)은 많:이 할수록 좋:다.
- 자존심(自尊心)을 내:세워 말:하면 자기 마음을 상(傷)하게 된다.
- 잘못을 진:심으로 뉘우치면 진실성(眞:實性)을 인정받는다.
- 잘난 척하면 적(敵)만 많:이 생긴다.

라. 어려운 한자음(漢字音)

우리 국어의 어휘는 고유어(순우리말), 한자어, 외래어로 구성되어 있다. 한자어도 넓은 의미에서는 외래어라고 할 수 있지만, 그 성격이 특수하여 일반 외래어와는 구별하는 것이 온당하다.

현재 사용되고 있는 한자어 중에는 중국에서 그대로 들어온 것도 있지만, 우리나라에서 독자적으로 만들어진 것이 많다. 이것이 한자어가 일반적인 외래어와 본질적으로 다른 점이다. 표준말에서의 비율은 한자어 70%, 고유어 30%로서 한자어가 고유어보다도 많다.

- 한글 전용(專用)이 우리말의 정확성을 후퇴시켜

한자는 2300년 이상 우리가 써온 '국자(國字)'이다. 한글과 한자는 국어를 이루는 양 날개이다. 무릇 좋은 언어는 정확성을 갖춰야 한다. 그런데 한자를 조합해서 만든 한자어를 한글로 적게 하니 우리말의 정확성이 후퇴해 버렸다. 한글 전용이 한국어의 정확성을 후퇴시켜 쓸데없는 오해와 혼란이 빚어지고 있는 것이다.

TV 퀴즈 Program에서 '부창부수(夫唱婦隨)'의 뜻을 묻는 문제에 '아버지가 창을 부수다'라고 대답한 학생도 있었다. 중국에서는 한자 1500자를 읽고 쓰지 못하면 문맹(文盲)으로 본다고 한다. 그 기준에선 오늘날 우리 국민 대부분도 반문맹(半文盲) 이 되어 버렸다.

한자음에서 문제되는 것은 최소한 두 가지이다. 하나는 속음(俗音)에 관한 것이고, 또 하나는 둘 이상의 음훈(音訓)을 갖는 한자음이다.

- 歪曲(왜곡) 更迭(경질) 杞憂(기우) 滿喫(만끽)
  諦念(체념) 蹉跌(차질) 蠻行(만행) 蛇足(사족)

- 莫逆(막역) : 서로 허물없이 썩 친함
  漠然(막연) : 아득한 모양(Far Distant), 어렴풋하다

- 一切 (일체): 모든 것
  一切 (일절): 부인(否認), 금지(禁止)

1) 음훈(音訓)에 따라 달라지는 한자음(漢字音)

우리말에서 한글 표기는 똑같은데 발음은 다르게 해야 하는 현상이 나타나는 것은 대개 그 단어를 이루고 있는 한자가 다르기 때문일 때가 많다. 예를 들어 '강권'이라고 써 있어도 이 단어가 어떤 뜻으로 쓰이느냐에 따라서 발음이 달라진다.

"친구들의 강권 〔강권〕 에 못 이겨서 노래를 했다."
"강권적 〔강 적〕 으로 일을 맡기는 바람에 어쩔 수 없었다"

두 개의 예문에서 하나는 〔강권〕 으로, 또 하나는 〔강꿘〕 으로 발음된다. 첫 번째 문장에 나오는 '강권(强勸)'은 한자의 '힘쓸 강(强)'자와 '권할 권(勸)'자로 이루어진 것으로 '억지로 권한다'는 뜻이 있는데, 이 때는 〔강권〕 이라고 평음으로 발음한다.

그리고 두 번째 문장에서 나온 '강권(强權)'은 '굳셀 강(强)'자와 '권세 권(權)'자로 만들어진 것이다. 이 말은 '강한 권력', 또는 '국가가 사법적, 행정적으로 갖는 강력한 권력'을 뜻하는 말이다. 이 경우에는 〔강꿘〕 이라고 둘째 음절을 된소리로 발음해야 한다.

- 강권발동(强權發動) 〔강꿘발똥〕 : 법령이 잘 시행되지 않을 경우에 강제적으로 사법권이나 행정권을 행사하는 일.

- 장군(將軍)
  장군(市場商人) 〔-꾼〕

- 고가(高架)
  고가(高價) 〔-까〕

- 장기(長期)
  장기(長技, 帳記, 특기) 〔-끼〕

- 지가(地價) 〔지까〕 –원가(原價) 〔원까〕 –수가(受價) 〔수까〕

- 관건(關鍵) 〔관건〕 :협상의 관건
  안건(案件) 〔안:껀〕 : 토의나 조사해야 할 사실

- 안간힘 〔안깐힘〕 : 괴로움을 억지로 참으면서 일을 할 때.

- 공적(功績, 公敵)
  공쩍(公的)

- 蔬食(소사): 나물 반찬뿐인 음식
  小食(소식): 음식을 적게 먹음
  疏食(소사): 변변치 못한 음식

* 밥을 가리킬 때는 [사]로, '먹다'는 뜻일 때에는 [식]으로 읽는다.

- 歪曲(왜곡) 更迭(경질) 杞憂(기우) 滿喫(만끽)
  諦念(체념) 蹉跌(차질) 蠻行(만행) 蛇足(사족)

- 降雨(강우)-投降(투항)
  思索(사색)-索莫(삭막)
  便利(편리)-便所(변소)
  沈水(침수)-沈氏(심씨)
  見聞(견문)-謁見(알현)
  茶道(다도)-綠茶(녹차)
  昨年(작년)-年歲(연세)
  北部(북부)-敗北(패배)
  茶房(다방)-綠茶(녹차)
  智識(지식)-標識(표지)
  窮塞(궁색)-要塞(요새)
  暴力(폭력)-暴惡(포악)
  比率(비율)-引率(인솔)
  答狀(답장)-狀況(상황)
  溺死(익사)-耽溺(탐닉)
  製糖(제당)-砂糖(사탕)
  開拓(개척)-拓本(탁본)
  炎症(염증)-肺炎(폐렴)
  速讀(속독)-句讀點(구두점)
  句節(귀절)-구와 절
  時間(시간)-暫間(잠깐)
  盟誓(맹세)-宣誓(선서)
  開拓(개척)-拓本(탁본)
  略圖(약도)-謀略(모략)
  亂離(난리)-離陸(이륙)
  下降(하강)-降伏(항복)
  戊辰年(무진년)-生辰(생신)
  自宅(자택)-宅內(댁내)
  能率(능률)-率先(솔선)
  木材(목재)-木瓜(모과)
  賞狀(상장)-狀態(상태)
  糖分(당분)-雪糖(설탕)
  朗讀(낭독)-吏讀(이두)
  洞里(동리)-洞燭(통촉)
  醜惡(추악)-憎惡(증오)
  交易(교역)-簡易(간이)
  若干(약간)-般若(반야)

- 壬辰倭亂(임진왜란)-誕辰(탄신)
  奈何(내하)-奈落(나락)-莫無可奈(막무가내)
  刺客(자객)-刺殺(척살)-亂刺(난자)
  明若觀火(명약관화)-般若心經(반야심경)
  塞翁之馬(새옹지마)-拔本塞源(발본색원)

- 窮塞(궁색): 생활이 궁하고 앞길이 막힘
  窮色(궁색): 곤궁한 기색

  '막히다'(be blocked)는 뜻으로 쓰인 경우에는 [색], '변방'(the borderland)을 가리킬 때에는 [새]라고 각각 달리 읽힌다.

- 什襲(습습)-什物(집물)-什長(십장)
  樂園(낙원)-樂山(요산)-樂士(악사)
  說明(설명)-說客(세객)-遊說(유세)
  龜浦(구포)-龜鑑(귀감)-龜裂(균열)
  善惡(선악)-好惡(호오)-憎惡(증오)
  貿易(무역)-容易(용이)-易學(역학)
  亂暴(난폭)-暴惡(포악)-暴露(폭로)
  茶道(다도)-茶器(다기)-綠茶(녹차)
  思索(사색)-索莫(삭막)-搜索(수색)
  茶飯事(다반사)-紅茶(홍차)-茶菓(다과)
  濃度(농도)-頻度(빈도)-豫度(예탁)

- 反省(반성)-省略(생략)-省墓(성묘)
  拾萬(십만)-拾得(습득)-收拾(수습)
  刺殺(척살)-刺客(자객)-亂刺(난자)
  要塞(요:새)-窮塞(궁색)-語塞(어색)
  句讀點(구두점)-讀書(독서)-讀解力(독해력)
  自轉車(자전거)-電車(전:차)-車馬費(거마비)

- 統率(통솔)-比率(비율)-率先(솔선)-能率(능률)
  更迭(경질)-更生(갱:생)-更新(경신)-更新(갱:신)
  洞里(동:리)-洞察(통:찰)-洞燭(통:촉)-洞達(통달)
  糖水肉(탕수육)-雪糖(설탕)-糖分(당분)-製糖(제당)
  更紙(갱:지)-更生(갱:생)-更年期(갱:년기)
  馬車(마:차)-車馬(거마)-車馬費(거마비)
  狀況(상황)-賞狀(상장)-答狀(답장)-形狀(형상)
  復讐(복수)-復活(부:활)-反復(반:복)-復興(부흥)

*** '暴'의 독음(讀音)**

'暴'은 '포'와 '폭'으로 읽힌다. 궁금한 문제는 어떤 때 '포'로 읽고 어떤 때 '폭'으로 읽느냐다.

'暴'의 음과 훈은 '사나울 포/폭, 햇빛 쬘 폭'이다. '暴'은 폭군(暴君), 폭도(暴徒), 폭력(暴力), 폭행(暴行), 난폭(亂暴) 등 물리적인 힘을 불법적으로 사용할 경우 '폭'으로, 포리(暴吏), 포악(暴惡), 포학(暴虐), 광포(狂暴), 횡포(橫暴), 흉포(凶暴)처럼 거칠고 사나운 성격 또는 사람을 해치거나 모질게 구는 기질을 뜻하는 단어에서는 '포'로, 폭등(暴騰), 폭락(暴落), 폭음(暴飮), 폭우(暴雨)처럼 급작스러운 변화를 뜻하는 낱말에서는 '폭'으로 소리 난다.

- "조선조 제10대 왕 연산군(燕山君)은 무오사화, 갑자사화를 일으켜 많은 선비들을 죽였으며, 폭군(暴君)으로 지탄받은 임금이다."
- "아버지는 자기 아들을 때린 아들의 친구를 보자마자 난폭(亂暴)하게 주먹을 휘둘렀다."
- "교도소 재소자들이 폭동을 일으켰다."
- "포악(暴惡)한 군주 밑에서 백성들의 고통은 날이 갈수록 더해 갔다."
- "권력을 잡은 자가 횡포(橫暴)를 부리면 국민의 고통은 끝이 없다."
- "일본의 지배는 워낙 야만적이고 흉포(凶暴)했다."
- "국제유가 폭등(暴騰)은 세계 자본주의 경제구조에 일대 혼란을 야기했다."
- "우리는 어젯밤 폭음(暴飮)함으로써 분을 삭일 수밖에 없었다."
- "간밤에 내린 폭설(暴雪)로 교통이 두절된 곳이 생겼다."

*** '惡'의 독음(讀音)**

'惡'은 두 가지 음으로 읽힌다. '악'과 '오'다. 자전(字典)을 찾아보면 '모질 악', '나쁠 악', '흉년들 악', '못생길 악', '미워할 오', '헐뜯을 오', '부끄러워할 오' 등으로 나온다.

악귀(惡鬼), 악덕(惡德), 악랄(惡辣), 악마(惡魔), 악명(惡名), 악몽(惡夢), 악습(惡習), 악연(惡緣), 악취(惡臭), 악취미(惡趣味), 악필(惡筆) 등에서의 '악(惡)'은 성품이 모질거나 악하고, 어떤 것이 나쁘다거나, 모양이 못생겼다는 뜻이다.

애오(愛惡:사랑과 미움), 증오(憎惡:아주 사무치게 미워함 또는 그런 마음), 훼오(毁惡:헐뜯고 미워함)같은 말들에서 '오(惡)'는 싫어하거나 미워한다는 뜻이다.

*** '不'의 독음(讀音)**

표리부동(表裏不同): '不'은 본래 발음이 '불'이나 뒤에 오는 음이 'ㄷ'이나 'ㅈ'으로 시작할 경우 '부'로 읽는다. 따라서 '표리불동'이 아니라 '표리부동'으로 읽어야 한다. 반대의 의미로 쓰이는 사자성어로 '표리일체(表裏一體)'가 있다.

욕속부달(欲速不達): 빨리 하고자하면 도달하지 못한다. 일을 빨리 이루려고 하면 너무 급하여 순서가 없어 도리어 제대로 하지 못함을 뜻한다.(haste makes waste)

※ 두 가지 이상의 음을 가진 한자

• 降	내릴 강	降雨量(강우량)
	항복할 항	降伏(항복)
• 更	다시 갱	更生(갱생)
	고칠 경	更張(경장)
• 車	수레 거	車馬費(거마비)
	수레 차	車庫(차고)
• 見	볼 견	見聞(견문)
	드러날 현	見齒(현치)
• 龜	땅이름 구	龜浦(구포)
	거북 귀	龜鑑(귀감)
	터질 균	龜裂(균열)
• 金	쇠 금	金屬(금속)
	성 김	金氏(김씨)
• 茶	차 다	茶菓(다과)
	차 차	茶禮(차례)
• 度	법 도	制度(제도)
	헤아릴 탁	度地(탁지)
• 讀	읽을 독	讀書(독서)
	구절 두	句讀點(구두점)

• 洞	마을 동	洞里(동리)
	통할 통	洞察(통찰)
• 樂	즐길 락	苦樂(고락)
	풍류 악	音樂(음악)
	좋아할 요	樂山(요산)
• 殺	죽일 살	殺生(살생)
	감할 쇄	相殺(상쇄)
• 塞	변방 새	要塞(요새)
	막을 색	塞源(색원)
• 索	찾을 색	思索(사색)
	쓸쓸할 삭	索莫(삭막)
• 省	살필 성	反省(반성)
	덜 생	省略(생략)
• 說	말씀 설	說明(설명)
	달랠 세	遊說(유세)
	기쁠 열	說乎(열호)
• 數	셀 수	數學(수학)
	자주 삭	數數(삭삭)
• 率	비율 율	能率(능률)
	거느릴 솔	統率(통솔)

• 復	회복할 복	回復(회복)
	다시 부	復活(부활)
• 否	아닐 부	否定(부정)
	막힐 비	否塞(비색)
• 北	북녘 북	南北(남북)
	달아날 배	敗北(패배)
• 狀	형상 상	狀態(상태)
	문서 장	賞狀(상장)

※ 잘못 읽기 쉬운 한자정리

(ㄱ)

嘉穀(가곡) 佳句(가구) 苛斂(가렴) 家什(가집) 恪別(각별)
角逐(각축) 艱難(간난) 姦慝(간특) 看做(간주) 間歇(간헐)
減殺(감쇄) 甘蔗(감자) 降旨(강지) 腔血(강혈) 改悛(개전)
醵出(갹출) 車馬(거마) 揭示(게시) 譴責(견책) 更張(경장)
更迭(경질) 驚蟄(경칩) 孤陋(고루) 膏肓(고황) 困難(곤란)
汨沒(골몰) 乖離(괴리) 刮目(괄목) 交驩(교환) 攪亂(교란)
敎唆(교사) 句讀(구두) 句節(구절) 拘碍(구애) 救恤(구휼)
詭辯(궤변) 龜鑑(귀감) 龜裂(균열) 旗幟(기치) 喫煙(끽연)
槪括(개괄) 更正(경정) 器皿(기명) 坑道(갱도) 更新(경신)
款待(관대) 甲辰(갑진) 更生(갱생) 契丹(거란) 改悛(개전)

* 금슬(琴瑟): 거문고와 비파. (부부 사이를 나타낼 땐 '금실'로 읽는다.)

교주고슬(膠柱鼓瑟): 비파나 거문고의 기둥을 아교풀로 교착시키면 한 가지 소리밖에 나지 않는 것과 같이 변통성이 없음을 이름.

(ㄴ)

懦弱(나약) 懶怠(나태) 拿捕(나포) 烙印(낙인) 捺印(날인)
拉致(납치) 狼子(낭자) 內人(나인) 鹿茸(녹용) 鹿皮(녹비)
壟斷(농단) 賂物(뇌물) 陋名(누명) 漏泄(누설) 訥言(눌언)
凜凜(늠름) 老朽(노후)

(ㄷ)

茶店(다점) 團欒(단란) 簞食(단사) 曇天(담천) 遝至(답지)
撞着(당착) 對峙(대치) 宅內(댁내) 盜難(도난) 跳躍(도약)
陶冶(도야) 獨擅(독천) 瀆職(독직) 冬眠(동면) 遁走(둔주)
茶禮(다례)

(ㅁ)

滿腔(만강) 萬難(만난) 罵倒(매도) 魅力(매력) 邁進(매진)
盟誓(맹세) 萌芽(맹아) 明晳(명석) 明澄(명징) 牧丹(모란)
牡牛(모우) 木瓜(모과) 木鐸(목탁) 夢寐(몽매) 杳然(묘연)
拇印(무인) 毋論(무론) 無聊(무료) 未洽(미흡)

(ㅂ)

撲滅(박멸) 撲殺(박살) 剝奪(박탈) 反駁(반박) 反田(번전)
反哺(반포) 拔萃(발췌) 拔擢(발탁) 潑剌(발랄) 幇助(방조)
拜謁(배알) 範疇(범주) 兵站(병참) 菩提(보리) 報酬(보수)
補塡(보전) 敷衍(부연) 復活(부활) 分泌(분비) 白川(배천)
不朽(불후) 沸騰(비등) 否塞(비색) 頻數(빈삭) 憑藉(빙자)
不知(부지) 法則(법칙) 不動(부동) 復興(부흥)

(ㅅ)

使嗾(사주) 奢侈(사치) 娑婆(사바) 社稷(사직) 索莫(삭막)
索然(삭연) 撒布(살포) 三昧(삼매) 上梓(상재) 相殺(상쇄)
省略(생략) 棲息(서식) 逝去(서거) 先塋(선영) 閃光(섬광)
葉氏(섭씨) 星宿(성수) 洗滌(세척) 蕭條(소조) 遡及(소급)
騷擾(소요) 贖罪(속죄) 殺到(쇄도) 衰頹(쇠퇴) 受諾(수락)

戍樓(수루) 睡眠(수면) 竪說(수설) 酬酌(수작) 數爻(수효)
承諾(승낙) 示唆(시사) 謚號(시호) 呻吟(신음) 砂糖(사탕)
辛辣(신랄) 迅速(신속) 十月(시월) 狀態(상태) 洗滌(세척)
訊問(신문) 撒水(살수) 三更(삼경)

(ㅇ)

斡旋(알선) 謁見(알현) 軋轢(알력) 暗礁(암초) 隘路(애로)
冶金(야금) 惹起(야기) 掠奪(약탈) 於兎(오토) 濾過(여과)
役割(역할) 軟弱(연약) 厭惡(염오) 永劫(영겁) 囹圄(영어)
領袖(영수) 嗚咽(오열) 惡寒(오한) 誤謬(오류) 渦中(와중)
歪曲(왜곡) 外艱(외간) 凹凸(요철) 樂水(요수) 弛緩(이완)
移徙(이사) 罹病(이병) 罹患(이환) 溺死(익사) 一括(일괄)
一擲(일척) 剩餘(잉여) 窯業(요업) 要塞(요새) 邀擊(요격)
容喙(용훼) 遊說(유세) 六月(유월) 吟味(음미) 泣涕(읍체)
凝結(응결) 議論(의논) 義捐(의연) 以降(이강) 湮滅(인멸)
已往(이왕) 食氏(이씨) 惡漢(악한) 囹圄(영어)

(ㅈ)

自矜(자긍) 自炊(자취) 綽綽(작작) 箴言(잠언) 沮止(저지)
傳播(전파) 截斷(절단) 正鵠(정곡) 靜謐(정밀) 凋落(조락)
措置(조치) 造詣(조예) 佐飯(자반) 躊躇(주저) 浚渫(준설)
櫛比(즐비) 憎惡(증오) 眞摯(진지) 桎梏(질곡) 叱責(질책)
嫉妬(질투) 斟酌(짐작) 什物(집물) 執拗(집요) 進陟(진척)
遵守(준수)

(ㅊ)

茶禮(차례) 蹉跌(차질) 參差(참치) 慙愧(참괴) 懺悔(참회)
斬新(참신) 暢達(창달) 漲溢(창일) 刺殺(척살) 闡明(천명)
鐵槌(철퇴) 尖端(첨단) 帖文(체문) 貼付(첩부) 諦念(체념)
忖度(촌탁) 寵愛(총애) 撮影(촬영) 翠松(취송) 脆弱(취약)
秋毫(추호) 追悼(추도) 醜態(추태) 衷心(충심) 熾熱(치열)
沈沒(침몰) 鍼術(침술) 蟄居(칩거)

(ㅋ.ㅌ.ㅍ)

快晴(쾌청) 度支(탁지) 拓本(탁본) 綻露(탄로) 彈劾(탄핵)
耽溺(탐닉) 慟哭(통곡) 洞察(통찰) 堆積(퇴적) 偸安(투안)
闖入(틈입) 派遣(파견) 破壞(파괴) 破綻(파탄) 跛立(피립)
跛行(파행) 敗北(패배) 稗官(패관) 覇權(패권) 膨脹(팽창)
平坦(평탄) 閉塞(폐색) 布施(보시) 捕捉(포착) 暴惡(포악)
褒賞(포상) 曝白(포백) 輻輳(폭주) 標識(표지) 漂渺(표묘)
討論(토론) 推敲(퇴고) 統帥(통수) 分錢(푼전)

(ㅎ)

割引(할인) 陜川(합천) 肛門(항문) 行列(항렬) 降伏(항복)
降將(항장) 偕老(해로) 楷書(해서) 解弛(해이) 諧謔(해학)
享樂(향락) 絢爛(현란) 孑遺(혈유) 嫌惡(혐오) 脅迫(협박)
荊棘(형극) 好惡(호오) 忽然(홀연) 花瓣(화판) 花卉(화훼)
恍惚(황홀) 劃數(획수) 橫暴(횡포) 嚆矢(효시) 嗅覺(후각)
麾下(휘하) 恤兵(휼병) 欣快(흔쾌) 恰似(흡사) 洽足(흡족)
詰難(힐난) 絢爛(현란)

2) 속음(俗音)에 관한 한자음

한자(漢字)에는 속음(俗音)이 있어 제 본래의 음이 아닌 것이 관습상 본음으로 소리 나는 경우도 많다. 속음이란 한자의 원음에서 변하여 대중이 통용하는 음을 말한다. 맞춤법은 '유월'과 같이 속음으로 읽히는 것은 그 소리에 따라 적는다고 규정하고 있어 '육월'이라 하면 안된다.

-본음으로 나는 것-	-속음으로 나는 것-
승낙(承諾)	수락(受諾), 허락(許諾)
안녕(安寧)	의령(宜寧), 회령(會寧)
만난(萬:難)	곤란(困:難), 논란(論:難)
분노(憤:怒)	대로(大:怒), 희로애락(喜怒哀樂)
오륙십(五:六十)	오뉴월(五:六月), 유월(六月)
목재(木材)	모과(木瓜)
십일(十日)	시방정토(十方淨土), 시월(十月)
팔일(八日)	초파일(初八日)

*** 불교용어**

- 般若(반야): 지혜의 뜻
- 道場(도:량): 도를 얻으려고 수행하는 곳
- 布施(보:시): 깨끗한 마음으로 법이나 재물을 아낌없이 여러 사람들에게 베풂
- 菩提(보리): 覺(각) 智(지) 知(지) 道(도)로 번역
- 十方(시방): 四方(사:방), 四隅(사:우), 上下(상:하)의 총칭
- 空(공): 아무 것도 없는 빈 사방세계
- 世界(세:계): 온 세계(Universe)
- 往生(왕:생): 중생이 원에 의하여 시방정토에 왕생하는 일

- 淨土(정토): 번뇌의 속박을 벗어난 아주 깨끗한 곳, 極樂世界
- 四隅(사:우): 네 모퉁이, 네 구석
- 時方: 지금

(* 示:方書(시방서): 순서를 적은 문서. 특히 설계가 복잡한 구조물이 나 주문품의 내용이나 그림을 기록한 서류)

3) 우리말과 비슷한 한자어

염려(念慮) →걱정
걸인(乞人) →거지
황차(況且) →하물며
잠간(暫間) →잠깐
연회(宴會) →잔치
광활(廣闊) →드넓이
양식(糧食) →먹이
근근(僅僅)이 →겨우
피차(彼此) →이것과 저것
혹여(或如) →만일, 혹시
벽지(僻地) →두메산골
여전(如前)히 →전과같이
수하(誰何) →누구
소위(所謂) →이른바
유(類)달리 →유별나게

광활(廣闊)한 →드넓은
단지(但只) →다만, 겨우
벽지(僻地) →두메산골
역시(亦是) →또한
추호(秋毫)도 →조금도
백주(白晝)에 →대낮에
기어(期於)코 →기어이
서서(徐徐)히 →천천히
의당(宜當) →마땅히, 으레
만약(萬若) →만일, 혹시
금방(今方) →바로 조금 전
오호(於乎) →감탄하는 소리
애재(哀哉)로다 →슬프도다
대저(大抵) →대체로 보아서
하등(何等) →아무런, 조금도

누누(屢屢)이 →여러번, 자주
일단(一旦) →한 번, 우선, 먼저
필경(畢竟) →마침내, 결국에는
이외(以外)에 →이밖에, 그밖에
역시(亦是) →마찬가지로, 또한
우선(于先) →어떤 일에 앞서서

기왕(旣往)에 →이미 지나간 이전
차제(此際)에 →이 때에, 이즈음에
하필(何必) →무슨 필요가 있어서

당장(當場) →바로 그 자리에서 곧
매양(每:樣) →번번이, 언제든지, 늘
어언간(於焉間) →어느새, 어느덧
어중간(於中間) →거의 중간되는 데
가위(可謂) →한마디 말로 이르자면
심지어(甚至於) →심하면, 심하게는
급기야(及其也) →마침내, 결국에는
이왕(已:往)에 →이미 그렇게 된 바에
금명간(今明間) →오늘이나 내일사이
조만간(早:晩間) →앞으로, 곧 머지않아
차제(此際)에 →때마침 주어진 기회에

태반(殆半)이 →절반이 지난, 반수 이상이
하여간(何如間) →어쨌든, 좌우간, 하여튼
부득이(不得已) →하는 수 없이, 마지못해
유야무야(有耶無耶) →흐리멍텅, 흐지부지
기왕(旣往)=이왕(已:往) →이전, 그전, 이미

불원간(不遠間) →앞으로 오래지 않은 동안
어차피(於此彼) →이러거나 저러거나, 어찌하든
조석(朝夕)으로 →아침저녁으로, 썩 가까운 앞날에
대관절(大關節) →여러 말 할 것 없이, 요점만 말하건대
피아간(彼我間) →그와 나 사이에, 저편과 이편 사이에

비단(非但) →부정하는 말 앞에서 '다만'의 뜻을 나타내는 말
자(玆)에 →이에
수연(雖然)이나 →비록 그러하나
미상불(未嘗不) →아닌게 아니라

〈발음 연습〉

- 요새(要塞) 포악(暴惡) 생략(省略) 부흥(復興)
  쇄도(殺到) 오열(嗚咽) 차례(茶禮) 다례(茶禮)
- 부지(不知) 불식(不識) 부동(不動) 증오(憎惡)
  관대(款待) 교환(交驩) 모과(木瓜) 김포(金浦)
- 도전(挑戰) 법칙(法則) 불온(不穩) 사주(使嗾)
  살수(撒水) 알력(軋轢) 영어(囹圄) 상태(狀態)
- 악한(惡漢) 기명(器皿) 액사(縊死) 경질(更迭)
  취약(脆弱) 갱도(坑道) 현란(絢爛) 유세(遊說)
- 효시(嚆矢) 후각(嗅覺) 집요(執拗) 진지(眞摯)
  표지(標識) 귀감(龜鑑) 생략(省略) 경장(更張)
- 경정(更正) 삼경(三更) 갱생(更生) 노후(老朽)
  방조(幇助) 비등(沸騰) 경신(更新) 보리(菩提)
- 인멸(湮滅) 주차(駐箚) 질곡(桎梏) 금곡(金谷)
  시댁(媤宅) 모란(牧丹) 거란(契丹) 금화(金化)
- 배천(白川) 사바(娑婆) 합천(陜川) 갑진(甲辰)
  김제(金堤) 김해(金海) 김천(金泉) 사탕(砂糖)
- 금릉(金陵) 금촌(金村) 통찰(洞:察) 보전(補:塡)
  포착(捕:捉) 촌탁(忖:度) 통수(統:帥) 병탄(倂:呑)
- 세척(洗:滌) 진척(進:陟) 준설(浚:渫) 신문(訊:問)
  개전(改:悛) 개괄(槪:括) 오한(惡:寒) 준수(遵:守)

〈문제〉

문: 밑줄 친 말이 올바른 것은?

① 어제가 제 <u>삼오제</u>였습니다.

② 그 사람은 어제 <u>야반도주</u>했다던데.

③ 그 나라는 <u>절대절명</u>의 위기에 처하였다.

④ 형제간의 싸움으로 그 집안은 <u>풍지박산</u>이 되었다

답:

일상생활 속에서 한문 숙어를 잘못 쓰는 경우가 많다. 흔히 '장사를 치르고 나서 세 번째 지내는 제사'를 '삼오제'라 하는 이가 많은데, 이는 '삼우제(三虞祭)'의 잘못된 말이다. 한자의 '우(虞)'를 '오'로 잘못 읽는 데서 기인한 것으로 보인다.

'야반(夜半)'이란 '한밤중'이라는 뜻으로 밤 11시에서 새벽 1시 사이 다. 그러므로 '야반도주'란 '남의 눈을 피하여 한밤중에 도망함.'이란 뜻의 말이라 할 수 있다.

'매우 절박한 순간'을 가리킬 때 '절대절명의 순간'이 아니라, '절체 절명(絶體絶命)의 순간'이 맞다. 한자의 뜻 그대로 '몸이 잘라지고 목숨이 끊어질 정도로 절박한 경우'를 일컫는 말이다.

완전히 부서져 사방으로 흩어져 버렸다는 뜻으로 말할 때 '풍비박산(風飛雹散)'이란 '바람에 흩날리고 우박이 이리저리 흩어지는 것 같다'는 뜻의 말이다.

4) 수사(數詞)의 발음(發音)

① 한자음(漢字音)과 고유어(固有語)

수사는 한자음으로 발음하는 경우와 고유어 수사로 발음하는 경우가 있다. 그러나 이 두 체계가 혼용되어서는 안 된다.

예를 들면, '24'를 발음할 때 '이십 사'나 '스물 넷'으로 발음해야 함에도 '이십 넷'으로 발음하는 것을 볼 수 있다. 이러한 현상은 지역적으로 경상도 방언에서 심하게 나타난다.

수량을 나타내는 관형사는 뒤에 오는 명사의 어종(語種)에 따라 구별되어야 한다. 꾸밈을 받는 말이 고유어일 때는 수량을 나타내는 관형사도 고유어가 와야 하며, 한자어일 때는 관형사도 한자어가 와야 하는 것이다.

즉 '돌, 말, 마리'와 같은 고유어 앞에는 '쉰 돌' '열 말' '네 마리'와 같이 고유어가 와야지 '오십 돌' '십 말' '사 마리'와 같이 한자어가 와서는 안 된다. 단 예외가 있다. '명(名), 개(個), 필(疋)' 따위는 그 어느 쪽도 통용됨을 기억해 두자.

"올해 연세가 어떻게 되십니까?
"육십 다섯이오."

위의 예문에서 '육십 다섯'이라고 하면 한자어와 고유어가 섞여서 사용됐기 때문에 잘못된 표현이다.

또 한 가지 우리말에는 나이를 세는 말에 고유어인 '살'과 한자어인 '세(歲)' 두 가지가 있다. 나이를 말할 때는 숫자가 고유어면 나이를 세는 말도 고유어를 쓰고, 숫자가 한자어이면 나이를 세는 말도 한자어를 쓰는 것이 맞는다. 그러므로 '예순 다섯 세'나 '육십 오살'은 잘못된 것이고 '예순 다섯 살'이나 '육십 오 세'라고 말해야 올바른 표현이 된다.

'제2' 혹은 '두 개째'의 뜻인 '둘째'는 십 단위 이상의 서수사에 쓰일 때에는 '두째'로 읽는다. →열두째, 스물두째

② 1에서 10까지의 숫자 중에서 '2, 4, 5'는 길게 발음해야 한다.

이:분, 이:등, 이:모작, 이:월, 이:층
사:거리, 사:군자, 사:대문, 사:방팔방, 사:륜구동
오:선지, 오:십뽀, 오:곡빱, 오:등, 오:륜기

담배 한 갑(O) 담배 한 까치(X)
담배 한 곽(X) 담배 한 개비(O)

'개비'는 가늘게 쪼갠 나무토막의 낱개를 뜻하는 것으로 '성냥개비, 장작개비'처럼 쓰인다. 또 물건을 담는 작은 상자를 가리키는 말은 '곽'이 아니라 '갑'이 맞는다. '성냥갑, 담뱃갑, 빈 갑'과 같이 쓰인다.

③ 종이 석 장과 금 서 돈

"아저씨, 콩 세 되만 주세요."
"콩으로 뭘 만들어 드시려고 석 되나 사 가시나요?"

일상 언어생활에서 '세 되'나 '네 되'와 같은 표현을 쓰는 것을 흔히 볼 수 있다. 그러나 '석 되, 넉 되'가 맞는 표현이다.

이것은 'ㄴ, ㄷ, ㅅ, ㅈ'으로 시작하는 수량의 단위 명사 앞에서는 '석'이나 '넉'이라는 표현을 쓴다는 규칙이 있어서, '석 냥, 석 섬, 넉 달, 넉 자, 종이 석 장'과 같이 쓰인다. 다시 말해서 '세 달'이나 '네 달'이 아니라 '석 달, 넉 달'이라고 하는 것이다.

그리고 'ㅁ, ㅂ, ㅍ' 등으로 시작하는 수량의 단위 명사 앞에서는 '서'나 '너'를 사용하여 '서 말, 서 발, 서 푼' 또는 '너 말, 너 발, 너 푼'으로 쓰인다.

그런데 무게를 나타내는 '돈'과 같은 수량의 단위 명사는 '세 돈'이나 '석 돈' 또는 '네 돈'이나 '넉 돈'이라고 하지 않고, '서 돈, 너 돈'이라고 한다는 점은 따로 기억해야 할 필요가 있다. 따라서 '금 세 돈짜리 목걸이'가 아니라 '금 서 돈짜리 목걸이'라고 해야 맞는다.

위에서 말한 경우 이외에는 '세'를 사용하는 경우가 있다. 이와 같은 구분이 좀 복잡하지만 주로 '세'를 쓰는 것에만 맞추어서 표준말로 삼는 것은 어느 하나만을 기준으로 삼는 것이어서 무리가 따른다. 아직도 '서, 너'와 '세, 네'를 분명히 구분해서 사용하고 있기 때문에 그에 따라 표준말을 삼는 것이 바람직한 일이다.

④ 수량(數量) 단위의 표현

흔히 %(퍼센트)를 '푸로'로, cm(센티미터)를 '센치'로, mm(밀리미터)를 '미리'로, kg(킬로그램)을 '키로'로, ㎡(평방미터)를 '제곱미터'로, ㎥(입방미터)를 '세제곱미터'로 표현하는 것은 잘못된 표현이다.

미터법의 경우에 m의 발음이 틀리기 쉬운데 '메타'나 '메다' 등은 피하고 '미터'로 읽어야 한다.

km는 '킬로', '킬로미터'는 인정하되 '키로', '키로미터', '키로메타' 등은 쓰지 않아야 한다.

g은 '그램'이나 '그람'은 괜찮으나 '그라무'와 같은 발음은 없어야겠다.

⑤ 날짜를 세는 순 우리말

"그는 보통 사람이라면 사날 걸릴 일을 하루 만에 해치웠다."

"나달이면 할 수 있는 일을 이레나 걸려서야 되겠느냐."

예문에서 '사날/나달'은 '사흘이나 나흘/나흘이나 닷새'를 뜻하는 순 우리말이다.

날짜를 세는 순 우리말에는 '하루, 이틀, 사흘, 나흘, 닷새, 엿새, 이레,

여드레, 아흐레, 열흘'이 있다. 그런데 요즘엔 사람들이 아라비아 숫자에 익숙하다 보니 대부분 날을 세는 한자어 단위 '일(日)' 앞에 '1, 2, 3...' 등을 붙여 쓴다. 이 경우 '사날'은 '3~4일', '나달'은 '4~5일'이 된다. 간혹 한자어 숫자로 쓰는 경우도 있는데 이때는 '일일(一日)'을 제외하곤 '이 일, 삼 일...'처럼 띄어 써야 한다.

참고로 표준국어대사전에 두 날짜를 합해 이르는 말로 '이삼일, 삼사일(사나흘, 사날), 사오일(나달), 오륙일(대엿새), 육칠일(예니레), 팔구일, 구십일'이 있다.

⑥ '두름, 톳, 쌈, 되'의 뜻

'두름'은 조기나 산나물 따위를 세는 단위이며, 조기 한 두름은 조기를 짚으로 한 줄에 열 마리씩 두 줄로 엮은 것을 이른다.

'톳'은 김을 묶어 세는 단위이며, 한 톳은 김 100장을 이른다.

'쌈'은 바늘을 묶어 세는 단위이며, 한 쌈은 바늘 24개를 이른다.

'되'는 곡식, 가루, 액체 등의 부피를 재는 단위이며, 한 되는 한 말의 10분의 1로, 약 1.8리터에 해당한다.

☺ 유우머 한마디

-5개를 못 맞히면 당신은 쉰 세대?...-

① F15보다 성능은 약하지만 날아다니는 파리까지 쏘아 떨어뜨릴 수 있는 정확성을 자랑하는 우리나라의 무기는 과연 무엇일까?
② 울산의 어느 여고에서 체육시간에 피구를 하다 여학생 한 명이 죽었습니다. 왜 죽었을까?
③ 고양이 가면을 쓰고 놀 때는 "야옹 야옹"하고 소리를 내고, 강아지 가면을 쓰고 놀 때는 "멍멍"하고 소리를 낸다. 그렇다면 오징어 가면을 쓸 때는 무슨 소리를 내고 놀까?
④ 눈과 구름을 자르는 칼을 세 글자로 하면?
⑤ '특공대'란 '특별히 공부는 못하면서 대가리만 큰 아이'를 말한다고 한다. 그렇다면 '돌격대'란 무엇의 준말일까?
⑥ 돈을 받은 만큼 몸을 허락하는 것은?
⑦ 여름을 가장 시원하게 보내는 사람?
⑧ 의사와 엿장수가 좋아하는 사람은?
⑨ 현대판 빈부 차는?
⑩ 전축을 틀면 흘러나오는 소리는?
⑪ 정말 눈코 뜰 새 없이 바쁠 때는?
⑫ 노처녀와 노총각이 결혼 못하는 이유?
⑬ 우리나라에서 가장 오래된 공중변소?
⑭ 만두장수가 제일 듣기 싫어하는 소리

답. ① F.킬라 ② 금 밟아서 ③ 함 사게요 ④ 설운도
⑤ 돌도 격파할 수 있는 대가리 ⑥ 공중전화 ⑦ 바람난 사람
⑧ 병든 사람 ⑨ 맨손이냐, 맨션이냐 ⑩ 판소리
⑪ 머리 감을 때 ⑫ 동성동본 ⑬ 전봇대 ⑭ 속 터진다.

3. 음운의 변동(音韻의 變動 Phonological Changes)

한 음운이 앞과 뒤에서 어떤 소리와 만나느냐에 따라 그 소리가 달라지는데 이런 현상을 음운의 변동이라 한다.

예를 들면 '꽃'이란 형태소는 단독으로 발음될 때는 [꼳] 이고, 모음으로 시작되는 형태소와 만나면 '꽃이 →[꼬치]', 비음(鼻音)으로 시작되는 형태소와 만나면 '꽃만 →[꼰만]'이다.

– 음운(音韻) 변이(變異)의 혼란

- **동화현상(同化現象)의 혼란**

  갖은〉가진/고추〉고치/부스스〉부시시/수줍다〉수집다
  으스스〉으시시/으스대다〉으시대다

- **탈락현상(脫落現象)의 오용**

  더운〉덥은/추운〉춥은/나은〉낫은/이어〉잇어
  따님〉딸님/다달이〉달달이/바느질〉바늘질
  싸전〉쌀전/소나무〉솔나무

- **첨가현상(添加現象)의 오용**

  멥쌀〉메쌀/볍씨〉벼씨/좁쌀〉조쌀/수캐〉숫개
  암탉〉암닭/고르다〉골르다/나르다〉날르다
  다르다〉달르다/모른다〉몰르다/부르다〉불르다
  자르다〉잘르다/흐르다〉흘르다/고맙다〉고마웁다
  뜨겁다〉뜨거웁다/밉다〉미웁다/사납다〉사나웁다
  아름답다〉아름다웁다/흥겹다〉흥겨웁다

- **축약현상(縮約現象)의 오용**

  괴어〉괴/되어〉되/뫼어〉뫼/뵈어〉뵈/쇠어〉쇠
  쐬어〉쐬/쬐어〉쬐/됐다〉됬다/뵈었다〉뵜다

- **어조(語調)의 혼란**

  「아기 다리 고기 다리 던 데이트」와 같은 휴지(休止)와 인토네이션의 혼란

1) 음절의 끝소리(終聲音 Syllable-Final Sounds)

① 홑받침

음절의 끝소리가 되는 자음은 'ㄱ, ㄴ, ㄷ, ㄹ, ㅁ, ㅂ, ㅇ'의 7소리뿐이다. 이 이외의 자음은 이 일곱 자음중의 하나로 바뀌며 모음으로 시작되는 조사, 어미, 접미사와 결합되는 경우에는, 뒤 음절 첫소리로 옮겨 발음한다.

옷[옫] 젖[젇] 꽃[꼳] 솥[솓] 앞[압]

국	국에	[구게]	밖	밖에	[바께]
손	손이	[소니]	달	달을	[다를]
봄	봄에	[보메]	집	집에	[지베]

부엌	부엌에	[부어케]	믿다	믿으니	[미드니]
속다	속아서	[소가서]	가족	가족이	[가조기]
깎다	깎아서	[까까서]	동녘	동녘에	[동녀게/동녀케]

어말이나 자음 앞에서의 발음은 별로 문제가 없으나 이들 받침을 갖는 체언 어간이 모음으로 시작되는 조사와 결합될 때는 위와 같이 발음하지 않는 경우들이 많다.

꽃이, 꽃을 →[꼬시, 꼬슬] 무릎이, 무릎을 →[무르비, 무르블]
젖이, 젖을 →[저시, 저슬] 부엌이, 부엌을 →[부어기, 부어글]

② 겹받침

국어에는 11개의 겹받침 ㄱㅅ, ㄴㅈ, ㄴㅎ, ㄹㄱ, ㄹㅁ, ㄹㅂ, ㄹㅅ, ㄹ

ㄿ, ㄾ, ㅀ, ㅄ이 있다. 겹받침은 어말 또는 자음 앞에서 하나만 발음되는데, 겹받침 중 첫 자음이 발음되는 것, 끝 자음이 발음되는 것, 그리고 양음(앞 또는 뒷 자음)이 다 발음되는 것이 있다. 그리고 이 겹받침이 모음으로 시작되는 조사, 어미, 접미사와 결합되는 경우에는 뒷 자음만을 뒤 음절 첫소리로 옮겨 발음한다.

ㄳ: 넋[넉], 넋도[넉또]
ㄵ: 앉다[안따]
ㄼ: 여덟[여덜], 어덟도[여덜또]/넓다[널따], 넓고[널꼬]
ㄽ: 외곬[외골]
ㄾ: 핥다[할따], 핥고[할꼬]
ㅄ: 값[갑], 값도[갑또],/없다[업따]
ㄺ: 흙[흑], 흙도[흑또],/읽다[익따], 읽지[익찌], 읽는[잉는]
ㄻ: 삶[삼], 삶도[삼도]/삶다[삼따]
ㄿ: 읊다[읍따], 읊고[읍꼬]

그런데 위와 같은 일반 원칙에서 벗어나는 경우가 몇 가지 있다. 'ㄼ' 받침을 갖는 것 중에서 '밟다'와 '넓죽하다, 넓적다리' 등은 위에서와는 달리 첫 번째 자음 'ㄹ'이 탈락하고 두 번째 자음 'ㅂ'이 발음된다.

밟다[밥따], 밟고[밥꼬], 밟는[밥는]
넓죽하다[넙쭈카다], 넓적다리[넙쩍따리]

겹받침 'ㄺ'은 한 단어의 끝자리나 자음 앞에서는 'ㄹ'을 탈락시키고 [ㄱ] 으로 발음해야 한다.

닭 [닥]　　닭도 [닥또]

그런데 겹받침 'ㄹㄱ'은 동사나 형용사의 경우에는 뒤에 오는 자음의 종류에 따라 두 가지로 발음된다. 우선 'ㄷ,ㅈ,ㅅ,'앞에서는 [ㄱ] 으로 발음한다.

맑다 [막따]　　맑지 [막찌]　　맑습니다 [막씁니다]

그리고 'ㄱ' 앞에서는 'ㄹㄱ'과 동일한 'ㄱ'은 탈락시키고 [ㄹ] 로 발음한다.

맑게 [말께]　　맑고 [말꼬]　　맑거나 [말꺼나]　　묽고[물꼬]
얽거나[얼꺼나]

무서워하거나 두려워한다고 할 때 '겁이 [겁씨] 많다' 또는 '겁을 [겁쓸] 낸다'와 같이 말하는 사람들이 있다. 그러나 이럴 때의 '겁'은 'ㅂ' 받침으로 끝나기 때문에 그 뒤에 모음이 연결되면 '겁이 [거비] 많다, 겁을 [거블] 낸다' 등으로 발음해야 한다.

이와 비슷한 경우로 장소가 좋아서 장사가 잘 된다고 할 때 '목이 [목씨] 좋다'고 하는 사람이 많은데 이것 역시 잘못된 발음이다. '목'이라는 말은 '모'자 밑에 'ㄱ' 받침이 있는 말로 어떤 장소를 뜻하는데, 이 말과 '모' 자 밑에 'ㄱㅅ' 받침이 있는 '몫'과 혼동해서 이런 잘못된 발음이 나타나는 것 같다.

그러나 'ㄱㅅ' 받침이 있는 '몫'은 '이것은 내 몫이다' 또는 '몫을 나눈다'와 같이 '여럿으로 나누어 가지는 각 부분'이라는 뜻을 가지고 있으며, 이때는 뒤에 모음이 오면 '몫이 [목씨] , 몫을 [목쓸] '등으로 발음된다.

③ 그 밖의 경우

받침의 발음과 관련하여 예외적인 것 두 가지를 언급한다. 하나는 '맛있다'와 '멋있다'는 [마딛따], [머딛따]로 발음하는 것이 원칙이지만 [마싣따], [머신따]로 발음하는 것도 허용되고('맛없다'는 [마덥따]만 표준발음으로 인정된다. 제15항) 다른 하나는 한글 자모의 이름이 모음으로 시작하는 조사와 결합할 때는 그 받침소리를 연음하되 'ㄷ, ㅈ, ㅊ, ㅋ, ㅌ, ㅍ, ㅎ' 경우에는 특별히 다음과 같이 발음한다.(제16항)

디귿이[디그시] 디귿을[디그슬] 지읒이[지으시] 지읒을[지으슬]
치읓이[치으시] 치읓을[치으슬] 키읔이[키으기] 키읔을[키으글]
티읕이[티으시] 티읕을[티으슬] 피읖이[피으비] 피읖을[피으블]
히읗이[히으시] 히읗을[히으슬]

〈발음연습〉

- 몫[목] -으로 [목스로]
  닭[닥] -이 [달기]
  앉다 [안따] -아서 [안자서]
  삶다 [삼따] -아 [살마]

  얇다 [얄따] -아서 [얄바서]
  맑고 [말꼬] -으면 [말그면]
  넓다 [널따] -고[널꼬] -지[널찌] -어[널버] -은[널븐]
  핥다[할따] -고[할꼬] -지[할찌] -아[할타] -는[할른]

  팥알 →[파달] 솥안 →솓안[소단] 맛있다 →[마딛/마싣따]
  팥에 →[파테] 솥으로 →[소트로] 넋이 →[넉시]
  닭 →[닥] 닭장 →[닥짱] 읊어 →[을퍼]

  담뱃대 -[담뱃때] 못자리 -[못짜리] 동짓달 -[동짓딸]
  벼룻집 -[벼룻찝] 봄바람 -[봄빠람] 밭이랑 -[반니랑]
  냇가 -[냇까] 손등 -[손뜽] 글방 -[글빵]
  발등 -[발뜽] 상밥 -[상빱] 속잎 -[속닙]
  앞일 -[압닐] 풀잎 -[풀닙] 솔잎 -[솔닙]

- 다음 문장을 정확하게 소리내서 읽어 보자.
  학교 운동장이 매우 넓어요.
  농부가 벼 이삭을 훑었다.
  할아버지께서는 가끔 시조를 읊으신다.

거리에[거리엔]는 구세군(救:世軍) 남비가 등장하고 낯익[난닉은]은 방울소리[방울쏘리]가 들려오는 걸 보니 올 한 해도 저물어가나 봅니다.

누가 임종(臨終)을 지켜볼 것인가?[껏인가]

2) 모음조화(母音調和 Vowel Harmony)

양성모음(ㅏ,ㅗ)은 양성모음끼리, 음성모음(ㅓ,ㅜ,ㅡ,ㅣ,ㅚ,ㅟ)은 음성모음끼리 어울리는 현상이다. 앞 모음이 양성이냐, 음성이냐에 따라 뒷 모음이 결정된다.

주로 의태어나 의성어 그리고 어미(연결어미, 종결어미)에서 이런 현상이 일어난다.

보아서, 보아야, 보아라
주어서, 주어야, 주어라

살랑살랑 : 설렁설렁 소곤소곤 : 수근수근
졸졸 : 줄줄 파랗다 : 퍼렇다

작아야-적어야 팔딱팔딱-펄떡펄떡
노랗다-누렇다 졸았다-줄었다

찰찰, 철철, 콩콩, 쿵쿵, 팔랑팔랑, 펄렁펄렁,
달랑달랑, 덜렁덜렁, 촐랑촐랑, 출렁출렁,

깜박깜박, 껌벅껌벅, 모락모락, 무럭무럭
아장아장, 어정어정, 발랑발랑, 벌렁벌렁
솔솔, 술술, 싹둑싹둑, 개굴개굴,

깡충깡충〉깡총깡총 오순도순〉오손도손

3) 자음동화(子音同化 Consonant Assimilations)

음절 끝 자음이 그 뒤에 오는 자음과 만날 때, 어느 한 쪽 자음이 다른 쪽 자음을 닮아서 그와 비슷한 소리로 바뀌거나 같은 소리로 바뀌기도 하고, 양쪽이 서로 닮아서 두 소리가 다 바뀌기도 한다. 이러한 현상을 자음동화라고 한다.

• **비음화(鼻音化)**

무성자음(無聲子音) 받침이 아래에서 비자음(鼻子音)을 만나면 그것을 닮아서 비음화(鼻音化)한다.

먹는다 → [멍는다] 와 같이 위의 'ㄱ'받침이 아래의 첫소리 'ㄴ'을 거꾸로 닮아 [ㅇ] 으로 나는 현상을 '역행동화(逆行同化)'라 하고, 칼날 → [칼랄] 과 같이 내리 닮는 현상을 '순행동화(順行同化)'라 하며, 독립 → [동닙] 과 같이 'ㄱ'받침이 밑의 첫소리 'ㄹ'을 [ㄴ] 으로부터 거꾸로 영향을 받아 [ㅇ] 으로 소리나는 현상을 '상호동화(相互同化)'라 한다.

ㅂ →ㅁ 밥물 → [밤물] 잡는다 → [잠는다] 앞날 → [암날] ,
ㄷ →ㄴ 맏며느리 → [만며느리] 받는다 → [반는다] ,
밭머리 → [반머리]
ㄱ →ㅇ 국물 → [궁물] 속는다 → [송는다] 흙냄새 → [흥냄새]

• **측음화(側音化)**

설단음 'ㄴ'이 설측음 'ㄹ'을 위나 아래에서 만나면 측음화하여 [ㄹ] 로 변한다.

신라 → [실라] 전라도 → [절라도] 칼날 → [칼랄]

우리말에서 '진리, 논리'와 같은 말은 '진'과 '리', '논'과 '리'를 분리하면 의미가 없어진다. 이럴 때는 자음동화의 원칙에 따라 [질리, 놀리]로 발음한다.

그러나 시, 읍, 면처럼 '리'는 행정구역으로 독립성이 강해 절음법칙의 적용을 받아 '당인리, 정동진리, 안인진리, 신천리, 선인리'처럼 마지막 음이 [리]가 아닌 [니]로 소리 내야 한다.

* '납량'과 '납양'

더위를 쫓는다는 표현으로 '납량'이 있다. 납량 시리즈, 납량 특집 등에서 볼 수 있는 '납량'을 간혹 '납양'과 구분하지 않고 사용하는 경우를 본다. '납량'과 '납양'의 소리내기는 더욱 아리송하다.

'납량(納凉)'의 한자어 풀이는 '불러들일 납(納), 서늘할 량(凉)'으로, 서늘한 기운을 불러들여 더위를 물리친다는 뜻이다.

이와 달리 '납양(納陽)'은 '따듯하게 햇볕을 듬뿍 쬔다'는 뜻으로 추운 겨울에 적용할 수 있는 말이다. '납량'과는 반대되는 개념이다.

발음 또한 '납량'은 [남냥] 으로 해야 한다. 이는 자음동화에 따른 것이다. '납양'은 앞 음절의 'ㅂ' 소리를 뒷소리에 이어 붙여 [나뱡] 으로 발음하면 정확하다.

* '공권력'은 '공꿜력' 아닌 '공꿘녁'

공권력은 '공꿘녁'이 맞는다. 자민련도 '자밀련'이 아니라 '자민년'이 옳다.

'공꿜력'이나 '자밀련'으로 소리내는 것은 아마도 '인류'에서처럼 받침 'ㄴ'이 'ㄹ' 앞에 오면 자음동화(유음화) 한다고 배운 탓이겠지만 사실 하나만 알고 둘은 모르는 소치다. 접사가 붙은 3음절 이상의 파생어(특히 한자어)에서는 주의가 필요하다. 원칙이 있긴 하지만 예외가 많고 외래어의 경우 표준 발음법에도 정해져 있지 않아서다.

공권력이 '공꿜력' 아닌 이유는 낱말 구조가 '공+권력'이 아니라 '공권+력'이기 때문이다. 이런 낱말(파생어) 구조에 따른 규칙은 두음법칙에도 있다. (* 신여성, 공염불 등의 '녀, 념'은 두음이 아닌데도 두음법칙 적용)

자민련도 '자+민련'이면 모를까 각 음절의 의미단위를 유념해야 하는 약칭이기 때문에 '민'자의 역행동화가 일어나지 않는다. 마찬가지로 판단력, 생산량, 낙관론, 입원료 등에서도 '판단녁'처럼 비음화(ㄴ/ㄴ)가 표준이다.

그런데 삼천리, 대관령, 광한루, 광안리 등은 모두 '삼철리'처럼 유음화(ㄹ+ㄹ)해야 한다. 표준발음법(제20조)은 '삼철리' 같은 유음화를 원칙으로 삼고 '판단녁'같은 비음화를 관용적 예외로 인정하고 있다. 하지만 3음절어에서는 그 예외의 규칙성이 오히려 설득력 있고 용례도 더 많다는 점에서 표준발음 규정에 이의를 제기하는 이도 있다. 예를 들면 같은 리(里), 령(嶺), 루(樓)를 쓰는데도 당인리, 홍안령, 동신루 등은 'ㄴ/ㄴ'으로 읽힌다.

백리- [뱅니]	공로- [공노]	박물관- [방물관]
신라- [실나]	천리- [철니]	문산리- [문산니]
국립- [궁닙]	음력- [음녁]	막는다- [망는다]
밥맛- [밤맛]	밥물- [밤물]	옷맵시- [온맵시]
십리- [심니]	남루-[남누]	종로-[종노]
섭리-[섬니]	백로-[뱅노]	싫다-[실타]
칼날-[칼랄]	앞일-[암닐]	국물- [궁물]
달나라- [달라라]	맏며느리-[만며느리]	압록강- [압녹강]
잡는다- [잠는다]	걷는다- [건는다]	낫는다- [난는다]

- 옆문으로 들어가지 말고 앞문으로 들어갑시다.
- 일을 끝내려면 십년은 더 걸린다.
- 법률에 관해서는 낫 놓고 기역자도 모른다.
- 한류와 난류가 만나면 고기가 많다.
- 결단력과 판단력은 성공의 지름길.

그렇다면 온라인, 다운로드, 핀란드 등은 어떻게 발음해야 할까. 외래어는 각 나라별 표기의 기본 원칙은 있으나 표준 발음 규정은 없다. 가능한 한 원음에 가깝게 발음하면 된다.

* 외래어 표기의 기본 원칙(제1장)

제1항 외래어는 국어의 현용 24 자모만을 적는다.

제2항 외래어의 1 음운은 원칙적으로 1 기호로 적는다.

제3항 받침에는 'ㄱ,ㄴ,ㄷ,ㅁ,ㅂ,ㅅ,ㅇ'만을 쓴다.

제4항 파열음 표기에는 된소리를 쓰지 않는 것을 원칙으로 한다.

제5항 이미 굳어진 외래어는 관용을 존중하되, 그 범위와 용례는 따로 정한다.

〈낭독연습〉

-자음동화에 주의해서 읽어보기-

- 숙녀가 맨발로 어딜 나가?
- 옆 문으로 들어가지 말고 앞 문으로 들어갑시다.
- 앞날이 창창한 젊은이들을 잘 지도해 주십시오.
- 봄이 되니까 곳곳마다 개나리가 한창입니다.
- 박물관에 가면 희귀한 물건이 많습니다.
- 반찬이 없으니까 밥 맛이 안 생겨요.
- 장마 때문에 농작물의 피해가 대단합니다.
- 이 일은 20분이면 넉넉히 할 수 있습니다.
- 있는 힘을 다 해 보세요.
- 이 학교 창립일은 언제입니까?
- 염려해 주신 덕분에 건강합니다.
- 법률에 관해 낫 놓고 기역자도 모릅니다.
- 실내에서는 금연입니다.
- 사회 질서가 점점 혼란해집니다.

4) 구개음화(口蓋音化 입천장소리되기 Palatalization)

끝소리 'ㄷ, ㅌ'이 모음 '이'나 '히'가 오면 [ㅈ, ㅊ] 으로 발음된다. 이런 현상을 구개음화라 한다.

굳이 → [구지]　　받이 → [바치]　　밑이 → [미치]
같이 → [가치]　　맏이 → [마지]　　붙이다 → [부치다]

여닫이 → [여다지]　묻히다 → [무치다]　낱낱이 →[난나치]
해돋이 → [해도지]　미닫이 → [미다지]　바깥이 →[바까치]

땀받이 →[땀바지]　곧이 →[고지]　끝이 →[끄치]
햇볕이 → [핻뼈치.해뼈치]

홑옷-호돗　옷안-오단　팥알-파달
늙지-늑찌　닭병-닥뼝　닮고-담:꼬

값어치-갑어치　꽃아래-꼬다래　밭아래-바다래
부엌안-부어간　첫아들-처다들　흙덩이-흑덩이

삶보다-삼보다　읊조리다-읍조리다　가을걷이-가을거지
쇠붙이-쇠부치　젓어머니-저더머니

이밖에 받침이 들어가는 말 가운데 발음상 망설이게 되는 경우가 있다. 이는 국어 음운의 특수한 현상의 하나로, 받침이 제 본래의 음가를 충분히 발휘하지 못하기 때문이다.

〈낭독 연습〉

- **해돋이** 행사가 한창이다.
- 안개가 **걷히기** 시작했다.
- 그 사람의 말을 **곧이** 듣는 사람은 없다.
- **햇볕이** 따갑다. 안개가 **걷히기** 시작한다.
- **끝이** 나지 않아 중도에 그쳤다.
- **맏이가** 해야 할 일이 많다.
- 아무리 걸어가도 **끝이** 안 보인다.
- 집보다 **바깥이** 무척 춥구나.
- **닫혀** 있는 문을 열어봐.
- **굳이** 고집을 버리고 약속 장소에 나갔다.
- 내 말을 **곧이** 듣는구나.
- **미닫이** 문을 열어봐라.
- 신정 연휴에는 동해안에 가서 **해돋이**를 보자.
- **바깥이** 추울텐데 뭘 하고 있어요?
- 조상이 **묻힌** 묘를 찾을 수 없었다.

〈발음연습〉

값어치-[갑어치]	밭아래-[바다래]	첫아들-[처다들]
꽃아래-[꼬다래]	부엌안-[부어간]	흙덩이-[흑떵이]
삶보다-[삼보다]	읊조리다-[읍쪼리다]	

홑옷-[호돗]	늙지-[늑찌]	닭병-[닥뼝]
흙도-[흑또]	닮고-[담꼬]	옷안-[오단]
팥알-[파달]		

5) 묵음화(默音化)

받침이 경우에 따라 소리 나지 않는 현상이다. 가령 '좋다'의 경우 '좋아'의 발음은 'ㅎ'이 아래로 내려가서 [조:하] 로 연음하지 않고 [조:아] 와 같이 'ㅎ'소리가 아주 나지 않는다. 이러한 묵음화 현상은 전화(電話) → [전:와, 저:나] 일학년 → [일악년, 이랑년] 에서도 볼 수 있다. 그러나 '좋아'의 경우를 제외하고 이러한 현상은 표준발음에서 제외된다.

자음의 묵음화가 필수적으로 일어나는 것은 겹받침에서인데 문제가 되는 것은 'ㄹㄱ'받침과 'ㄹㅂ'받침의 경우이다.

① 'ㄹㄱ'받침

'ㄹㄱ'의 대표음은 [ㄱ]이므로 '읽다, 읽고'는 응당 [익따,익꼬]라 발음해야 할 것인데, 사실은 '읽고'는 [일꼬]로 내는 것을 표준으로 삼고 있다.

읽다 [익따]　　읽고 [일꼬]　　읽지 [익찌]
읽어 [일거]　　읽는 [잉는]
밝다 [박따]　　밝고 [발꼬]
맑다 [막따]　　맑고 [말꼬]
늙다 [늑따]　　늙고 [늘꼬]

② 'ㄹㅂ'받침

'ㄹㅂ'받침은 자음어미(子音語尾) 위에서는 일반적으로 [ㄹ] 소리만 나나, '밟다'의 경우는 [ㅂ] 소리가 난다. 그리고 아래에 첫소리가 자음인 말이 와 복합어를 이루거나, 자음으로 시작되는 접미사 위에서는 'ㄹㅂ'이 [ㅂ] 으로 소리난다. 이들 관계를 도표로 보이면 다음과 같다.

어례(語例)	어미(語尾) 위에서	어미사(語尾辭) 위에서	복합어(複合語)에서
밟다	밟다[밥:따] 밟고[밥:꼬]		밟다듬이[밥:따]
넓다	넓다[널:따] 넓고[널:꼬]	넓적[넙쩍] 넓죽[넙쭉]	넓다듬이[넙따]
떫다	〃 〃		

여덟의 'ㄹㅂ'받침은 종속적인 모음 위 이외에는 어떠한 경우든지 [ㄹ] 만 난다.

여덟 [덜]　　여덟과 [덜과]　　여덟 사람 [덜 싸]

여덟이 [덜비]　　여덟을 [덜블]

③ 'ㄹㅍ' **받침**

읊다-[읍따]　　읊조리다-[읍쪼리다]

-고-[읍꼬]

-지-[읍찌]

-어-[을퍼]

-는-[음는]

* 겹받침 〈ㄱㅅ〉, 〈ㄴㅈ〉, 〈ㄹㅎ〉, 〈ㅂㅅ〉이 들어있는 말을 정확하게 발음해 보자.

몫[목]　　앉다[안따]　　끓다[끌타]　　값[갑]

삯도[삭또]　　-삯이[삭씨]

얹고[언꼬]　　-얹으니[언즈니]

옳고[올코]　　-옳으니[올으니]

없고[업꼬]　　-없으니[업쓰니]

* 관련 표준발음법 규정

〈제10항〉 겹받침 'ㄱㅅ, ㄴㅈ, ㄹㅂ, ㄹㅅ, ㄹㅌ, ㅂㅅ'은 어말 또는 자음 앞에서 각 [ㄱ, ㄴ, ㄹ, ㅂ]으로 발음한다. (몫-[목])

〈제12항1〉 'ㅎ(ㄴㅎ,ㄹㅎ)' 뒤에 'ㄱ,ㄷ,ㅈ'이 결합되는 경우에는 뒤음절 첫소리와 합쳐서 [ㅋ,ㅌ,ㅊ]으로 발음한다.(올고-[올코])

〈제14항〉 겹받침이 모음으로 시작된 조사나 어미, 접미사와 결합되는 경우에는 뒤엣것만은 뒤 음절 첫소리로 옮겨 발음한다.(이 경우 'ㅅ'은 된소리로 발음함) (삯이-[삭씨]

6) 음운(音韻)의 축약(縮約 Contraction)과 탈락(脫落 Loss)

음성 표현어(表現語)는 축약을 사용해야 한다. 이는 문장 표현어와 대조된다.

많은 정보를 짧은 시간에 전달해야 하는 경우(방송 스피치 등) 부담감 때문에 음운의 경우는 축약이나 생략의 과정을 거치면서 줄일 수 있다. 그러나 의미를 알아듣기 어려울 정도로 어휘를 생략해서는 안 된다. 즉 '하여'와 '되어'의 경우 활자매체에서는 '하였다. 하였습니다. 되었다. 되었습니다'로 쓰고 있으나, 방송이나 일상 언어에서는 '했습니다. 됐습니다'로 쓴다.

① **축약:** 두 음절이 줄어서 한 음절로 소리나는 현상이다.

• 간음화(間音化): 앞 뒤 음절의 모음이 서로 만날 때 영향을 서로 주고받아 두 모음의 중간 음으로 단일화되는 현상이다. 이는 모음의 충돌을 피하고 노력을 절감하려는 의도에서 이루어진다.

ㅏ, ㅓ, ㅗ + ㅣ →ㅐ, ㅔ, ㅚ
사이〉새, 거이〉게, 오이〉외

• 이중모음화(二重母音化): 두 단모음이 엉켜 붙어서 2중모음으로 되는 것이다. 이것도 모음 충돌 회피와 노력을 절감하려는 의도에서 이루어진다.

가지어〉가져, 하지오〉하죠, 이애〉얘

• 자음의 축약: 'ㄱ,ㄴ,ㅂ,ㅈ'이 'ㅎ'과 서로 만나면 그 두 자음이 한데 엉켜 'ㅋ,ㅌ,ㅍ,ㅊ'으로 변한다.

좋다 → [조타] , 좋고 → [조코] , 좋지 → [조치]

② **탈락**: 탈락은 두 음절 중 한 음절이 떨어지는 것으로, 말을 간편하게 하기 위해서 음운을 줄여 발음하는 현상이다.

- **모음이 탈락하는 경우**

가아 →가, 쓰어 →써, 깨어 →깨, 흔하지 →흔ㅎ지
소이다 →소다, 바다이다 →바다다

* 서술격 조사 '이다'에서 '이'가 탈락하는 현상은 문자언어에서는 비교적 덜하지만 음성언어에서는 거의 모두 탈락한다.

저는 김상호입니다 →김상홉니다
저의 아버지입니다 →아버집니다
여기는 서울시입니다 →서울십니다
헤어진지 얼마인가! →얼만가!

- **자음이 탈락하는 경우**

간난 →가난 딸님 →따님 그것이 →그게 좋으니 →조으니

다음의 예문은 많은 어미(語尾)가 문어(文語) 아닌 구어적(口語的) 어미로 축약된 것을 보여준다.

「그는 헌법 개정 문제는 신중을 기하여(기해) 다루어야(다뤄야)할 문제이며(문제며) 우리 국민 모두는 헌법이 제정될 당시 지니었던(지녔던) 정신을 되새기어(되새겨), 참다운 법을 준수하도록(준수토록) 모든 노력을 다하여(다해)줄 것을 당부하였습니다.(당부했습니다)」

사회생활의 모든 현상이 복잡할수록 언어의 발음 현상이 단(短)하고 촉(促)하고 경(硬)하게 일어남이 현저하다. 또 신문기사 역시 근래에는 소리말로 점차 바뀌는 경향이 있다.

상오(上午) →오전, 하오(下午) →오후

'~하지'가 줄어들 때 어떻게 적어야 하는지 발음만으로는 구분하기가 쉽지 않다. '~하지' 앞이 무성음이냐, 유성음이냐에 따라 '~지'와 '치'로 달라진다.

'~하지' 앞이 무성음(ㄱ, ㅂ, ㅅ)일 때는 '하' 전체가 떨어지고 '지'만 남는다. '넉넉지, 익숙지, 거북지, 답답지, 섭섭지, 깨끗지, 떳떳지' 등이 이에 해당한다.

'~하지' 앞이 유성음(모음이나 ㄴ, ㄹ, ㅁ, ㅇ)일 때는 'ㅏ'만 떨어져 'ㅎ+지=치'가 된다. '흔치, 만만치, 간단치, 적절치, 온당치, 가당치' 등이 그런 예다.

이러한 현상은 '~하다' '~하게' '~하도록' '~하건대'가 줄어들 때도 마찬가지다. '생각하건대 →생각컨대' '흔하다 →흔타' '다정하다 →다정타' '간편하게 →간편케' '이바지하도록 →이바지토록' 등으로 나타난다.

순 우리말에서는 대부분 이런 현상이 일어나지만, '한자어+하다'로 이루어진 단어에선 그렇지 않은 경우가 많다. '가결하지'나 '결혼하지'를 '가결치' '결혼치'로 줄여 쓰는 사람은 별로 없기 때문이다.

유성음 뒤에서는 자연스럽게 거센소리가 남으로 크게 헷갈리지 않는다. 무성음인 'ㄱ' 'ㅂ' 'ㅅ' 뒤에선 거센소리가 아닌 '지' '게' '다' 등으로 적는다고 기억하면 쉽다.

속도를 내지 못하면 본전도 못 찾는 데가 사이버 공간이다. 사이버공간의 기발한 은어들은 되도록 어법에 맞게 써야 하겠다. 가장 자주 눈에 띄는 말이 줄임말이다. 가령 '걍(그냥)' '샘(선생님)' '토욜(토요일)' '넘(너무)' '그람(그러면)' '크크(크크)'....,

이밖에 자음과 자음이 부딪치는 것이 싫은 모양이다. 예를 들면 '주기네(죽이네)' '노라줘(놀아줘)' '보고시포라(보고 싶어라)' '시로(싫어)' '디따 많아요(굉장히 많아요)'

※ 바른 준말

가아 →가	쓰어 →써	푸어 →퍼
깨어 →깨	보아 →봐	딸림 →따님
사이 →새	거이 →게	오이 →외
이애 →얘	가하다 →가타	간편하게 →간편케
그것이 →그게	좋으니 →조으니	고이다 →괴다
이야기 →얘기	어두운 →어둔	하여서 →해서
되어서 →돼서	가지어 →가져	소(牛)이다 →소다

하지오 →하죠	가시오 →가쇼	아니오 →아뇨
흔하지 →흔ㅎ지	바다이다 →바다다	신사이오 →신사요

연구하도록 →연구토록 　　그러지 않아도 →그러잖아도

에서 →서	마음 →맘	다음 →담	십상팔구 →십상
싸움 →쌈	올해 →올	다른 →딴	숙맥불변 →숙맥
처음 →첨	내일 →낼	제일 →젤	흉악망측 →흉측

그런데 →근데	숟가락 →숟갈	도리어 →되레
오히려 →외려	베어요 →뱄요	차이다 →채다
디디고 →딛고	다정하다 →다정타	쓰이어 →씌어, 쓰여

선보이다 →선뵈다	서투르다 →서툴다	머무르다 →머물다
오래간만 →오랜만	어제저녁 →엊저녁	못지않다 →못잖다
다정하다 →다정타	정결하다 →정결타	흔하다 →흔타

그렇지 않아도 →그러잖아도
무심하지 않다 →무심치 않다
섭섭하지 않게 →섭섭지 않게
생각하건대 →생각건대
간편하게 하다 →간편케 하다
깨끗하지 않다 →깨끗지 않다
연구하도록 →연구토록
거북하지 않다 →거북지 않다

〈발음 연습〉

- 할 수 없지 않아요 →**할 수 없잖아요.**
- 여러 번 보아도 재미있다 →**여러 번 봐도 재미있다.**
- 오전 10시입니다 →**오전 열십니다.**
- 시를 가르치어 주세요 →**시를 가르쳐 주세요.**
- 내 발음을 고치어 주세요 →**내 발음을 고쳐 주세요.**
- 저희 아버지입니다 →**저희 아버집니다.**
- 그 옷이 너무 크지 않아요? →**그 옷이 너무 크잖아요?**
- 얼마입니까? →**얼맙니까?**
- 일을 언제 끝내지요? →**일을 언제 끝내죠?**
- 얼마나 아름다운 국토인가? →**얼마나 아름다운 국톤가?**
- 물건을 아끼어 써야지요 →**물건을 아껴 써야죠.**

7) 두음법칙(頭音法則)

'ㄹ'과 'ㅇ'이 단어의 첫소리로 쓰이지 않고, 'ㄴ'이 전설고모음(前舌高母音) '이'나 반모음 '이' 앞에서 쓰이지 않는 현상을 말한다.

이 법칙은 이미 정서법에서 인정받은 것이므로 발음에서 더 한층 유의해야 한다.

두음법칙은

(1) 단어의 제1음절에 오는 '냐, 녀, 뇨, 뉴, 니, 네'가 각각 '야, 여, 요, 유, 이, 예'로 변하는 것이고

(2) '랴, 려, 료, 류, 리, 례'가 '야, 여, 요, 유, 이, 예'로,

(3) '라, 로, 루, 르, 래, 뢰'가 각각 '나, 노, 누, 느, 내, 뇌'로 변하는 것이다.

① 유음(流音 흐름소리) 'ㄹ'음의 회피

락원(樂園)〈낙원　　로인(老人)〈노인　　루각(樓閣)〈누각

름름(凜凜)〈늠름　　래일(來日)〈내일　　뢰성(雷聲)〈뇌성

랑심(良心)〈양심　　력사(歷史)〈역사　　료리(料理)〈요리

류학(留學)〈유학　　례절(禮節)〈예절　　리발(理髮)〈이발

리유(理由)〈이유　　령변(寧邊)〈영변

② 구개음화된 'ㄴ'음의 회피

녀자(女子)〈여자　　뇨소(尿素)〈요소　　뉴대(紐帶)〈유대

니불(泥佛)〈이불

- 의존명사는 자립할 수 없기 때문에 두음법칙에 해당되지 않는다.
  예: 그럴 리가, 한 닢

• 모음이나 'ㄴ' 다음에 '려, 류'가 오면 두음이 아니라도 'ㄹ'이 탈락한다.

예: 법률(法律) →규율(規律) 행렬(行列) →배열(配列)

* 류(柳) · 라(羅) · 리(李) → 호적(戶籍) 성(姓)씨로 쓸 수 있다.

일상생활에서 자기 이름을 류○○, 라○○, 리○○로 써온 사람은 호적에도 성(姓)씨를 '류 · 라 · 리'로 쓸 수 있다. 그동안은 두음법칙에 따라 '유 · 나 · 이'로 써야 했다.

대법원은 호적에 성을 한글로 기재할 때 한글 맞춤법의 두음법칙에 따라 표기하도록 했던 기존의 호적 예규를 고쳐 두음법칙의 예외를 인정하는 개정 예규를 시행한다고 밝혔다.

두음법칙의 적용대상인 성은 '李(리) · 林(림) · 柳(류) · 劉(류) 陸(륙) · 梁(량) · 羅(라) · 呂(려) · 廉(렴) · 盧(로) · 龍(룡) 등이다.

8) 경음화(硬音化=된소리 Strong Sound)

오늘날 발음의 혼란 가운데 중요한 부분을 차지하는 것이 지나친 경음화 현상이다. 경음이란 글자로는 예사소리 글자인데 된소리로 발음되는 경우가 있다. 즉 표기로는 'ㄱ, ㄷ, ㅂ, ㅅ, ㅈ'이지만 'ㄲ, ㄸ, ㅃ, ㅆ, ㅉ'로 발음되는 것이다.

그런데 요즘 된소리로 발음하지 말아야 할 것도 된소리로 내는 경향이 있다. 예를 들면 '소주'를 [쏘주] 라고 한다든가, '과사무실'을 [꽈사무실] 로 발음하는 것이 바로 그 예이다. 물론 '국문과 사무실'이라고 할 때는 [궁문꽈] 가 되지만 그냥 '과사무실'을 [꽈사무실] 로 발음하는 것은 잘못이다.

다른 사람의 화물을 맡아서 넣어두는 곳인 창고(倉庫)를 '창꼬'로 발음하는 경우가 있는가 하면, 다른 사람의 의견을 들어보거나 또는 책 같은 것을 보면서 도움을 받을 때의 '참고한다'를 '참꼬한다'로, 또 어떤 문제 해결에서 가장 중요한 것이나 핵심이 되는 것을 가리키는 관건(關鍵)을 '관껀'으로 잘못 표현하는 경우이다.

이와는 반대로 경음으로 낼 소리를 오히려 평음으로 내는 경우도 있는데, 이것은 주로 일부 방언에서 비롯되는 현상이다. '쌀'을 [살] 이라고 하는 것이 그 대표적인 예이다.

지나치게 된소리로 발음하면 자칫 경박스럽다는 인상을 줄 수도 있기 때문에 좀 더 정확한 발음을 사용하도록 해야 하겠다.

거꾸로〉꺼꾸로/구정물〉꾸정물/닦다〉딲다
던지다〉떤지다/삶다〉쌂다/세련되다〉쎄련되다
작다〉짝다/집게〉찝게/덩굴〉덩쿨

- 평자음(平子音) 'ㄱ,ㄷ,ㅂ,ㅅ,ㅈ'이 받침소리 [ㄱ,ㄷ,ㅂ] 아래서 된소리(硬音)로 난다.

꺽다 [꺽따] 받게 [받께] 돋보기 [돋뽀기]
좁다 [좁따] 좁지 [좁찌] 옷소매 [옷쏘매]
덮개 [덥깨] 국밥 [국빱] 뻗대다 [뻗때다]
닭장 [닥짱] 넓죽하다 [넙쭈카다]

- 'ㄴ,ㅁ'으로 끝난 어간 아래에 오는 평자음으로 시작되는 어미나 접미사는 된소리로 난다.

안다(抱) [안:따] 안지 [안:찌] 안기 [안:끼]
심다(植) [심:따] 심지 [심:찌] 심기 [심:끼]
더듬지 [더듬찌] 삼고 [삼꼬] 앉다 [안따]
닮고 [담:꼬] 젊지 [점:찌]

다만 피동(被動)이나 사동(使動)을 나타내는 '기'는 된소리로 나지 않는다.

안기다 [안기다] 옮기다 [옴기다]

- 관형사형 어미 '~을' 뒤에 'ㅂ, ㄷ, ㄱ, ㅈ, ㅅ'으로 시작하는 의존명사가 올 때 된소리로 난다.

할 것을 [할꺼슬] 갈 데가 [갈떼가] 할 바를 [할빠를]
할 수는 [할쑤는]

- 한자어에서 'ㄹ' 뒤의 'ㄷ, ㅈ, ㅅ'이 [ㄸ, ㅉ, ㅆ] 로 발음되는 경우

갈등 [갈뜽] 절도 [절또] 말살 [말쌀]
일시 [일씨] 발전 [발쩐] 갈증 [갈쯩]

- 복합어의 경우 뒷 단어의 첫 평자음은 된소리로 난다.

물-독 [-똑] 눈-금 [-끔] 홀-수 [-쑤]
물-개 [-깨] 밤-길 [-낄] 밤-비 [-삐]
들-것 [-껏] 눈-병 [-뼝] 세:-법 [-뻡]

물-바가지 [-빠-] 바다-장어 [-짱-] 들:비들기 [-삐-]
산-골짜기 [-꼴-] 구두-주걱 [-쭈-] 날-다람쥐 [-따-]
그믐-밤 [-빰] 눈-동:자 [-똥-] 후추-가루 [-까-]
부활-주일 [-쭈-]

여름-잠 [-짬] 방-구들 [-꾸-] 활-시위 [-씨-]
농사-집 [-찝] 발-장구 [-짱-] 땀-수건 [-쑤-]
조기-국 [-꾹] 북어-국 [-꾹] 발-장단 [-짱-]
손-기계 [-끼-] 손-대중 [-때-] 물-굽이 [-꿉-]

일기-장 [-짱] 길-짐승 [-찜-] 설-자리 [-짜-]
믿음-성 [-썽] 밀-수출 [-쑤-] 동일-시 [-씨]
실-사회 [-싸-] 일-순간 [-쑨-] 조:물-주 [-쭈]
신분-증 [-쯩] 간통-죄 [-쬐] 여관-방 [-빵]

금은-방 [-빵] 대:문-간 [-깐] 안간힘 [-깐-]
물-고기 [-꼬-] 손-등 [-뜽] 강-가 [-까]
눈-동자 [-똥] 신-바람 [-빠] 산-새 [-쌔]
길-가 [-까] 발-바닥 [-빠] 아침-밥 [-빱]
굴-속 [-쏙]

- 윗말 끝에 받침이 없을 경우에는 'ㅅ'을 붙여 표기하되, 아랫말의 첫 평자음이 되게 소리 난다.
  방앗간 [방아깐] 콧 등 [코뜽] 촛불 [초뿔]

* 잠자리 〔잠자리〕 :곤충
잠자리 〔잠짜리〕 :잠을 자는 자리

금줄 〔금줄〕 :금으로 만든 줄, 금이 나는 광맥
금줄 〔금:쭐〕 :부정한 사람이 드나들지 못하게 하는 표시로 문이 나 길 어귀에 건너질러 매는 줄

*** 불볕더위**

햇빛이 몹시 뜨겁게 내리쬐는 여름에는 '불볕더위'라는 말을 자주 들을 수 있다. 그런데 이것을 〔불뼏더위〕 라고 하는 사람이 있다. 그러나 이것은 〔불볃더위〕 가 올바른 발음이다.

'불볕'이라는 말은 '불'과 '볕'이라는 두 개의 우리 고유어가 합해서 만들어진 말이다.

이와 비슷한 형식으로 된 단어의 예로 '불빛'을 들 수 있다. 이것은 〔불빋〕 이라고 평음으로 발음하지 않고 〔불삗〕 이라고 된소리로 발음한다.

표준 발음법에 의하면 표기상으로는 사이시옷이 없더라도, 관형격 기능을 가지는 사이시옷이 있어야 할 합성어의 경우에는 뒤 단어의 첫소리 'ㄱ,ㄷ,ㅂ,ㅅ,ㅈ'을 된소리로 발음한다는 규칙이 있다. '불빛'의 경우는 '불의 빛'이라는 뜻으로 관형격 기능을 가지므로 바로 이 경우에 해당하는 예이다.

그러나 '불볕'의 경우는 '불의 볕'이라는 뜻이 아니라 '불처럼 뜨겁게 내리쬐는 볕'이라는 뜻으로 사이시옷의 기능이 필요 없는 경우이기 때문에 〔불뼏〕 이라고 하지 않고 〔불볃〕 이라고 발음하는 것이다.

* 間: 車間 門間 庫間
件: 事件 案件 與件 要件 用件 人件費 條件
格: 缺格 性格 昇格 神格 人格 品格

果: 戰果 成果 實果 效果

權: 公權 公訴權 官權 管理權 敎勸 棄權 同等權 物權 民權 兵權 三權 王權 越權 人權 自治權 全權 親權 實權 版權 覇權

券: 入場券 證券 割引券 商品券 株券 景品券 回數券 觀覽券

圈: 大氣圈 成層圈

記: 帳記 掌記

氣: 驚氣 狂氣 潤氣 人氣 貧血氣

技: 長技

宅: 三寸宅 妻家宅 主人宅 親庭宅 金氏宅 長官宅

*** 젊은 세대의 경음화 현상**

사회가 점점 복잡하고 인심이 각박해지는 현대는 경음과 격음을 양산하고 있다.

표준발음	경음화 경향
개구리	깨구리
거꾸러지다	꺼꾸러지다
고두밥	꼬두밥
고추	꼬추
곶감	꽂감
닦다	딱다
번데기	뻔데기
삶다	쌂다
세련(洗鍊)	쎄련
소주(燒酒)	쏘주
숙맥(菽麥)	쑥맥
졸병(卒兵)	쫄병
간단(簡單)	간딴
반창고	반창꼬
버스(bus)	뻐쓰
가스(gas)	까쓰
더블(double)	떠블
바나(burner)	빠나
글라스(glass)	클라쓰

감다(洗髮)	깜다
벌거숭이	뻘거숭이
삯바느질	싹바느질
힘이 세다	힘이 쎄다
소련	쏘련

〈발음 연습〉

먹고 →[먹꼬]　입고 →[입꼬]　밥도 →[밥또]
젖소 →[젇쏘]　떡과 →[떡꽈]　앞길 →[압낄]

고가(高價)-[고까]　공법(公法)-[공뻡]
본격(本格)-[본껵]　함자(銜字)-[함짜]
윤기(潤氣)-[윤끼]　효과(效果)-[효꽈]
오자(誤字)-[오짜]　수회죄(收賄罪)-[수회쬐]

고가(高架)-[고가] ×고까　혈기(血氣)-[혈기] ×혈끼
골격(骨格)-[골격] ×골껵　연기(演技)-[연기] ×연끼
불법(不法)-[불법] ×불뻡　열병(熱病/閱兵)-[열병]×열뼝
교과서(敎科書)-[교과서] ×교꽈서

헌법 인권 사건 인격 조건 장국
손등 등불 움집 들것 들보 떡국

옷감 팥밥 앞집 박쥐 낮잠 한자 본격
집뒤 짚신 옷솜 검다 남다 길가 옷장
산골 일감 발등 물결 공돈

꽃다발 맏사위 국사발 앞개울 벗다가 곧바로
앞바다 맛보다 부엌간 밭고랑 밥그릇 선거법
볼수록 집주인 논바닥 봄바람 주도권 돈지갑

〈낭독 연습〉

- 백번 듣는 것보다 한 번 보는 것이 낫다.
- 국수는 역시 그 집 국수가 제일이다.
- 늦지 않도록 이십분 전에 떠나자.
- 한식부에서 불고기 백반과 비빔밥을 준비했다.
- 오늘 밤 열시 이십분 전에 만나자.
- 몇 달동안 군대에서 용돈을 저축했다.
- 보내 준 잡지를 받고도 아직 답장을 하지 못했다.
- 복잡한 일이기 때문에 직접 만나서 의논하기로 결정했다.
- 학부모들이 운동장에 많이 모였다.
- 웃사람이 수저도 들기 전에 밥상에 차린 음식이 삽시간에 없어졌다.
- 학생이 꽃송이를 들고 나와 여러 사람에게 나누어 주었다.
- 수도권의 집값이 너무 올랐다.
- 일에 쫓기다가 독감에 걸렸다.
- 개가 무슨 소리를 듣고 짖기 시작했다.
- 실수나 실패는 성공의 어머니.

9) 격음화(激音化 Aspiration)

평음 'ㅂ, ㄷ, ㅈ, ㄱ'이 'ㅎ' 앞뒤에서 격음화하여 격음 [ㅍ, ㅌ, ㅊ, ㅋ] 으로 발음된다.

입학 [이팍]	맏형 [마텽]	앉히다 [안치다]
각하 [가카]	급행 [그팽]	몇해 [며태]
좋고 [조:코]	좋다 [조:타]	좋지 [조:치]

꽂혔다 [꼬쳤따]	축하하다 [추카하다]	합하다[하파다]
착하다 [차카다]	걷히다 [거치다]	좁히다 [조피다]
젖히다 [저치다]	넓히다[널피다]	옷 한 벌[오탄벌]

북한[부칸]	놓지[노치]	닳지[달치]	싫지[실치]
놓게[노케]	많군[만쿤]	싫고[실코]	역할[여칼]
협회[혀푀]	급히[그피]	역할 [여칼]	점잖게[점잔케]

그렇지[그러치]	좋지요[조치요]	빨갛지[빨가치]
먹히다[머키다]	쌓지요[싸치요]	맞히다[마치다]
윷한다[유탄다]	못한다[모탄다]	귀찮게[귀찬케]

얹혀살다[언쳐살다]	잊혀지다[이쳐지다]
축하하다[추카하다]	똑똑하다[똑또카다]
낮 한때[아탄때]	꽃 한 송이[꼬탄송이]
파랗구나[파라쿠나]	생각하다[생가카다]

육학년[-캉-]	고집해서[-패서]	낳더군[나터군]

시작한[-칸] 시작하는[-카는] 참석해서[-캐서]
회복할[-칼] 노랗지[노라치] 앉히다[안치다]
추적하는[-카는]

10) 덧소리

① 'ㄴ' 혹은 'ㄹ' 첨가

'ㄴ' 혹은 'ㄹ'을 첨가하는 경우는 한자어, 합성어 및 파생어에 많다.

"엄마, 색연필 사러 문방구에 갔다 오겠어요."
"영희야, 가는 길에 슈퍼에 들러서 식용유 좀 사 오너라."

앞의 대화 문장에서는 [새견필] 이 아니라 [생년필] 이고, [시공유] 가 아니라 [시공뉴] 라고 해야 맞다.

솜이불[솜:니불] 내복약[내:봉냑] 신여성[신녀]
늑막염[능망념] 신촌역[신촌녁] 눈요기[눈뇨기]
홑이불[혼니불] 색연필[생년필] 국민윤리[궁민뉼리]

맨잎[맨닙] 논일[논닐] 한입[한닙] 눈약[눈냑]
막일[망닐] 삯일[상닐] 꽃잎[꼰닙] 콩엿[콩녇]
활용[화룡] 촬영[촤령] 탈영[타령] 절약 [저략]
활약 [화략]

서울역[서울력] 설익다 [설릭따] 물약[물략]
휘발유[휘발류] 먹을 엿[머글련] 영업용[영엄뇽]
남존여비[남존녀비] 스물여섯 살[스물려서쌀]
직행열차[지캥녈차]

앞 단어나 접두사의 받침이 'ㄹ'일 때는 첨가되는 'ㄴ'소리를 〔ㄹ〕로 발음한다. 그러나 양쪽 다 맞는 경우도 있다.

금융 〔그뮹〕 또는 〔금늉〕
검열 〔거:멸〕 또는 〔검:녈〕
야금야금 〔야그먀금〕 또는 〔야금냐금〕
이죽이죽 〔이주기죽〕 또는 〔이중니죽〕

서울역[서울력] 설익다[설릭따] 먹을 엿[머글련]
휘발유[휘발류] 스물여섯 살[스물려서쌀]

물약[물략] 활약[화략] 탈영[타령]
활용[화룡] 촬영[촤령] 절약[저략]

들일[들:릴] 솔잎[솔립] 불여우[불려우]
유들유들[유들류들]

두 단어를 이어서 한 마디로 발음하는 경우도 이에 준한다.

한 일[한닐] 옷 입다[온닙따] 서른여섯[서른녀섯]
3년대[삼년대] 먹은 엿[머근녇] 스물여섯[스물녀섣]
할 일[할릴] 잘 입다[잘립따]

다만 다음과 같은 단어에서는 'ㄴ(ㄹ)'소리를 첨가하여 발음하지 않는다.

송별연[송벼련] 6.25[유기오] 3.1절[사밀쩔]
등용문[등용문]

② 사이시옷이 붙은 단어는 다음과 같이 발음한다.

- 'ㄱ, ㄷ, ㅂ, ㅅ, ㅈ'으로 시작하여 단어 앞에 사이시옷이 올 때에는 이들 자음만을 된소리로 발음하는 것을 원칙으로 하되, 사이시옷을 [ㄷ]으로 발음하는 것도 허용한다.

냇가[내:까/낻:까] 샛길[새:낄/샏낄] 빨랫돌[빨래똘/빨랟똘]
콧등[코뜽/콛뜽] 깃발[기빨/긷빨] 대팻밥[대:패빱/대:팯빱]
햇살[해쌀/핻쌀] 뱃속[배쏙/밷쏙] 뱃전[배쩐/밷쩐]
고갯질[고개찔/고갣찔]

- 사이시옷 뒤에 'ㄴ, ㅁ'이 결합되는 경우에는 [ㄴ]으로 발음한다.

콧날[콘날 →콘날] 아랫니[아랟니 →아랜니]
툇마루[퇻:마루 →퇸마루] 뱃머리[밷머리 →밴머리]

- 사이시옷 뒤에 '이'소리가 결합되는 경우에는 [ㄴㄴ]으로 발음한다.

베갯잇[베갣닏 →베갠닏] 깻잎[깯닙 →깬닙]
나뭇잎[나묻닙 →너문닙]

* **'학여울'의 발음은?**

언뜻 보면 '학여울'은 '납양 →나방'처럼 '하겨울'로 발음해야 할 것 같다. 그러나 표준어 규정에 "합성어 및 접두파생어에서, 앞 단어나 접두사의 끝이 자음이고 뒤 단어나 접미사의 첫 음절이 '이.야.여.요.유'인 경우에는 'ㄴ'소리를 첨가하여 [니.냐.녀.뇨.뉴] 로 발음한다"로 되어 있다.

이 규정에 따르면 받침이 'ㄱ'인 말과 '이, 여'로 시작하는 말이 만나면 받침 'ㄱ'은 'ㅇ'으로 바뀌고, 뒤 음절의 '이, 여'는 '니, 녀'로 바뀌는 것을 알 수 있다. '색연필 [생년필] , 늑막염 [능망념] , 막일 [망닐] 등이 그런 예이다. 이는 물론 합성어나 접두파생어일 때만 일어나는 현상이다.

'합성어'란 둘 이상의 실질 형태소(뜻을 가진 작은 말의 단위)가 결합해 하나의 단어가 된 말이다. '집안(집+안)' '돌다리(돌+다리)' 등을 예로 들 수 있다.

'학여울'도 '학(鶴)'과 '여울'의 합성어이다. 이 때문에 위의 발음 규정에 따라 '학여울'에 'ㄴ'음이 첨가돼 '학녀울'된 뒤, 여기에서 자음동화가 일어나 '항녀울'이 되는 것이다.

11) 연음법칙(連音法則)

음연결(音連結)의 경우 특히 주의할 것은 '이'모음(母音)의 역행동화(逆行同化), 조음위치(調音位置)의 변위(變位) 등이다. 가령 '엉덩이'를 [엉뎅이]로 한다든지, '문교부'를 [뭉교부], '전보'를 [점보], '삼각산'을 [상각산], '합격'을 [학격], '꽃밭'을 [꼽밭] 등으로 발음해서는 안된다.

겹받침의 경우도 조심을 해야 한다. '밟다', '밟고'는 [밥:따, 밥:꼬] 고, 반대로 모음 앞에서는 '밟아요 [발바요], 밟으면 [발브면] '처럼 'ㄹㅂ'을 연음해서 모두 발음한다. 그 외의 'ㄹㅂ'받침은 어미(語尾) 위에서는 '넓다, 넓고'가 [널따, 널꼬] 로 되듯이 뒷받침이 떨어진다.

그러나 '읽다, 읽고'의 경우는 [익다, 익꼬] 로 되어 다른 경향을 보인다. 그것은 '읽다'의 경우는 'ㄹㄱ'의 'ㄹ'이 줄어 두 음절(音節) 사이에서 'ㄱ, ㄷ' 두개의 자음만이 나게 된데 대해, '읽고'에서는 'ㄹㄱ'의 'ㄱ'과 '고'의 첫소리 'ㄱ'이 합쳐 'ㄲ'으로 됨으로써 결국 두 음절사이에서 'ㄹ, ㄲ' 두 개 자음으로 발음되게 된 것이다.

이와같이 'ㄹ'을 포함한 겹받침은 자음어미 위에서 앞받침 또는 뒷받침만이 소리 나지만, 접미사(接尾辭)위에서는 무조건 뒷받침만이 소리 난다. 따라서 '넓다, 넓지'는 [널따, 널찌] 로 소리 나지만, '넓적하다'는 [넙적하다] 로 소리 난다.

12) 절음법칙(絶音法則)

우리말에서 '진리, 논리'와 같은 말은 '진'과 '리', '논'과 '리'를 분리하면 의미가 없어진다. 이럴 때는 자음동화의 원칙에 따라 [질리, 놀리] 로 발음한다.

그러나 시, 읍, 면처럼 '리'는 행정구역으로 독립성이 강해 절음법칙(絶音法則)의 적용을 받아 '당인리, 정동진리, 안인진리, 신천리, 선인리'처럼 마지막 음이 [리] 가 아닌 [니] 로 소리 내야 한다.

참고로 '온라인'과 '원룸'은 우리말이 아니라 외래어화한 외국어들이다. 이런 외국어는 모음조화와 같은 규정에 얽매일 필요가 없기 때문에 [올라인] 이 아니라 [온나인] , [월룸] 이 아니라 [원눔] 으로 발음해야 옳다.

- 예외) 표준어에서 인정하지 않는 발음 - 수의적 동화(隨意的 同化)

  신문 →[신문] 대한민국 →[대한민국] 감기 →[감기]

〈발음 연습〉

담뱃대- [담뱃때] 못자리- [못짜리] 동짓달- [동짓딸]
벼룻집- [벼룻찝] 봄바람- [봄빠람] 밭이랑- [밭니랑]

냇가- [냇까] 손등- [손뜽] 글방- [글빵]
발등- [발뜽] 상밥- [상빱] 속잎- [속닢]
앞일- [앞닐] 풀잎- [풀닢] 솔잎- [솔닢]

먹어라-머거라 있으니-이쓰니 핥으면-할트면
높아서-노파서 받으면-바드면 밥이-바비
톱밥-톱빱 듣더니-듣떠니 맞절-맞쩔

비슬(〈 빛을)/저슬(〈젖을)/꼬사꼬사(〈꽃아꽃아)
동녀게(〈동녘에)/부어글(〈부엌을)/끄슬(〈끝을)
파스로(〈팥으로)/파츨(〈팥을)/무르베(무릎에)
이비(〈잎이)/히으슬(〈히읗을)/나스로(〈낮으로)
미츠로(〈밑으로)/겨츠로(〈곁으로)

13) 의식 발음(意識 發音), 무의식 발음(無意識 發音)

조음(助音)과 발음 연습이 부족한 사람은 본음을 정확히 내지 못하는 대신 유사음(類似音) 또는 편음(便音)을 내서 임의로 발음함으로써 표준 발음에 벗어나는 일이 많다. 자음과 모음의 두 가지 갈래로 나누어 생각할 수 있다. 무의식 발음을 피하고 의식 발음을 취한다.

항글〈 한글　항강〈 한강　영구〈 연구　눙꼽〈 눈꼽
당군〈 단군　앙경〈 안경　강기〈 감기　창고〈 참고

점무〈 전무　점문〈 전문　침목〈 친목　금본〈 근본
암방〈 안방　담풍〈 단풍　삼파〈 산파　눔병〈 눈병
덤문〈 덧문　싣타〈 싫다　꼽밭〈 꽃밭

핵교〈 학교　데게〈 대개　주타〈 좋다　오눌〈 오늘
손튭〈 손톱　하눌〈 하늘　비눌〈 비늘　지사〈 제사
헤방〈 해방　재전거〈 자전거

계란(o)　베개(o)　벼슬(o)　바라다(o)　나무라다(o)
겨란(x)　벼개(x)　베슬(x)　바래다(x)　나무래다(x)
깨끗이 [깨끄시] (o)　뚜렷이 [뚜려시] (o)　씻어서 [씨서서(o)
[깨끄치] (x)　[뚜려치] (x)　[씨처서(x)

맛있다 [마시따]　맛없다 [마덥따]　멋있다 [머시따]
[마디따]　[마섭따]　[머디따]

* 상기 두 가지 모두 표준발음으로 허용하고 있다.

14) 불규칙 용언

우리말에는 불규칙 용언이라는 것이 있다. 이것은 활용할 때 늘 규칙적으로 되는 것이 아니라 어떤 환경에서는 불규칙적으로 바뀌는 동사와 형용사를 가리키는 말이다.

이 중에서 '듣다, 걷다, 싣다, 긷다' 같은 말 뒤에는 자음이 올 때는 '듣고, 걷지, 싣지'와 같이 'ㄷ'으로 발음된다. 그러나 뒤에 모음이 올 때는 받침의 'ㄷ'이 'ㄹ'로 바뀌어서 '들어요, 걸으니, 실으면'이 된다.

특히 '싣다'의 경우는 '싣' 뒤에 '고'나 '지'가 올 때 '싣고 [신:꼬] , 싣지 [시:찌] '로 발음하지 않고, [실코, 실치] 로 발음하는 사람이 상당히 많다 그러나 이는 잘못된 발음이다.

'TV는 사랑을 싣고 [실코] '가 아니라 'TV는 사랑을 싣고 [신:꼬] 이고, '자동차에 짐을 싣지 [실치] 마세요'가 아니라 '싣지 [시:찌] 마세요'가 올바른 발음이다.

〈낭독 연습〉 -고운 말을 하는 법을 배워라-

- 말이 고우면 얼굴도 예뻐 보이고
  행동이 올바르면 선비로 보이게 마련이다.

- 인류 역사에 총칼에 맞아 죽은 사람보다
  말에 맞아 죽은 사람이 더 많다.

- 말이 헤프면 쓸 말이 작아지고
  좋은 말도 자꾸 하면 듣기 싫은 공해가 된다.

- 말로 연애를 하면 자손이 귀하고
  말로 떡을 하면 배가 고프다.

- 입은 닫을수록 좋고
  지갑은 열수록 환영(歡迎) 받는다.

- 어디서나 꼭 할 말만 하라.

- 논평(論評)보다는 덕담(德談)을 많이 하라.

- 말하기보다 듣기를 좋아하고
  박수를 많이 치면 환영받는다.

- 장광설(長廣舌)은 금물(禁物)이다.

- 짧으면 곰삭은 지혜로운 말이나
  유우머 한마디는 남을 즐겁게 한다.

- 말은 사람의 격(格)을 재는 잣대이다.

15) 흔히 일어나는 음가(音價)의 혼란

①「ㅔ~ㅐ」의 혼동

齋洞(재동)을 〔제동〕이라고 하는가 하면 셋집(貰家)은 〔샛집〕이라고 혼동한다. ㅐ는 ㅔ보다 개구도(開口度)가 크고 혀끝을 아랫잇몸에 단단히 붙이고 앞으로 내민다. ㅔ는 ㅐ보다 개구도가 작고 혓바닥을 아래로 미는 기분으로 발음한다. ㅒ와 ㅖ의 관계도 같다.

가게〉가개/가운데〉가운대/나그네〉나그내
메마르다〉매마르다/자네〉자내/찔레〉찔래
집게〉집개
가리개〉가리게/깔개〉깔게/덮개〉덮게
뜨개질〉뜨게질/술래잡기〉술레잡기
지우개〉지우게/찌개〉찌게

②「ㅙ~ ㅚ~ ㅞ~」의 혼동

ㅙ, ㅚ, ㅞ의 음가가 다 다른데, 〔ㅞ〕로 발음하는 경향이 있다. 'ㅙ'는 〔wæ〕, 'ㅚ' 는 〔ö〕, 'ㅞ'는 〔we〕다.

'왜 그러니?'의 '왜'를 〔we〕로 하는 경향이 많다. 입술을 둥글게 내민 상태로 'ㅐ'를 발음하면 〔wæ〕가 된다.

'ㅚ'는 단모음으로 그 음가는 〔ö〕라고 대부분의 국어학 개설서에 적혀 있다. 〔o〕를 발음하는 구형(口形)으로 〔e〕를 발음하면 된다. 이것을 〔we〕로까지 입술을 내밀어 발음하면 '웨'와 혼동이 된다. 外, 怪, 壞의 모음은 'ㅚ'고, 詭, 櫃, 毁의 모음은 'ㅞ'로, 전자는 입술을 오무려서 내야 하고, 후자는 입술을 내밀고 내야 한다. 따라서 '외치다'를 〔웨치다〕로 내서는 안된다.

③「ㅓ〉ㅡ」현상

‘ㅓ’는 ‘ㅡ’보다 개구도(開口度)가 크고 혀는 약간 안쪽으로 잡아당기면서 낸다. ‘ㅡ’는 ‘ㅓ’보다 개구도가 작고, 입술이 편평하여 아래 윗니가 거의 맞닿을 정도고, 혀는 편안히 놓인 자리에서 혀끝이 약간 앞으로 나가는 기분으로 낸다. ‘어’는 세로가 길게 되어 있으니까 입을 크게 벌리고(↕), ‘으’는 가로 길게 되어 있으니까 입술을 가로 편평하게 양쪽 입아귀를 양 귀 쪽으로 당기는 자세(↔)로 발음하면 된다.

거머리〉그머리/거지〉그지/건널목〉건늘목
더럽다〉드럽다/서다〉스다/어른〉으른
없다〉읎다/전기〉즌기/천천히〉츤츤히
커다랗다〉크다랗다/헌신짝〉흔신짝
거머리〉그머리/거지〉그지/건널목〉건늘목
더럽다〉드럽다/서다〉스다/어른〉으른
없다〉읎다/전기〉즌기/천천히〉츤츤히
커다랗다〉크다랗다/헌신짝〉흔신짝

• ‘으’와 ‘우’

‘내가 그린 구름 그림은 새털구름을 그린 구름 그림이고
네가 그린 구름 그림은 깃털구름을 그린 구름 그림이다.’

• ‘오’와 ‘어’

고리 거리 소리 서리

밤에 거리를 헤매고 다녔다.
날이 추워 볼이 시렸다.

문을 닫고 고리를 잠갔다.
나보고 어리다고 해요.

저기 저 콩깍지가 깐 콩깍지냐? 안 깐 콩깍지냐?

④ 이중모음 'ㅑ, ㅕ, ㅛ, ㅠ'의 오용

'ㅖ'는 원래음대로 [ㅖ] 로 발음해야 한다. 그래서 '예의 [예이] '를 [에이] 로 발음하거나, 차례 [차례] 를 [차레] 또는 [차래] 로 발음하는 것은 잘못된 것이다.

그러나 '예'와 '례' 이외의 경우는 현실적으로 [ㅔ] 로도 발음하기 때문에 이 실제의 발음까지 고려해서 [ㅔ] 와 [ㅖ] 로 발음하는 것을 모두 허용하고 있다.

즉 모음 'ㅖ'가 들어가는 말로는 'ㄱ, ㅁ, ㅍ, ㅎ' 뒤에 'ㅖ'가 오는 '계. 몌, 폐, 혜'가 있다. 이것은 [계, 몌, 폐, 혜] 로 발음될 수도 있고, [게, 메, 페, 헤] 같은 단모음으로 발음될 수도 있는 것이다. 그러므로 [계산] 이나 [게산] , [폐단] 이나 [페단] ,그리고 [은혜] 나 [은헤]가 모두 맞는 발음이다.

⑤ 소리가 비슷하고 뜻이 다른 말

- 가름: 둘로 가름(나눔)
  갈음: 바꾸어 대신함

- 거름: 비료
  걸음: 걸음걸이

- 거치다: 일본을 거쳐왔다.
  걷히다: 외상값이 잘 걷힌다.

- 걷잡다: 걷잡을 수 없는 상태
  겉잡다: 어림잡다. 겉잡아서 이틀 걸릴 일

- 그러므로(그러니까, 그렇기 때문에): 저 학생은 몹시 부지런하다. 그러므로 늘 우등을 한다.
  그럼으로(써, 그렇게 하는 것으로): 그는 열심히 공부한다. 그럼으로(써)자기의 본분으로 삼고 있다.

- 너머(명사): 창 너머로 푸른 산이 보인다.
  넘어(동사): 고개를 넘어 들로 내려갔다.

- 넓다(평면적): 운동장이 넓다.
  너르다(공간적): 우주는 너르다.

- 노름: 도박
  놀음: 놀이

- 일체(一切): 모든 것
  일절(一切): 부인, 금지

- 느리다: 진도가 너무 느리다.
  늘이다: 고무줄을 늘이다.
  늘리다: 재산을 늘린다.

- 다리다: 옷을 다리다.
  달이다: 약을 달인다.

- 다치다: 손을 다치다.
  닫히다: 문이 저절로 닫혔다.
  닫치다: 문이 쾅 닫혔다.

- 던(과거): 먹던 밥
  든(선택): 먹든 말든 마음대로 해라.

- 던지(과거): 어찌나 반갑던지 춤이 절로 나왔다.
  든지(선택): 가든지 말든지 알아서 하시오.

- 돌(생일. 기념일): 아기의 첫돌. 돌날. 돌잔치. 돌떡. 돌사진
  한글 반포 60돌
  돌(주기): 만 1일. 만1년. 주년(週年)

- 두째(순서:열이 넘었을 때): 열두째. 스물 두째(〈첫째〉의 다음만은 〈둘째〉라고 한다)
  둘째(분량): 떡을 둘째 먹었다.

- 띠다(帶. 呈): 띠를 띠다. 웃음을 띠다.
  띄다(離. 浮. 見): 사이를 띄다. 강에 배를 띄다. 눈에 띄다.
  떼다: 혹을 떼다. 情(정)을 떼다.

- 마치다: 일을 마치다.
  맞히다: 여러 문제를 맞혔다.

- 만나다(逢): 사람을 만나다.
  맛나다(眞味): 반찬이 맛나다.

- 마치다: 일을 마치다.
  맞히다: 여러 문제를 맞혔다.

- 목거리: 목거리에 걸렸다
  목걸이: 금목걸이

- 바치다(嗜. 納): 세금을 바치다. 목숨을 바치다.
  받치다(支): 기둥으로 지붕을 받치다. 우산을 받치고 간다.
  받히다: 소에게 뿔로 받히다.
  밭이다: 술을 체로 밭이다.

- 반드시(必): 반드시 가야 한다.
  반듯이(正): 책상위에 필통을 반듯이 놓았다.

- 부딪치다: 차와 차가 부딪쳤다.
  부딪히다: 사람이 차에 부딪혔다.

- 부수다(碎): 적을 부수다.
  부시다(閃.洗): 눈이 부시다.

- 부치다(寄送): 편지를 부치다. 부채로 부치다.
  힘에 부치다(不足). 논밭을 부치다(耕)
  빈대떡을 부치다.
  붙이다(付): 붙게 하다. 밥을 붙여 먹다. 우표를 붙이다.

- 사오니: 먹사오니. 없사오니. 있사오니. 가겠사오니.
  * (–아오니)–쓰지 않음.

- 습니다: (〈-읍니다〉보다 깍듯한 말)
  먹습니다. 받습니다.
  읍니다: 먹읍니다. 받읍니다.

- 시키다: 일을 시키다.
  식히다: 끓인 물을 식히다.

- 아름: 세 아름이나 되는 나무둘레.
  알음: 전부터 알음이 있는 사이.
  앎: 앎이 힘이다.

- 아니: 아니 가겠다. 아니 먹는다.
  않이(아니하게): 적지 않이 노여워했다.

- 안(아니): 안간다. 안먹는다.
  않(아니하): 먹지 않는다. 가지 않소.

- 어름(두 물건이 닿은 자리): 책상과 담벼락의 어름이 넓다.
  얼음(氷): 얼음이 얼었다.

- 이따가: 이따가 오너라.
  있다가: 돈은 있다가도 없다.

- 웃(접두사): 웃어른. 웃마을
  윗(위의): 윗부분. 윗글. 윗말

- 으로서: (~의 자격으로)
  교장으로서 한마디 하겠소. 사람으로서 그럴 수는 없다.
  으로써: (수단, ~을 가지고)
  내 힘으로써 해결하였다. 말로써 천냥 빚을 갚는다.

- 으므로: (~기 때문에)
  그는 열심히 공부했으므로 우등을 했다.
  음으로: (~는 것으로)
  그는 구두를 닦음으로 직업을 삼고 있다.

- 잃어버리다(失): 물건을 잃어버리다.
  잊어버리다(忘): 수학 공식을 잊어버리다.

- 작다(小): 키가 작다.
  적다(少): 돈이 적다.

- 장사(商行爲): 과자 장사를 한다.
  장수(商人): 과자 장수가 왔다.
- 저리다: 다리가 저리다.
  절이다: 배추를 절이다.

- 조리다: 생선을 조리다.
  졸이다: 마음을 졸이다.

- 좇다(從): 좋은 의견을 좇다.
  쫓다(逐): 귀신을 쫓다.

- 주검(屍): 사늘한 주검으로 화했다.
  죽음(死): 자유, 그것 아니면 죽음을 달라.

- 주리다: 여러 날을 주렸다(굶주렸다)
  줄이다: 용돈을 줄이다.

- 차마(부사): 차마 눈뜨고는 볼 수 없다.
  참아(동사): 고생이 되더라도 참아라.

- 하노라고: 하노라고 한 것이 이 모양이다.
  하느라고: 공부하느라고 밤을 새웠다.

- 하매(~하니까. ~하므로): 형이 열심히 공부하매 동생들도 그를 본받아...
  함에(~하는 것에): 그가 학교를 그만둔 것은 가정의 생계를 유지하지 못함에서였다.

- ~느니보다(어미): 나를 찾아오느니보다 집에 있거라.
  ~는 이보다(의존명사): 오는 이보다 가는 이가 많다.

- ~리만큼(어미): 그가 나를 미워하리만큼 내가...
  ~할 만큼(의존명사): 숨소리가 들릴 만큼 조용하다.

- ~하러(목적): 공부하러 간다.
  ~하려(의도): 고향에 가려고 한다.

- 하므로(어미): 그가 나를 믿으므로 나도 그를 믿는다.
  함으로(써)(조사): 그는 믿음으로(써) 산 보람을 느꼈다.

● 〈-히〉형과 〈-이〉형의 부사

1) 부사의 끝 음절이 〈이〉와 〈히〉로 혼동될 적에 한해, 그 말이 어원적으로 보아 〈하다〉가 붙을 수 있는 것은 〈히〉로 하고, 그렇지 아니한 것은 〈이〉로 한다.

a. 〈히〉로 하는 것

꾸준히, 고요히, 가히, 마땅히, 부지런히,
능히, 분명히, 쾌히, 자연히

b. 〈이〉로 하는 것

기어이, 헛되이, 가까이, 가벼이, 고이, 반가이,
새로이, 곳곳이, 나날이, 집집이, 일일이

2) 분명히 〈이〉로만 나거나 〈히〉로만 나는 것은 소리 나는 대로 적는다.

a. 〈이〉로만 나는 것: 너부죽이, 적이, 큼직이, 반듯이, 깨끗이, 꼿꼿이, 끔찍이, 따듯이

b. 〈히〉로만 나는 것: 작히(小), 극히(極), 급히, 족히

16) 기타 오용사례

*** '너네들'**

'나, 너, 저'에 주격조사가 연결되면 '내가, 네가, 제가'가 되어야 함에도 '네가'와 '제가'가 '너가' '저가'로 발음되고 있다. 예를 들면

이거 누가 그랬니?　　'너'가 그랬잖아
아니야, '너네들'이 그랬지?'

대명사의 복수용법 또한 혼란을 빚고 있다. '너희'가 '너네'로, '너희들'이 '너네들'로 쓰이고 '저희들'이 '지네들'로 쓰이고 있는 것이다. 이는 '희'가 복수를 뜻하는 접사라는 의식이 없어졌기 때문이다. 이런 현상은 노력을 줄이고 발음을 편하게 하려는 데서 연유된 것으로 볼 수 있다.

*** '새침데기'**

'새침데기 그녀'가 매력적이었던 시절도 있었지만 요즘은 솔직하고 당당한 '엽기적인 그녀'가 각광받고 있다. 노래 가사에도 자꾸 나오는 '새침데기'는 쌀쌀맞게 시치미를 떼는 성격을 지닌 사람을 이르는 말로 '새침하다'의 어간에 '-데기'가 붙은 형태다. 마찬가지로 '부엌데기'는 부엌일을 맡아하는 여자를 낮잡아 이르는 말이다.

흔히 우리가 '-떼기' '-때기'등으로 잘못 쓰고 있는 '-데기'는 부엌, 심술, 소박 등 몇몇 명사 뒤에 붙어 '그와 관련된 일을 하거나 그런 성질을 가진 사람'의 뜻을 더하는 접미사다. 발음은 [떼기] 로 나더라도 '데기'로 표기해야 한다.

'데기'와 혼동해 쓰는 '-때기'는 신체 부위를 나타내는 접미사다. "바람

이 매서워 귀때기가 떨어질 것 같다" "'대통령이 잘못하면 볼때기를 때리겠다.'는 식으로 얘기해선 안 된다" 등처럼 쓰인다.

* **<u>으스스/브스스</u>**

"잘난 것도 없으면서 돈 좀 있다고 으시대고 다니다간 망신당한다." "으시시한 새벽바람이 옷 속을 파고들었다."

"그는 잠자리에서 금방 일어났는지 부시시한 머리를 하고 있었다"

위의 문장에서 쓰인 "으시대다, 으시시하다, 부시시하다"의 활용 형태는 흔히 쓰이지만 표기법상 올바르지 않다. 으스대다(어울리지 않게 우쭐거리며 뽐내다), 으스스하다(차거나 싫은 것이 몸에 닿았을 때 소름이 끼치는 듯하다), 부스스하다(머리카락이나 털 따위가 몹시 어지럽게 일어나거나 흐트러져 있다)를 활용한 형태로 써야 한다.

이처럼 '스'를 '시'로 잘못 쓰는 까닭은 'ㅅ, ㅈ, ㅊ' 등 혀의 앞쪽에서 발음되는 전설모음 'ㅣ'가 오는 게 발음하기 편해서 나타나는 전설모음화 현상 때문이다. '까슬까슬'을 '까실까실'로, '메스껍다'를 '메시껍다'로 발음하는 것도 마찬가지다. 그러나 이런 말들은 아직 표준말로 인정받지 못했다.

반면 '넌지시, 나직하다, 나지막하다'의 경우는 '넌즈시, 나즉하다, 나즈막하다'를 물리치고 표준말이 됐다.

으스대다(O) 나직하다(O) 느끼하다(O)
으시대다(X) 나즉하다(X) 니끼하다(X)

거드름(O) 연거푸(O) 통틀어(O)
거드럼(X) 연거퍼(X) 통털어(X)

폭발 [폭빨] (O) 병풍 [병풍] (O) 나침반 [나침반] (O)
폭발 [폭팔] (X) 병풍 [평풍] (X) 나침반 [나침판] (X)

* 짜깁기한 옷

흔히 헤진 데에 조각을 대고 꿰매는 것을 '깁는다'고 하는데, 보통 '양말을 기워 신는다'와 같이 말한다. 그래서 모직물의 찢어진 데를 그 감의 올로 짜서 원래대로 깁는 것을 '짜깁다'라고 해야 하고, 이러한 수선 행위는 당연히 '짜깁기'가 맞는 표현이다.

또 일상생활에서 흔히 쓰는 표현으로, 여기저기에서 자료를 모아서 하나로 엮어 만들 때도 역시 짜깁기라는 말을 쓰는 경우가 있다. '짜집기'라는 표현은 틀린 말이다.

* 부시다/부수다

① "그릇 같은 것을 깨긋이 씻다"라는 뜻.

예: 어머니께서 설거지를 하실 때에 그릇을 부시는 것을 도와 달라고 말씀하시면 그릇을 주수지 말고 깨끗이 닦아야 한다.

② "빛이나 색이 강해서 마주 보기 어려운 상태에 있다"는 뜻.

예: 햇빛이 너무 강렬해서 눈이 부시는 경우에 "눈이 부시다"라고 말한다.

'부수다'는 "여러 조각이 나게 두드려 깨뜨리다"의 뜻.

예: 큰 돌을 잘게 부수면 작은 돌조각이 된다. 또 낡은 건물을 부수고 건물을 다시 지을 수도 있다. 이럴 때는 "건물을 부수다"라고 말해야 한다.

* 로서/로써

'로서'는 지위나 신분 또는 자격을 나타내는 조사이고, '로써'는 '어떤 물건의 재료나 원료, 수단이나 도구를 나타내는 조사'이다. 그 쓰임은 다음과 같다.

① 그것은 교사로서 할 일이 아니다.
그는 친구로서는 좋으나, 남편감으로서는 부족한 점이 많다.
언니는 아버지의 딸로서 부족함이 없다.

② 콩으로써 메주를 쑨다.
말로써 천냥 빚을 갚는다고 한다.
꿀로써 단맛을 낸다.

①에서 보듯이 '로서'는 '교사의 신분으로, 친구의 자격으로, 아버지의 딸 자격으로'라는 뜻을 나타내고, ②에서 보듯이 '로써'는 '콩을 원료로 하여, 말을 수단으로 하여, 꿀을 원료로 하여'라는 의미를 나타낸다. 이때의 '로써'는 '어떤 것을 이용하여'라는 의미를 공통으로 가진다.

*** 말아라/말라**

"거짓말을 하지 말아라."는 "거짓말을 하지 마라."로 쓰는 것이 옳다. '말아라'는 언제나 '마라'로 줄어들고 '말아'는 '마'로 줄어드는 것이 원칙이다. 이때의 '말아라'와 '말아'는 '마'로 줄어드는 것이 원칙이다. 이때의 '말아라'와 '말아'는 명령을 나타내면서 문장을 끝맺는 말이다.

너무 화내지 말아라 →너무 화내지 마라.
슬퍼하지 말아 →슬퍼하지 마.

다만 아래와 같이 줄어들지 않는 경우가 있으므로 주의해야 한다.

거짓말은 하지 말아야 한다.
하다가 말아도 괜찮을까?

*** 머리가 벗겨지다/벗어지다**

머리 숱이 적은 사람을 머리가 벗겨졌다로 말하곤 한다. 이 말은 머리가 벗어졌다고 말해야 옳다. '벗기다'는 '벗다'의 사동사로 '귤껍질을 벗기다. 때를 벗기다'와 같이 쓰인다. 머리가 벗겨졌다고 하면 머리 가죽이 강제로 벗겨졌다는 끔찍한(?) 말이 되고 만다. 외부의 강제적인 힘에 의한 경우라면 '벗겨지다'이지만 강제적인 힘이 아니라면 '벗어지가'가 된다고 할 수 있다.

신발이 꽉 끼어 잘 벗겨지지 않는다.
후대에 가서야 누명이 벗겨졌다.
신발이 커서 자꾸 벗어진다.
나이가 들면서 머리가 벗어진다.

* 문을 잠궜다/문을 잠갔다

'문을 잠궜다'는 '문을 잠갔다'로 써야 옳다. '잠그다'는 '잠가, 잠그니, 잠갔다'와 같이 활용하는 말이다. '잠그다'와 같이 활용하는 말에는 '담그다'가 있다.

문을 꼭 잠가라.
손을 물에 담가라.

* 바람/바램

"나의 바램은 평화통일이다"라고 할 때의 '바램(望)'은 '바람'으로 써야 옳다. '바라다'에서 온 말이므로 '바램'이 될 수 없다. '자라다'에 명사를 만드는 '-(으)ㅁ'이 붙어서 '자람'이 되는 것과 마찬가지로 '바라다'에 명사를 만드는 '-(으)ㅁ'이 붙으면 '바람'이 된다. '자라다'와 '-았-'이 결합하면 '자랐다'가 된다고 할 수 있다. 흔히 '바랬다'로 말하는 것은 잘못이다.

*** 박수(拍手)친다**

박수 자체가 손벽친다는 뜻이다. 이런 논리하면 '박수쥔다' '수(手)잡는다'도 있음직하다.

*** 열쇠 채운다**

자물쇠를 여는 것이 열쇠이고 보면 무리가 아닐 수 없다.

*** 동령부인(同齡夫人)**

부인과 함께 오라는 뜻이다. 인사장을 받는 사람이 여자인 경우의 실수이다. 차라리 '내외분께'가 맞는 표현이다.

*** 성공한 선배의 전철(前轍)을 밟는다.**

'전철'이란 수레바퀴가 잘못 굴러 빗나감을 뜻한다. 그렇다면 실패한 모범생인가? '선배의 성공사례를 본받는다'가 타당하다.

*** 지리한(?) 장마**

장마철엔 계속해 내리는 비로 지루해지고, 심하면 우울해지기도 한다. 잠시 내리는 비는 마음을 차분하게 해주지만, 끝없이 내리는 비는 따분함을 넘어 넌더리가 나게 한다. 그래서 장마에는 으레 '지루하다'는 말이 붙어 '지루한 장마'라 불리곤 한다.

그러나 사실은 '지루한 장마'보다 '지리한 장마'라는 표현에 익숙해 있고 그렇게 써 놓은 곳이 많다. 장마뿐 아니라 '지리한 오후' '지리한 일상' '지리한 싸움' '지리한 세월' 등 '지리한'이 두루 쓰이고 있다. 하지만 '지리하다'는 표준어가 아니므로 쓰지 말아야 한다.

한자어 '지리(支離)'에서 온 것으로 보이는 '지리하다'는 오랫동안 쓰였지만 현재는 변화한 모음 발음을 인정해 '지루하다'를 표준어로 삼고 있다. '주착(主着) →주책' '상치 →상추' '미싯가루 →미숫가루'도 이런 종류로 변화한 발음으로 적어야 한다.

※ 망측하다(○)	망칙하다(×)
괴상망측(怪常罔測)하다(○)	괴상망칙하다(×)
흉측(凶測)하다(○)	흉칙하다(×)
즉효(卽效)(○)	직효(×)
즉결(卽決)(○)	직결(×)

☺ 유우머 한마디

-스승과 두 제자-

어느 날 스승이 제자들에게 "~라면 ~하겠다"라는 문장을 만들어 보라고 하였다. 그러자 첫 번째 제자가 "내가 부자라면 어려운 사람들을 도와주겠다."라고 말했다. 스승은 아주 잘 했다며 칭찬을 했다.

다시 스승은 남은 한 제자에게 똑같이 "~라면 ~하겠다"라는 문장을 만들어 보라고 했다. 그러자 두 번째 제자가 "컵라면 맛있겠다."고 말했다.

그 말을 들은 스승이 어이가 없고 화가 나 이런 말을 했다.

"내가 너라면 죽겠다"

-나는 고 삼이다-

어느 스님이 목욕탕에 갔다.

온탕(溫湯)에 들어가 몸을 불리고 나와서 몸의 때를 밀다보니, 등 뒤까지는 손이 미치지 못했다. '중이 제 머리를 못 깎는다.'는 옛말도 있지 않은가?

마침 옆에서 때를 밀고 있는 학생에게 말을 걸었다.

스님: 학생, 미안하지만 내 등 좀 밀어줄 수 없을까?

학생: 누구신데 처음 보는 저에게 때를 밀어달라고 하시죠?

스님: 난 중(僧)이네.

학생: 그러세요? 저는 고(高) 삼(三)인데요.

스님: ??...

4. 발음연습

세련된 말이란 세련된 말씨에서 찾을 수 있고, 세련된 말씨는 정확한 발음을 구사하는데 있다. 그러므로 우리는 미묘한 발음의 차이부터 하나 하나 익혀두는 '우리말 발음훈련'이 무엇보다 급선무인 것이다.

우리말에는 글자와 그 발음이 다르게 소리나는 된소리(경음화현상)와, 변형된 발음이 있으므로 평소에 익혀두지 않으면 안 된다. 평소에 하지 않던 연설이나 웅변도 갑자기 하려면 어색한 이유도 이러한 연습을 게을리 했기 때문이다.

'리양'이라는 사람은 중국의 영어방송 '아나운서'로서 '3-ly 구강 근육 훈련법'을 창안해 낸 사람이다. 3-ly란, '가능한 한 큰 소리로(As loudly as possible). 가능한 한 명확하게(As clearly as possible). 가능한 한 빠르게(As quickly as possible)'이다. 그는 '입을 크게 벌려 소리 냄으로써 입의 근육을 단련시켜 말하기가 쉬워지고 모호한 발음이 사라지게 된다.'고 강조한다.

발음을 연습할 때 작은 소리로 하면 잘못된 발음을 파악하기 곤란하므로 큰소리로 연습해야 한다. 이는 마치 개미다리를 육안으로 보기는 어렵지만 현미경을 통해 관찰하면 제대로 볼 수 있는 것과 같은 이치인 것이다.

바른 자세를 유지하고 소리를 내서 분명한 발음으로 연습해 보자.

〈발음연습 1〉

ㄱ(기역) ㄴ(니은) ㄷ(디귿) ㄹ(리을) ㅁ(미음) ㅂ(비읍) ㅅ(시옷)
ㅇ(이응) ㅈ(지읒) ㅊ(치읓) ㅋ(키읔) ㅌ(티읕) ㅍ(피읖) ㅎ(히읗)

〈발음 연습 2〉

가 갸 거 겨 고 교 구 규 그 기
나 냐 너 녀 노 뇨 누 뉴 느 니
다 댜 더 뎌 도 됴 두 듀 드 디
라 랴 러 려 로 료 루 류 르 리
마 먀 머 며 모 묘 무 뮤 므 미
바 뱌 버 벼 보 뵤 부 뷰 브 비
사 샤 서 셔 소 쇼 수 슈 스 시
아 야 어 여 오 요 우 유 으 이
자 쟈 저 져 조 죠 주 쥬 즈 지
차 챠 처 쳐 초 쵸 추 츄 츠 치
카 캬 커 켜 코 쿄 쿠 큐 크 키
타 탸 터 텨 토 툐 투 튜 트 티
파 퍄 퍼 펴 포 표 푸 퓨 프 피
하 햐 허 혀 호 효 후 휴 흐 히

〈발음 연습 3〉

가 나 다 라 마 바 사 아 자 차 카 타 파 하
개 내 대 래 매 배 새 애 재 채 캐 태 패 해
기 니 디 리 미 비 시 이 지 치 키 티 피 히

그 느 드 르 므 브 스 으 즈 츠 크 트 프 흐
고 노 도 로 모 보 소 오 조 초 코 토 포 호
구 누 두 루 무 부 수 우 주 추 쿠 투 푸 후
게 네 데 레 메 베 세 에 제 체 케 테 페 헤
거 너 더 러 머 버 서 어 저 처 커 터 퍼 허

〈발음연습 4〉

하하 하하하 히히 히히히
허허 허허허 호호 호호호

흥흥 흥흥흥 해해 해해해
헤헤 헤헤헤 후후 후후후

껄껄 껄껄껄 깔깔 깔깔깔
낄낄 낄낄낄 끌끌 끌끌끌

히죽 히죽히죽 히득 히득히득
방실 방실방실 벙실 벙실벙실

방긋 방긋방긋 벙글 벙글벙글
빙글 빙글빙글 방글 방글방글
생글 생글생글 실룩 실룩실룩

철철 철철철 찔찔 찔찔찔
쨀쨀 쨀쨀쨀 쫄쫄 쫄쫄쫄

쫄쫄 쫄쫄쫄 쫠쫠 쫠쫠쫠
졸졸 졸졸졸 잴잴 잴잴잴
줄줄 줄줄줄 좔좔 좔좔좔
콸콸 콸콸콸 촬촬 촬촬촬
출출 출출출 질질 질질질

〈발음 연습 5〉

가갈 가갈 간들 간들
나긋 나긋 나풀 나풀

디룩 디룩 대록 대록
덜컹 덜컹 미끈 미끈

발랑 발랑 벌렁 벌렁
살랑 살랑 썰렁 썰렁

울퉁 불퉁 조잘 조잘
칠렁 칠렁 촐랑 촐랑

깔쭉 깔쭉 낄쭉 낄쭉
꼴깍 꼴깍 끼웃 끼웃

파릇 파릇 훌쩍 훌쩍
토닥 토닥 알록 달록
둥실 둥실 덩실 덩실

〈발음 연습 6〉

- 강가…강까
  규칙을…규치글
  끝이…끄치
  검법…검뻡
  길조…길쪼
  갈색…갈쌕
  결격…결껵
  골절…골쩔
  곁에…겨테
  까닭에…까달게
  값어치…가버치
  결정…결쩡
  간부급…간부끕
  강권…강꿘
  광견병…광견뼝
  걷히다…거치다
  같은…가튼
  국문…궁문
  결승…결씅
  같아야…가타야
  깊숙이…깁쑤기
  감고…감꼬
  갈증…갈쯩
  가랑잎…가랑닙
  감점…감쩜
  결성…결썽
  관찰사…관찰싸
  곶감…곧깜
  꽃을…꼬츨
  걸상…걸쌍
  골수…골쑤
  갇힌물…가친물
  결석…결썩
  굴지의…굴찌의
  꽃이…꼬치
  값을…갑슬
  꽃나무…꼰나무
  곤란…골란
  깨끗이…깨끄시
  걸작…걸짝
  기동성…기동썽
  낱낱이…난나치
  걸식…걸씩
  결재…결째
  같아서…가타서
  그립던…그립떤
  끔찍하다…끔찌카다
  갈지라도…갈찌라도
  글자…글짜
  갑돌이…갑똘이
  결점…결쩜
  갈바에야…갈빠에야
  같이…가치
  굽히다…구피다
  굳이…구지

- 눈섭…눈썹
  낮잠…낟짬
  넓다…널따
  놀랐다…놀랃따
  늪으로…느프로
  나룻배…나룯빼
  늙은이…늘그니
  나뭇잎…나문닙
  넋에…넉세
  날조…날쪼
  넓적하다…넙쩌카다
  넋을…넉쓸

넷가…낻까 난점…난쩜 날짐승…날찜승
널조각…널쪼각 늙다…늑따 낮을…나즐
낮에…나제 늘어지다…느러지다 넋이…넉시
높이다…노피다 넉넉히…넝너키 넋이라도…넉시라도
넋잃고…너길코

• 도둑놈…도둥놈 대관령…대괄령 돕고자…돕꼬자
닭이…달기 단적으로…단쩌그로 대권…대꿘
동격…동껵 동수…동쑤 닦다…닥따
닭을…달글 돌아서다…도라서다 돌진…돌찐
동점…동쩜 닫히다…다치다 떫다…떨따
달성…달썽 댓가지불…대까지불 땀받이…땀바지
덮치다…덥치다 똑똑히…똑또키 담요…담뇨

• 막히다…마키다 맞아야…마자야 무릎에…무르페
문법…문뻡 멋쟁이…먼쨍이 미덥다…미덥따
막아서…마가서 맑게…말께 먹던…먹떤
모래흙이…모래흘기 물가…물까 묵비권…묵비꿘
만점…만쩜 멸시하다…멸씨하다 물살…물쌀
밀담…밀땀 밀수꾼…밀쑤꾼 문간방…문깐빵
무릎위…무르뷔 미적감각…미쩍감각

• 볼수록…볼쑤록 발생…발쌩 발송…발쏭
발단…발딴 밤낮으로…밤나즈로 발전…발쩐
볼기회…볼끼회 발족…발쪽 밭이…바치
밭에…바테 밖이…박기 밖을…박글
밝히다…발키다 반듯이…반드시 배불뚝이…배불뚜기
밝은빛을…발근비츨

- 사건…사껀
삼권…삼꿘
숲을…수플
솥안…소단
산골자기…산꼴짜기
슬적…슬쩍
상권…상꿘
삶에…살메
손잡이…손자비
샛노랗다…샌노라타
설득력…설뜩력
살갗이…살까치
성격…성껵
성냥개비…성냥깨비
심술궂은…심술구즌

- 인권…인꿘
인기…인끼
우선권…우선꿘
열등감…열뜽감
일등…일뜽
읽는다…잉는다
잊는…인는
읽다…익따
젖을…저즐
월권…월꿘
월등…월뜽
일당백…일땅백
인격…인껵
앞이…아피
옆문…염문
읽어…일거
자물쇠…자물쐬
전염병…전염뼝
월세…월쎄
유가증권…유까증꿘
율동미…율똥미
열두달…열뚜달
엎어지다…어퍼지다
일장일단…일짱일딴
읊다…읍다
장기자랑…장끼자랑
잡히다…자피다

- 출세…출쎄
촛불…촛뿔
풀잎…풀립
흙이…흘기
혈색…혈쌕
해돋이…해도지
칼끝으로…칼끄트로
초생달…초생딸
채권…채꿘
풋내기…푼내기
혼란…홀란
활주로…활쭈로
핥이다…할치다
필수과목…필쑤과목
천하일색…천하일쌕
천리…철리
흙을…흘글
흙은…흘근
홀소리…홀쏘리
태권도…태꿘도

〈발음 연습 7〉

낱말의 발음, 뜻, 의미가 소리로서 확실한 말뜻이 구별될 수 있도 록 명확하게 익혀 가면서 속도를 아주 빠르게, 그리고 강약을 조절해 가면서 연습을 반복해 보자.

- 한양 양복점/한양 양장점/ 한영 양장점/ 한영 양복점.
- 간장공장 공장장은/공 공장장이고/된장 공장 공장장은/장 공장장이다.
- 눈: 오는 날/눈에 눈:이 들어가니/ 이것이 눈물인지 눈:물인지 몰라/ 눈물과 눈:물을 흘리며/ 눈물과 눈:물을 닦는다.
- 갈고랑이 장수가/갈고리를 팔러 와서/갈고리를 놓고/갈고리 사 라고 외치며/갈고리를 파는데/갈고리를 사는 사람이 없어/갈 고리 장수는 할 수 없이/갈고리를 가지고 /갈 고랑을 찾는 곳 으로/찾아 가더라.
- 앞 집 창살 쌍 창살/뒷집 창살 쌍 창살/창살 창살 모두가/쌍 창살이다.
- 말 탄 사:람이 말을 보고 말:을 하니
말:을 모르는 말이 말:이 없더라.
- 저:기 저 말뚝은 말 맬만한 말뚝인지
말 못 맬만한 말뚝인지 말:이 없으니
말 주인은 말:없이 서서 말을 못 매고 있다.
- 저:기 가는 상 장수는 새 상 장수냐 헌:상 장수냐
새 상 장수 같기도 하고 헌: 상 장수 같기도 하고
상 장수와 상만 보고는 헌: 상 장수인지 새 상 장수인지 모르겠다.
- 창(槍)으로 창(窓)을 찌르니 槍구멍이냐, 窓구멍이냐?
눈(眼)에 눈:(雪)이 들어가니, 눈물(淚)이냐, 눈:물(雪水)이냐?
- 들의 콩깍지는 깐 콩깍지인가 안 깐 콩깍지인가?
깐 콩깍지면 어떻고, 안 깐 콩깍지면 어떠냐?
깐 콩깍지나 안 깐 콩깍지나 콩깍지는 다 콩깍지인데…

〈발음 연습 8〉

- 좋은 쌀, 맛있는 밥
  [조:] [마딘/신]
- 토론에서는 승자와 패자가 있다.
  [토:] [패:]
- 우리나라의 식생활에서 주식과 부식이 분리된 때는
  [의/에] [꽈] [불리된/뒌]
- 삼국시대 훨씬 이전으로 보인다.
  [이:전]
- 조상들은 주식인 밥을 부식보다 훨씬 중히 여겨 왔다.
  [부:식뽀] [왇따]
- "밥이 보약이다."라고 할 정도로
  [보:약] [쩡]
- 밥을 최상으로 삼았다. 밥 중에서도 쌀밥을 최상으로 쳤으며,
  [최:/췌:상] [쳐/처쓰]
- 다음으로 보리, 조, 수수 등의
  [등:][의/에]
- 잡곡이 밥의 재료가 되었다.
  [꼭] [의/에] [되/뒈얻따]
- 예전에는 늘 살이 부족하였다.
  [예:전] [조카엳따]
- 그래서 역대 왕조들은 벼 재배 정책이 바로 정치라고 할 정도로
  [때] [재:배] [쩡]
  벼 재배에 온갖 힘을 기울였다.
  [재:배] [온:갇] [우렫따]

〈발음 연습 9〉

- 늦게 배운 도둑질 날 샐 줄 모른다.
  (늗께 배운 도둑찔 날샐쭐 모오른다.)
- 동냥은 못줄망정 쪽박은 깨지 말라.
  (도옹냥은 모온쭐 망정 쪽빠근 깨애지 마알라.)
- 오뉴월 쇠 불알 떨어지기 기다린다.
  (오오뉴월 쉐에부랄 떠러지기 기다린다.)
- 좋은 일에는 남이요, 궂은 일에는 일가.
  (조오은 〈ㄴ〉이이레는 나미요, 구즌 니이레는 일가.)

〈발음 연습 10〉

누구나 한 번쯤 "시간이 없어서~"라는 변명을 해본 적이 있을 것이다.
[업:써] [변:] [해:] [읻쓸] [꺼시]
하지만 그들 중 그 소중한 시간들을 자신도 모르게 버리고 있다는
[소:] [읻따]
사실을 알고 있는 사람들은 많지 않다. 의식조차 못 한 채 버려지고
[사:] [인] [사:] [만:치] [안타] [의:] [몯:탄]
있는 시간들만 잡아도 원하는 능력차는 몇 배로 상승될 수 있다.
[인] [자바] [원:] [능녁] [멷빼] [쑤 읻따]
시간은 누구에게나 똑같이 주어진다. 1분 1초를 어떻게 의식하고 살아
[깓치] [떠케] [의:식카] [사라]
가느냐에 따라 인생의 성패가 갈린다. 그동안 자신도 모르게 무의미하게
버리고 있는 소중한 시간들, 아니 자신의 능력을 지금부터 붙잡아 보자.
[인] [소:] [녁] [붇짜바]
그 10분이 특별한 1%로 만들어줄 수 있을 것이다.
[뿐] [뻘] [쑤][읻쓸] [꺼시]

〈발음 연습 11〉

- 지금은 남의 땅-빼앗긴 들에도 봄은 오는가?
  〈지그믄 나메 땅 - 빼앋낀 드으레도 보믄 오는가?〉
- 나는 온몸에 햇살을 받고
  〈나는 오온모메 햇싸를 받꼬〉
- 푸른 하늘 푸른 들이 맞붙은 곳으로
  〈푸른 하늘 푸른 드으리 맏부튼 고스로〉
- 가르마 같은 논길을 따라 꿈속을 가듯 걸어만 간다.
  〈가르마 가튼 논끼를 따라 꿈쏘글 가듣 거러만 간다.〉
- 입술을 다문 하늘아 들아
  〈입쑤를 다믄 하느라 드으라〉
- 내 맘에는 내 혼자 온 것 같지를 않구나.
  〈내 마아메는 내 혼자 온 걷 갇찌를 안쿠나.〉
- 네가 끌었느냐 누가 부르더냐
  〈네가 끄으런느냐 누가 부르더냐〉
- 답답워라 말을 해 다오.
  〈답따붜라 마아를 해애 다아오〉
- 바람은 내 귀에 속삭이며
  〈바라믄 내 귀에 속싸기며〉
- 한 자욱도 섰지 마라 옷자락을 흔들고
  〈한 자욱또 섣찌 마아라 옫짜라글 흔들고〉
- 종달이는 울타리 너무 아가씨같이 구름 뒤에서 반갑다 웃네.
  〈종다리는 울타리 너머 아가씨가치 구름뒤이에서 반갑따 우운네.〉

—이상화, 「빼앗긴 들에도 봄은 오는가」중에서

〈발음 연습 12〉

• 현대 실존철학(實存哲學)의 시조(始祖)로 널리 알려져 있는 키에르케고르는∨그의 유명한 저서∨'죽음에 이르는 병'의 첫머리에서 다음과 같이 말했습니다./ "인간은 정신이다. 정신이란 무엇이냐?∨정신은 자아(自我)이다./ 자아란 무엇이냐?∨자아란 자기 자신과 관계되는 관계이다."//

• 신의(信義)가 없는 가정은∨불행한 가정(家庭)입니다./ 아버지가 자식을 믿지 않는다든가∨남편이 아내를 믿지 않는 가정은 행복할 도리가 없습니다./ 신의 없는 직장은 흥하지 않습니다./ 신의 없는 군대는∨강한 군대가 될 수 없습니다./ 신의 없는 사회는∨번영하는 사회가 아닙니다./ 신의!∨이것이야말로 사회의 기둥입니다.//

• 절망은∨우리의 전진을 가로막는다./ 절망은∨우리들의 희망을 좀먹는다. 절망은∨우리들의 강한 의지를 꺾어 눕힌다./ 때문에 절망은∨ 인간에게 있어∨죽음보다도 더 무서운 현상인 것이다.(보브타르크)//

• 우리는∨행복을 열광적(熱狂的)으로 찾고 있습니다./ 그러나∨실상 행복이 무엇인지∨행복을 무엇에서 찾아야 하는지를 잘 모를 뿐만 아니라∨사실∨우리 주변에∨행복한 사람은, 극히 적을 것 같습니다.

행복이라는 것이∨무엇인가를 모르는 사람보다∨더 불행한 사람은 없습니다./ 왜 살고 있는가를 모르는 사람에게는∨생활이∨견딜 수 없는 고통인 것입니다./ 이러한 상태의 마음을 가진 사람은∨행복과 쾌락(快樂)이 같게 보이며∨기쁨을∨말초신경이 주는 감각이라고 느끼기 쉬운 것입니다.//

그러나∨우리의 외부에 있는 것이∨우리에게∨행복을 갖다 주지는 못하는 것입니다./ 행복을 밖에서 구하는 것은∨지혜를 남의 머리에서 구하는 것보다∨더 어리석은 일입니다. 참된 행복은∨스스로의 마음에 있기 때문입니다.//

• 악성(樂聖) 베토벤은∨죽기 사흘 전에∨"박수하라 친구여∨연극은 끝났다"고∨그의 비서(秘書)에게 말했다고 합니다./

인생은 연극(演劇)이라고 합니다./ 허나∨인생은 연극만이 아닙니다./

연극이면서∨연극 이상의 것이 인간에게 있다는 것을∨우리는 부정(否定)할 수 없습니다./

세상에는∨죽기도 전에 연극이 이미 끝나버린 사람이 있습니다./ 언제 연극을 시작했는지도 모르게∨연극을 끝마쳐 버리는 사람이 있다⌒면∨그는 가엾은 인간임에 틀림이 없을 것입니다.//

〈발음 연습 13〉

• 그 많던 언어들은∨모두 어디로 갔을까?/ 언어학자들은∨현재 지구상에는, 약 5,000개에서, 6,700개의 언어가 있는 것으로 추정한다./ 그중 90%는∨21세기를 지나는 동안∨흔적도 없이 사라질 것이라고 한다./

지난 500년 동안∨우리에게 알려진 언어 가운데 절반가량이 이미 사라졌다./ 에트루리아어, 수메르어, 이집트어 등 고대제국의 언어들은∨ 수백년 전에 소멸했다./ 사람들은∨멸종 위기에 처한 생물종이나∨ 환경에 대해서는 큰 관심을 보이면서∨언어가 사라지는 것에 대해서는 왜 무신경할까? /

언어의 사멸(死滅)은∨무엇보다 잔인한 인류의 재앙(災殃)이다./ 언어의 사멸은∨고대제국이나∨낙후된 오지(奧地)에 국한된 현상이 아니다./ 그것은 바로∨지금 우리 눈앞에서∨세계 곳곳에서 일어나고 있다./

위대한 문학을 낳은 아일랜드어의 쇠락(衰落)은∨하나의 경종이 될만하다./ 기원 후 100년경까지만 해도∨아일랜드어는 공격적으로 확산되어 가던 언어였다./ 아일랜드어는 유럽에서∨라틴어와 그리스어 다음으로∨오래된 문헌을 갖고 있는∨유서 깊은 언어다./ 그러나 아일랜드어는∨지금은∨일부 시골 농부들의 언어로 전락해 시들어가고 있다./ 젊은 세대에 전해지지 않는 언어는∨결국 죽고 만다는 데∨문제의 심각성이 있다.

〈발음 연습 14〉

- 끝이 좋아야지요./
  좋은 영화는˅마지막 장면이 인상적입니다./
  좋은 노래는˅끝 소절이 매력적입니다./
  좋은 소설은˅결말이 멋집니다./
  좋은 드라마는˅끝이 아름답습니다./

  좋은 물건은˅마감처리가 깔끔합니다./
  좋은 기술자는˅마무리가 완벽합니다./
  좋은 회사는˅끝까지 책임을 다합니다./

  좋은 경기는˅최후의 몇 분이 드라마틱합니다./
  좋은 사람은˅끝까지 좋습니다./
  좋은 사랑은˅끝까지 아름답습니다./

  일도˅사랑도˅물건도˅작품도˅사람도˅기업도˅
  끝이 좋아야˅정말 좋습니다./
  끝이 좋아야˅명품이 되고 명작이 됩니다.
  명인이 되고˅명가가 됩니다./

- **독수리와 거미**

독수리가˅한라산 정상까지 날아올랐습니다./ 그리고˅정상에 있는 고목(枯木)에 앉아˅자신의 발 아래로 펼쳐진 광경을˅내려다보면서 말했습니다./

"참으로 나는˅그 누구도 날아오르지 못할⌒이곳에서˅세상의 아름다운 풍광을 바라보고 있군"/

그 때∨나뭇가지에 거미 한 마리가 매달려 있다가∨독수리에게 으스대듯 말했습니다./

“가만히 보니∨ 당신은 자랑이 심하군./ 그렇다면∨여기 있는 나는∨당신의 밑에 있다는 말이야?”/

독수리가 쳐다보니∨거미는 바로 독수리의 머리 위쪽에∨거미줄을 치고 있지 않은가?/

독수리는 물었습니다./

“네가 어떻게∨이런 높은 곳에 올라올 수가 있었지?”/

개미는 말했습니다./

“당신을 따라서 왔지.∨당신의 날개 안쪽에 꼭 붙어서...,∨당신이 나를 실어다 준 셈이지. 그리고 나는...”/

거미가 무언가 계속 말을 하려는 순간∨갑자기 돌풍이 불어왔습니다./ 거미는 그만∨계곡 아래로 아득히 떨어져 갔습니다./

이 세상에는∨아무 재능도∨지식도 없이 노력마저 하지 않는 주제에∨오직 권력자의 뒤꽁무니에 매달려 살아가는 사람이 많습니다./ 그러나 그는∨언젠가는 돌풍에 휘말려∨흔적도 없이 사라지고 말 것입니다./ 인간은∨주어진 여건 아래서∨능력껏 성실하게 살아가는∨삶의 자세가 보배로운 것입니다./

게으름은∨인간 최대의 악입니다./ 게으름은∨몰락인 동시에 죄악입니다./

• 자식을 묻었다

새해 벽두∨대한민국에서 나고 자란 소·돼지들이 구덩이로 떠밀려 죽는다./ 애지중지(愛之重之) 키워온 주인은 억장(億丈)이 무너진다./ 자식이 죽는 꼴을∨눈앞에서 보는 것만 같다./ 한두 마리도 아닌 수백, 수천마리를 죽여∨땅에 묻는 공무원들도 뒤돌아 운다./ 누군들 멀쩡히 살아 있는 것을 죽이고 싶으랴./ 대한민국 곳곳에서 들리는∨소 돼지의 울음소리가 귓속을 파고든다./ 구제역(口蹄疫)이 빚어낸 참상의 단면(斷面)이다./

5. 낭독의 실제(實際)

◈ 시(詩) 낭송하기 Recitation

시를 감상(感想)하는 것은 시를 짓는 것보다도 더 어렵다고 한다. 그러나 자주 큰소리로 읽고 되뇌는 속에서 감상의 깨우침을 얻게 되는 것이다.

시인 S씨는 "시와 사귀려면 소리를 내서 읽어야 한다."고 강조한다. 또 어느 시인은 "눈으로 읽는 시가 '누워있는 시'라면 소리 내어 읽는 것은 '입체시이다. 시를 낭송할 때 비로소 시가 살아나는 것 같다"고 말한다. 시 낭독하기는 시 감상에 매우 효과적이다. 시를 제대로 음미(吟味)하면서 낭독함으로써 새로운 작품 감상의 세계에 눈뜨게 된다. 시 낭송회(朗誦會)를 갖는 것도 이러한 연유에서 비롯된다고 할 수 있다.

'시와 인간이 만나는 장소는 언어와 리듬'이라는 말이 있다. 시는 마음속에 떠오르는 생각이나 느낌을 운율(韻律)이 담겨있는 말로 압축해서 나타낸 글이다. 따라서 시 낭독은 말의 가락인 운율을 살려야 한다. 운율이란, 시의 일정한 자리에 동일하거나 유사한 소리를 배치하여 규칙적으로 반복시킴으로써 얻어지는 음악적 효과인 운(韻)과 소리의 고저(高低), 장단(長短), 강약(强弱)의 주기적 반복에 의한 음악적 효과인 율격(律格)을 말한다.

좋은 시는 울림을 동반하는 감동이 있어야 한다. 또 시의 감동은 가락의 유연성(柔軟性)에서 온다. 음악에서의 리듬처럼 시에서는 말의 가락인 운율도 글자 수의 일정한 반복이나 소리, 낱말, 구절(句節) 등의 반복으로 이루어진다. 시에서 운율과 시의 내용은 한데 어울려, 시의 전체적인 분위기를 자아내므로 시를 낭독할 때에는 시의 장면과 분위기를 살려야 한다.

시를 천천히 낭독하다 보면 머릿속에 마치 그림이 그려지듯이 어떤 영상이 떠오른다. 때로는 눈으로 보는 것 같을 뿐만 아니라 소리도 들리는 것 같고 냄새도 맡아지는 것 같으며, 맛의 느낌과 만져지는 느낌이 들기도 한다. 이렇게 시를 읽을 때 머리 속에 그려지는 시의 내용을 시의 장면(場面)이라고 한다.

시의 분위기를 이루는 요소에는 여러 가지가 있다. 먼저 시가 담고 있는 의미나 내용, 시의 운율, 지은이의 생각이나 느낌, 시에 쓰인 언어의 특징이 여성적인 부드러움을 느끼게 하는가, 남성적인 강인함을 느끼게 하는가? 등이다. 시 감상은 시의 이러한 것들이 어우러진 전체적인 분위기를 음미하는 것이다.

시(詩)낭송은 시를 알고 시에 음률과 감정을 넣어, 듣는 이에게 감동을 전해주는 종합예술이다. 시낭송을 통해 시도, 작가도 알게 되고, 잠자고 있던 감수성도 깨어난다.

시는 눈으로 읽는 것과 소리 내어 읽는 것이 다르다. 노인 환자들을 위한 시낭송 봉사활동을 하고 있는 S씨는 “소리내어 읽는 시낭송은 감동이 큰 만큼 치유효과도 크다”고 말한다. 실제로 파킨슨병을 앓고 있는 한 환자는 “시 치유에 참여하면서 시를 쓰기 시작했는데 시라기 보다는 하고 싶은 말을 쓰는 것뿐이지만 점점 표정이 밝아지는 걸 보면 시가 병을 이겨내는데 도움이 되는 것 같아 반가웠다”고 말한다.

시는 노래다. 그래서 시는 아무렇게나 흩어진 글(산문 散文)이 아니라 일정한 규칙(운 韻)을 갖춘 글이다. 규칙을 머리에 두면 두운(頭韻)이요, 끝에 두면 각운(脚韻)이라 하여, 소리 내 읊었을 때 입안을 감싸 도는 맛이 살아야 비로소 시다. 시는 본래 보는 게 아니라 읽는 것이었다. 그런 의미에서 시는 유희다. ‘아’와 ‘어’가 얼마나 다른지 가장 잘 알 수 있는 것이 시다. 그래서 시는 놀이다. 말놀이다. 언어능력을 키우는 가장 효과적인 방법은 말과 함께 노는 것이다.

일상의 언어가 의미의 전달과 지시적 기능이 강조되는 언어인 반면, 시의 언어는 정서적 의미와 함축적 의미를 강조하는 언어이기 때문에 하나의 시어(詩語)가 다양한 의미와 정서를 내포할 수 있다.

흔히 '자작시(自作詩) 낭송회'를 목격한다. 듣다보면 "저 시가 과연 본인이 지은 시일까?" 할 정도로 감동이 되지 않는 경우를 종종 볼 수 있다. 이는 낭독요령(朗讀要領)의 부족 때문일 수도 있다.

*** 낭송(朗誦) Sonorous Recitation·낭음(朗吟): 소리를 높여 읾.**

*** 낭독자료 ①**

진달래꽃 / 김소월

나 보기가 역겨워
가실 때에는︿
말없이 고이 보내드리우리다 /

영변(寧邊)에 약산(藥山)
진달래꽃︿
아름따다 가실 길에 뿌리우리다 /

가시는 걸음 걸음
놓인 그 꽃을︿
사뿐히 즈려 밟고 가시옵소서 /

나 보기가 역겨워
가실 때에는︿
죽어도 아니 눈물 흘리우리다 //
〈1922년〉

소월(1902~1934)을 생각하면 노랫가락이라는 말이 먼저 떠오른다. 그의 시가 노래처럼 가락을 타고, 실제로 그가 노랫가락을 즐겨 듣고 그 노랫가락을 시로 썼고, 무엇보다 그의 시가 많은 노래로 불렸기 때문일 것이다.

노랫가락에 맞춰 큰소리로 읽어 보자.

*** 낭독자료 ②**

산유화(山有花) / 金素月

산에는∧ 꽃 피네 ∧
꽃이 피네 /
갈∧봄 ∧여름 없이 ∧
꽃이 피네. //

산에 ∧
산에 ∧
피는 꽃은/
저만치∧ 혼자서 ∧피어 있네. //

산에서 우는∧ 작은 새여//
꽃이 좋아∧
산에서∧
사노라네//

산에는∧ 꽃 지네∧
꽃이 지네/
갈∧봄∧ 여름 없이∧
꽃이 지네//

이 시는 꽃이 피고 지는 자연의 순환원리를 미적으로 통제된 어조로 노래하고 있다. 이러한 점은 '피네', '지네'와 같은 종결어미에 잘 나타나고 있다. 형식면에서 1연 4행씩 전 4연으로 구성되어 있고 전체적으로 3음보의 율격을 기조로 하고 있어 리듬감 있는 어조로 조용하고 편안한 분위기를 살려서 낭독하면 좋다.

외형적인 운율이 드러나지 않는 경우에는 전체적인 감정의 흐름을 염두에 두면 된다. 즉 어느 부분에 감정의 높낮이가 있느냐에 따라 그 부분에서 큰 소리로 낭독하면 된다. 호흡조절은 빗금(/, //) 친 부분대로다.

◈ 수필 낭독하기

- 이 글은 적절한 비유와 표현, 함축적인 어휘, 그리고 영탄법을 효과적으로 사용한 청춘을 예찬하는 글이다. 힘 있게 낭독해 보자-①

두: 손을 가슴에 대:고,﹀물방아 같은 심장의 고동을 들어봅니다./

젊음의 피는 끓습니다./ 끓는 피에 약동하는 심장은﹀거선(巨船)의 기관처럼 힘찹니다./

이것입니다./ 인류의 역사를 꾸며 내려온 동력(動力)은﹀바로 이것입니다.

이성(理:性)은 투철하되 얼음과 같으며,﹀지혜는 날카로우나﹀갑(匣) 속에 든 칼입니다./ 젊음의 끓는 피가 아니라면﹀인간이 얼:마나 쓸쓸할 것입니까?/

얼음에 쌓인 만물(萬:物)은﹀죽음이 있을 뿐입니다./ 그들에게 생명을 불어넣는 것은﹀따스한 봄바람입니다./

얼음 속에서﹀생명을 불러내는 것이 따스한 봄바람이듯이﹀젊음은﹀인류의 역사를 꾸며 내려가는 동력(動:力)입니다./

-1930. 민태원-

젊음! / 이는 듣기만 해도 가슴이 설레이는 말:입니다./

계류(溪流)가 암석에 부딪쳐도﹀오히려 거센 세류(勢流)가 되듯,﹀엄연한 자세(姿:勢),﹀도도(滔:滔)한 기풍,﹀탄력(彈:力)있는 말:입니다./

인생에 따스한 봄바람을 불어 보내는 것은,﹀이 젊음의 끓는 피입니다./ 젊음의 피가 뜨겁기 때문에﹀인간의 동산에는 사랑의 풀이 돋고﹀이상(理:想)의 꽃이 피고﹀희망의 놀:이 퍼:지는 것입니다./

만일(萬:一) 인간의 영토에 피어난 사랑의 풀이 없:다면﹀목숨이 있는 때까지 보이는 끝끝,/ 어디에고 찾아다녀도﹀우리에게 보이는 것은 거친 모:래뿐일 것입니다./

만:일 이상(理:想)의 꽃이 없:으면﹀쓸쓸한 인간에 남:는 것은﹀영락(零落)과 부패(腐:敗)뿐일 것입니다.//

'숲에서 배운다' ②

숲에는 질서와 휴식이,﹀그리고 고요와 화평이 있었다./ 숲은 모든 것을 받아들인다./ 안개와 구름,﹀달빛과 햇살을 받아들이고,﹀새와 짐승들에게는﹀깃들일 보금자리를 베풀어준다./ 그리고 숲은 거부하지 않는다./ 자신을 할퀴는 폭풍우까지도﹀마다하지 않고 너그럽게 받아들인다./ 이런 것이﹀숲이 지니고 있는 덕인 모양이다./

흙과 나무와 물로 이루어진 자연에는 거짓이 없다./ 뿌리고 가꾼대로 거둔다는 진리를﹀그대로 보여준다./ 그 질서 앞에서는﹀억지나 속임수 같은 게 용납될 수 없고,/ 또한 그 세계 안에서는﹀아무 것도 쇄신(刷新)할게 없다./ 본래 갖추어진 그대로이니까./ 그저 진실로써 대하면﹀진실의 응답이 있을 뿐이다./

우리에게 자연은 무엇인가?/

그것은﹀단순한 흙과 나무와 물이 아닐 것이다./ 더구나 정복의 대상은 아니다./ 몇 시간만 비를 내려도,/ 몇 치만 눈이 쌓여도 벌벌 기는 우리 주제에﹀정복이란 가당(可當)이나 한 말인가?/ 그 질서와 관용 앞에서﹀인간은 분수와 역량의 한계를 알고 겸손하게 배워야 한다./ 인간의 배경은 피곤한 도시문명이 아니라﹀'그대로 놓여진' 자연일 것 같다./ 그 안에서 우리는﹀사람답게 사는 법을 거듭거듭 배워야 할 것이다./ 인류사상 위대한 종교와 사상이﹀교실 아닌 숲에서 나왔다는 것은 무엇을 뜻하는 것일까?/ 자연은﹀인간에게 영원한 모성(母性)인 것이다.//

–법정(法頂) 수상집에서–

◈ 동화 낭독하기

'흙탕물과 꽃' -동화작가 정채봉의 동화 속 이야기-

세상살이에∨회의를 품은 참새가 있었다. 그저∨먹이나 찾아다녀야 하는 삶에∨파수(把守)를 보아야 하는 삶에∨무엇보다 늘 쫓겨 다녀야 하는 삶에∨그 참새는 진절머리가 났다./ 날로∨혼탁해 가는 세상 속에서∨다른 새들과 곡식 한 톨이라도 더 먹으려고∨싸우고∨속고∨속이며 살아야 하는 처지가∨숨이 막히도록 싫었다./ 그래서∨어떤 친구는 인간이 뿌린 농약을∨일부러 먹고 스스로 목숨을 끊기도 했다./

마침내∨이 참새는 스승 참새를 찾아가 말했다.
"세상살이가 싫어졌습니다.. 너무 치열하고 비참합니다./ 오늘도 제 친구 하나는∨밭두렁의 미루나무 위에서∨사냥꾼이 허수아비인 줄 알고 마음 놓고 있다가∨그 사람이 쏜 총알을 맞고 죽었습니다."//

스승 참새가 빙그레 웃었다./ "그래서 어찌했으면 좋겠느냐?/
"출가를 했으면 합니다./ 깊은 산 속으로 들어가서∨불상한 우리 참새들을 위해 기도하면서∨한 송이 풀꽃처럼 더러움도 타지 않고∨다투지도 말며∨의연하게 살고 싶습니다."//
스승은 조용히 듣고 있다.∨"따라 오거라."/

스승 참새는 그를 데리고∨그곳에서 멀지 않은 연못으로 날아갔다./ 연못은∨위에서 흘러내려 온 흙탕물로 더럽고 검붉었는데∨마침 거기에 뿌리를 내린 연 줄기에서는∨놀랍게도 꽃봉오리가 화사하게 올라오고 있었다./

스승 참새가 말했다./ "보아라.∨연꽃은 저 더러운 흙탕물에서 피지만∨더러움과 물들지 않고∨오히려∨더러운 자기 터를∨아름다운 꽃밭으로 만든다./ 너도∨이 험한 세속을 떠나서 꽃을 피우려 하지 말고∨여기서 살면서∨네 터를 네 꽃밭으로 만들거라."//

◈ 연설문(演說文) 낭독하기 Reading Speech

연설문은 낭독을 목적으로 한 글쓰기이므로 말할 때의 상황이나 듣는 사람을 고려해야 한다. 연설은 넓은 범위에서 보아 의사소통을 위한 말하기의 한 형태지만, 일상생활의 사적인 자리에서 격의 없이 행하는 대화나 담소와는 분명히 다르다고 할 수 있다.

연설은 대체로 기념일이나 행사에서 다수의 청중을 대상으로 말을 하는 일정한 형식과 틀을 갖춘 말하기이므로 그만큼 신중하게 청중을 고려하면서 행해야 한다.

연설문을 작성할 때 가장 고려해야 할 것은, 청중에게 전달하고자 하는 주제를 분명하게 하는 것이다. 자신이 말하고자 하는 주요 내용을 논리적으로 배치하고 주장에 맞는 적당한 논거를 갖추어야 한다. 힘주어 강조해야 할 부분에 가서는 반복을 해서라도 자신의 의지를 보여야 한다.

청중의 나이나, 성별, 학력수준, 직업 등도 연설문을 작성할 때 고려되어야 할 사항이다. 듣는 사람들이 가장 흥미 있어 할 내용으로 관심을 끌고, 그런 가운데 자신이 말하고자 하는 바를 소신 있고 분명하게 말해야 한다. 연설의 내용에 청중의 흥미를 끌만한 유머와 풍부한 일화나 사례가 준비되었다면 그 연설은 청중의 호응 속에서 함께 공감하는 좋은 연설이 될 것이다.

다음으로 중요한 것은 전달자의 언어표현 능력이다. 원고(原稿)를 말이 되게 바꿔야 한다. 즉 말하기의 기초체력인 정확한 발음은 물론 문어체(文語體)를 구어체(口語體)로 바꿔 낭독해야 한다. 왜냐하면 읽을 때는 원고를 보고 읽지만 전달방식은 '말하기'이기 때문이다. 글과 말이 다르고 철자와 발음이 다른 것이다. 낭독의 기술습득이 무엇보다 중요하다.

*** 에이부러햄 링컨의 명연설**

-다음은 미국 에이부러햄 링컨 대통령이 남북전쟁 때 결정적인 전투가 벌어졌던 펜실베이니아 주 게티스버그에서 국립묘지 개관식(1863년) 때 했던 세계적으로 유명한 연설이다. 그는 남북정쟁에서 승리해 연방을 보존하고, 노예를 해방시킨 역사적인 역할을 담당했다.-

... 지금부터 87년 전,/ 우리 조상들은˅모든 인간은 자유롭고 평등하다는 신념을 가지고˅이 대륙으로 건너와 새 나라를 세웠습니다./

지금 우리들은˅이 나라를 계속 지키기 위해서˅괴로움을 겪고 있는 것입니다./ 그들의 죽음을 영원히 헛되지 않게 하기 위하여˅지금 우리들은 여기에 모였습니다./

여기서 우리들이 하는 말은˅세상 사람들의 머릿속에서 잊혀지게 될지도 모릅니다./ 그러나˅용사들의 죽음만은 결코 잊어서는 안 되겠습니다./

살아남은 우리들이 하지 않으면 안 되는 일,/ 그것은 이 전투에서 죽은 사람들이 지키고자 한 이상(理想)을 지켜 나갈 것,/ 그리고 이 나라를 다시 한 번 자유와 평등의 나라로 되살아나게 하는 것,/ 나아가서는 **국민의,** ˅**국민에 의한,**˅**국민을 위한 정치**를˅결코 이 땅 위에서 사라지지 않도록 하는 것입니다.//

제4장

방송언어(放送言語)

1. 방송언어(放送言語)의 중요성
2. 방송 언어의 심의 규정
3. 방송언어(放送言語)의 특징
4. 방송문장(Sentence)
5. 기타 방송용어(放送用語)

제4장 방송언어(放送言語)

이 장(章)에서는 전문 방송인(放送人)과 그 지망자, 그리고 우리말을 사랑하는 모든 분들이 참고할 수 있는 '방송언어'에 대하여 기술(記述)하고자 한다.

전문방송인이란 방송사에 고정(固定) 또는 비 고정(非固定)으로 관련을 맺고 있는 사람들을 말한다. 즉 아나운서, 앵커맨, 보도기자, 성우, 탤런트, MC, 기타 정치인등 필요에 따라 '마이크'를 잡고 우리말을 구사(驅使)하는 사람들이다.

방송의 주축(主軸)은 말이다. 또 방송은 벽 없는 학교라고 할 만큼 그 교육적 기능과 미치는 영향이 크다. 방송은 바로 공적인 자리이기 때문에 누구나 이해할 수 있는 표준어를 써야 함은 물론 풍부한 지식과 상식, 기지와 해학이 필요하며 폭 있는 교양과 훌륭한 인간성까지도 요구된다.

'폭우(暴雨)로 시가지가 물에 잠겼습니다. 호우(豪雨)가 그치고 정상을 되찾았습니다.'라는 뉴스가 방송되었다. 여기서 기자는 '정:상(正常)'이라고 발음해야 함에도 '정상(頂上))이라고 발음한다면 시가지가 갑자기 물속에서 산(山) 위로 떠올랐다는 얘기가 된다. '頂上'과 '正常'을 구분 못하는 수준이라면 전문 방송인이라 할 수 없다.

방송인들은 특히 오늘의 우리 방송언어의 실태를 직시하고 누구나 계속적인 언어수련(言語修鍊)을 통해 품위 있고 분명한 언어를 구사할 수 있도록 노력해야 함은 물론, 가장 이상적인 방송언어의 발전 방안이 무엇인가에 대해 깊이 고찰할 필요가 있는 것이다.

1. 방송언어(放送言語)의 중요성

방송에서 언어문제는 어느 한 부분도 소홀히 할 수 없다. 특히 방송에서 언어가 차지하는 비중은 절대적이다. 뿐만 아니라 대중에게 미치는 언어의 영향은 대단한 것이다. 그러므로 방송에 임하는 사람들은 언어에 대한 깊은 이해와 막중한 책임감을 인식하지 않으면 안 된다.

방송은 기본적으로 시청대상(視聽對象)을 극대화해야 하는 만큼 특정범위의 시청자는 물론 일반 시청자들에게도 되도록 광범하게 이해될 수 있는 언어선택이 무엇보다 중요하다 할 수 있다.

언어는 문자언어(글말)와 음성언어(소리 말)로 대별되는데 방송의 전달과정은 음성언어를 통해서만이 가능하다. 부정확한 발음, 잘못된 어휘 등이 선택될 경우 전달 하고자 하는 내용이 분명히 전달되지 못할 뿐만 아니라 잘못 또는 전혀 달리 전달될 수도 있다. 방송을 reading 또는 speaking, 혹은 recital이라고도 한다. 이는 방송이 단순한 전달에 그치는 것이 아니라 음성 미학적(美學的)이어야 함을 의미한다.

요즘 우리 방송매체는 그 역할과 사명을 인식조차 하고 있는 것 같지 않다. 오히려 시청률을 높이기 위해서라면 언어 수준은 얼마든지 낮출 수 있다는 태세이다. 방송이 오락성에 치우쳐 방송언어의 근본적인 문제들이 외면되면서 잘못된 언어, 저질스러운 언어들이 범람하고 있는 실정이다. 또 선정적(煽情的)이고 야비한 표현, 반말과 비속어, 은어가 난무하고 부정확하고 속된 발음, 엉터리 외래어 남발 등 언어 오용(誤用)이 위험수위를 넘고 있다. 언어순화 차원서도 대책이 시급하다 하겠다.

전문 방송인들은 성대악기(聲帶樂器)의 주법(奏法)에 해당되는 정확한 발음법칙은 물론 음(音)의 고저(高低), 장단(長短), 억양(Intonation), 어려운 한자(漢字) 읽기 등 방송언어 연구를 게을리 해서는 안 되겠다. '화장(化粧)'과 '화장(火:葬)'의 의미를 구분해서 정확한 발음을 구사할 수 없다면 전문 방송인이라 할 수 없다.

전문 방송인을 우선 꼽으라고 한다면 아나운서(Announcer)일 것이다. 아나운서는 뉴스를 비롯하여 쇼의 진행, 좌담회의 사회, DJ, 낭독(朗讀), 실황중계(實況中繼) 등 여러 가지 일을 한다. 뉴스나 낭독 등은 제공된 원고를 읽어 나아가는 것이지만 기타는 그때마다의 상황에 따라 임기응변(臨機應變)으로 대처해야 한다. 여기에 풍부한 지식과 상식, 기지(機智)와 해학(諧謔)이 필요하며 누구에게나 알기 쉽고 정감이 부드러운 목소리가 절대적으로 필요하다.

아나운서의 기본은 우리말에 대한 구사능력, 전달력이다. 언어의 파수꾼인 아나운서는 세련된 표준말을 더욱 세련되게 구사해야 할 사명을 띠고 있다. 곧 언어예술의 경지에까지 이르러야 한다. 평소에 부단한 수련(修鍊)을 쌓아 품위 있고 격조(格調)있게 방송을 해야 할 것이다.

아나운서는 아름다운 우리말의 전도사(傳道師)이다. 우리말의 정확한 발음을 전해야 한다. 그야말로 아나운서는 언어운사(言語運士)여야 한다.

2. 방송 언어의 심의 규정

방송 언어 규범을 명시하고 있는 것은 방송위원회의 방송심의(放送審議) 관련 규정(제8절 52조)이라고 볼 수 있다. 이에 따르면 '방송은 바른 말을 사용하여 국민의 바른 언어생활에 이바지해야 하며(①항), 원칙적으로 표준어를 사용해야 한다. 특히 고정 진행자는 표준어를 사용해야 하며(②항), 바른 언어생활을 해치는 억양, 어조 및 비속어, 은어, 유행어, 조어, 반말 등을 사용하여서는 아니 된다.'(③항)라고 규정하고 있다.

한편 제4절 26조는 방송 진행자가 유념해야 할 비언어적 태도 및 윤리수준에 대해 '방송은 품위를 유지하여야 하며 출연자에게 예의를 지켜야 한다.'고 명시하고 있다. 이는 현대사회에서 방송이 언어문화와 시청자의 언어습관 형성에 미치는 파급효과가 매우 크다는 측면을 고려한 것이다.

그러나 오늘날 우리의 방송 현실은 이와 같은 언어 규범에서 한참 벗어나 있다. 오히려 의도적인 일탈을 일삼고 있어 시청자의 눈살을 찌푸리게 만들고 있다. 시청률 확보가 지상 과제가 되면서 오락 프로그램의 상업화와 저급화가 초래되었고, 이러한 추세 속에서 방송 언어는 날로 품위를 잃어가고 있는 것이다. 따라서 올바른 국민 언어생활을 이끌 규범적 방송 언어 대신 선정적이고 말초적인 담합, 가학적이며 저속한 언어가 양산되고 있다.

언어문화가 낙후되면 여러 가지 문제가 생겨나며 가장 심각한 문제는 그 언어를 사용하는 사람들의 사고방식 역시 낙후될 수밖에 없다. 방송에서 사용되는 언어가 잘못됐다면 우리가 일상생활에서 사용하는 언어도 그 영향을 받아 잘못된 언어를 사용할 것이며, 그것이 우리의 사고방식에 잘못된 영향을 끼칠 수도 있을 것이다.

우리 생활의 일부가 된 방송이 국민의 언어생활에 지대한 영향을 끼친다는 사실은 누구도 부인하기 어렵다. 방송계 종사자는 올바른 우리말 사용에 대한 책임 의식을 갖고 방송 언어가 우리말의 표준이 될 수 있도록 노력해야 함은 물론, 오염된 방송 언어를 걸러내고 정화해 세련되고 품위 있는 방송 언어를 시청자에게 제공해야 하며, 바른 언어 전달자로서의 역할에 더욱 충실해야 한다.

- 방송심의규정 제 52조 (방송언어)

① 방송은 바른말을 사용하여 국민의 바른 언어생활에 이바지하여야 한다.

② 방송언어는 원칙적으로 표준어를 사용하여야 한다. 특히 고정 진행자는 표준어를 사용하여야 한다.

③ 방송은 바른 언어생활을 해치는 억양, 어조 및 비속어, 은어, 유행어, 조어, 반말 등을 사용하여서는 아니된다.

- 방송심의규정 제 53조 (외국어 등)

'방송은 외국어를 사용할 때는 국어순화의 차원에서 신중하여야 하며, 사투리를 사용할 때는 인물의 고정유형을 조성하여서는 아니 된다.'

3. 방송언어(放送言語)의 특징

방송이란 청취자를 향한 일과성(一過性)이다. 즉 방송언어는 말하는 순간에 사라진다. 그러므로 방송언어의 정확성과 품위 유지는 절대적이라 할 수 있다. 방송언어(Broadcast Language)는 국민의 언어생활에 큰 영향력을 갖는다. 방송언어의 특징을 살펴보면 다음과 같다,

1) 표준말(標準語)이다.

표준어란 국어를 대표하는 말이다. 표준어는 교육이나 공적인 장소에서 반드시 써야하는 공용어(公用語)이다.

방송에서는 시청자(視聽者)가 일반 대중이고 교육적인 목적을 지니기 때문에 내용과 조리가 분명해야 하며 누구나 잘 알아들을 수 있는 표준어를 사용해야 한다. 방송언어는 그것을 의식하든 않든 간에 국민의 언어가 되어가고, 그것이 하나의 기준이 되기 때문에 우리말을 정확하게 표현해야 한다. 따라서 '교양 있는 사람들이 두루 쓰는 현대 서울말', 즉 '표준어'를 정확하고 어법에 맞게 사용해야 한다.

- 오순도순: 어린 아이들이 의좋게 노는 모양
  오순도순×

- 주책없다: 일정한 주견이 없이 이랬다 저랬다하여 몹시 실없다. 대중없다.
  주책바가지: 주책없는 사람을 비웃어 하는 말.
  주책이다×

- 허섭쓰레기: 좋은 것을 먼저 고르고 난 뒤의 남은 찌꺼기 물건.
  허접쓰레기×

- 삼수갑산: 三水甲山. 우리나라에서 가장 험한 산골이라 이르던함경도의 삼수와 갑산. 조선시대에 귀양지의 하나였다.

예문: '삼수갑산에 가는 한이 있어도...' →자신에게 닥쳐올 어떤 위험도 무릅쓰고라도..., (어떤 일을 단행할 때 하는 말.)

산수갑산×

– 표준어(標準語)와 비표준어(非標準語)

비표준어란 사투리 또는 방언(方言)을 말한다. 방언은 대개 어느 지역 아니면 어느 계층이나 세대, 직업, 성(性) 등을 대표하는 말을 가리킨다.

국어연구원이 509,076개 어휘를 분석한 것을 보면 국어에는 'ㅇ'으로 시작하는 두 음절로 된 명사가 가장 많은 것으로 나타났고, 사투리 중에는 경상도 사투리가 5,851개로 가장 많았으며 평안도, 제주도, 함경도, 강원도, 전라도, 충청도, 경기도, 황해도 등의 순이었다.

서울에도 사투리가 없는 것은 아니다. 바로 '있었껄랑' '전했껄랑'하는 '껄랑'이다. '껄랑'이란 '거들랑'의 준말로서 '..거든'과 '..을랑'이 합쳐진 연결어미이다.

또 서울 방언으로 '아'음을 '어'로 발음하는 예도 있다. '합니다'를 '헙니다'로, '하십니다'를 '허십니다'로, '하십시오'를 '허십시오'로 말하는 것들이다. 이밖에 '그리고'를 '그리구', '하고'를 '하구', '나하고 너하고'를 '나하구 너하구'로 발음한다.

– 표준어의 변천

'돌'은 한때 '돐'로 쓰였지만 발음이 되지 않는 'ㅅ'이 탈락되면서 오늘날의 표준 정서법으로는 '돌'이 사용된다. 따라서 언젠가 '닭'이 '닥'이 되지 말라는 법도 없다. '있읍니다'가 '있습니다'로 된 것도 오래된 일은 아니다. 나이든 세대들은 옛날 철자법을 사용하고 젊은 세대들은 변화된 철자법을 사용하다 보니, 때로는 서로 다른 세대에 속하는 구성원들이 어색하거나 틀린 철자법을 사용하는 것으로 보이기도 한다.

철자는 보수적인데 비해, 발음은 더 쉽고 빠르게 변하기 때문에 철자 규범은 일정 시간이 지나면 고쳐질 수밖에 없다.

〈원래 어원이거나 고어였던 단어는 버림〉	〈어원이나 고어에서 멀어진 형태가 표준어가 됨〉
사글세(朔月貰)	사글세
성황당(城隍堂)	서낭당
초생(初生)달	초승달
설겆다	설거지하다
뒤치닥거리	뒤치다꺼리
애닯다	애달프다
사잇길	샛길
몇일	며칠
볼상(相)사납다	볼썽사납다
사흘날	사흗날
술가락	숟가락
또아리	똬리
의례(依例)	으레
미류(美柳)나무	미루나무
괴퍅(乖愎)하다	괴팍하다
복숭아뼈	복사뼈
강남(江南)콩	강낭콩
켸켸묵다	케케묵다

〈KBS 표준 한국어에서 발췌〉

2) 구두어(口頭語)를 쓴다.

방송언어는 청각(聽覺)에 호소하는 음성언어(音聲言語)이다. 즉 문자어(文字語)가 아닌 구두어(口頭語)이다. 구두어(혹은 구어)란 말하는 언어를 가리키는 술어이며 문어(文語)란 글로 쓰는 언어를 말한다.

그러나 일부 방송인 중에는 방송언어를 구사하지 않고 여전히 문어체(文語體)인 글을 읽고 있다. 즉 '범인의 여죄(餘罪)를 묻기로 하였습니다' '의견조율(意見調律)이 안 될시(時)' 등등의 표현을 쓰니 말이다. 평소 우리가 대화할 때 이런 표현을 쓰지는 않을 것이다.

방송언어는 의미가 변하지 않는 범위에서 음운이나 음절을 생략할 수 있다. 그러나 간투사(間投詞:감탄사)의 잦은 사용이나 과도한 준말 그리고 지나친 구어의 사용은 피해야 한다.

1919년 파고다 공원에서 낭독한 독립선언서 '오등(吾等)은 자(玆)에 아(我) 조선(朝鮮)의 독립국(獨立國)임과...,'는 문어체이며, 이를 구어체로 바꾸면 '우리는 이에 우리...'가 된다.

문어인 '상오(上午)와, 하오(下午)'는 '오전(午前)과, 오후(午後)'로, '..및'은 '그리고, ..과' 등으로, '기타'는 '그밖에' 등으로 바꿔 사용해야 한다.

사람의 손 → 사람 손　　때에는 → 때는
학교에 간다 → 학교 간다　　밥을 먹는다 → 밥 먹는다
데에 → 데그리고 → 또　　그리하여 → 그래서
이곳 → 여기　　그곳 → 거기　　저곳 → 저기

지니다 → 가지다　　~듯하다 → ~것 같다　　우리 → 울
이것을 → 이걸　　이리하여 → 이래서　　무엇을 → 뭘

3) 쉬운 말을 쓴다.

방송이란 시청자가 어린이로부터 노인에 이르기까지 다양하고 광범위할뿐만 아니라 주로 청각에 호소하므로 누구나 이해할 수 있는 쉬운 말을 골라 사용해야 한다.

방송은 쉽게 들어서 이해 할 수 있는 말이어야 한다. 생각하게 하는 말이어서는 안 된다. 이해를 위해서는 구두점(句讀點)까지도 무시할 수도 있는 것이 방송이다. 예를 들면 'OB 베어스가 연패했다'고 한다면 연패란 계속 패했다는 連敗의 뜻인지 아니면 계속 이겨서 連覇인지 분간키 어렵다.

따라서 분명한 발음을 해야 하고 어휘는 난해어(難解語), 동음어(同音語), 유음어(類音語), 외국어 등은 쓰지 말아야 한다.

- 이해하기 어려운 말 -

감내(堪耐)하다 → 견디다
갱내(坑內) → 굴 안, 굴 속
관개(灌漑) → 물대기
급거(急遽) → 급히, 서둘러
고지(告知)하다 → 알리다
구축(驅逐)하다 → 몰아내다, 쫓아내다
낭보(朗報) → 기쁜 소식, 반가운 소식
내도(來到)하다 → 도착하다, 오다
도정과정(搗精過程) → 찧는 과정
매입주(買入主) → 산, 살 사람

개수(改修)하다 → 고치다
계상(計上)하다 → 셈에 넣다
공란(空欄) → 빈칸
경미(輕微)한 → 가벼운
경구(經口) 약 → 먹는 약

매물(賣物) → 팔 물건, 팔 것
목측(目測) → 눈짐작, 눈대중
반입(搬入) → 실어옴, 실어들임

미제품(未濟品) → 미완성품
부상(浮上)하다 → 떠오르다
부응(副應)하다 → 따르다

부수(附隨)하는 → 따르는

대좌(對坐)하다 → 마주 앉다

시방서(示方書) → 설명서

일탈(逸脫)하다 → 벗어나다

노면(路面) → 길바닥

육림(育林) → 나무가꾸기

입하(入荷) → 들어옴, 들여옴

적출(積出)하다 → 실어내다

조회(照會)하다 → 알아보다

중지(衆智) → 여러(사람)지혜

적정가(適定價) → 알맞은 값, 적절한 가격

절하(切下)하다 → 내리다

졸지(猝地)에 → 뜻밖에, 갑자기

전화(戰禍) → 전쟁피해

체납(滯納)하다 → 밀리다

초유(初有)의 → 처음 있는

초지(草地) → 풀밭

초치(招致)하다 →청해오다, 불러오다

치사(致死)하다 → 숨지게 하다, 죽게 하다

향발(向發)하다 → ...으로 떠나다

파기(破棄)하다 → 깨버리다, 없애버리다

해갈(解渴) → 갈증 해소

■ 어려운 한자어(漢字語)를 피한다.

한자어는 국어 어휘를 풍부하게 해 주고 조어력(造語力)이 뛰어나다는 장점이 있지만, 우리 국민 대부분이 어렵게 느낀다는 점에서 다듬기의 대상이 된다. 특히 최근에는 대개 한자 표기를 하지 않고 한글로만 표기하기 때문에 그 뜻을 알기가 쉽지 않다.

말을 할 때 어려운 한자어보다는 고유어를 사용하게 되면 그 말의 내용을 쉽게 전달할 수 있고 친근감을 불러일으킬 수 있다. 물론 잘 쓰이지 않는 고유어를 억지로 사용하는 것은 오히려 우리의 언어생활을 불편하게 만들 수도 있지만 지식이나 학식을 뽐내기 위해 지나치게 어려운 한자어를 사용하는 것은 삼가야 한다.

그런데 한자어와 고유어가 동일한 의미를 갖는다고 하더라도 말의 내용에 따라서는 쓰임의 차이가 있기 때문에 모든 경우에 한자어를 고유어로 바꾸어 쓸 수는 없다. 예를 들어 청자가 웃어른일 경우에는 '나이' 대신 한자어 '연세(年歲)'나 '춘추(春秋)'를 써야 하며, '이름' 대신 한자어 '성함(姓銜)'이라고 해야 한다.

다음의 예는 어려운 한자어 표현을 고유어로 바꾼 것으로, 어려운 한자어를 쓰는 것에 비해 의미를 파악하기 쉽다.

격의(隔意)없이 → 터놓고
경악(驚愕) → 놀라움
관건(關鍵) → 열쇠
매도(賣渡) → 팔아넘기다
매물(賣物) → 팔 물건

결빙(結氷) → 얼어붙은
경주(傾注)하다 → 기울이다
급거(急遽) → 급히
매립(埋立) → 메우다

도산매(都散賣) → 도매와 산매
뇌물수수(賂物授受) → 뇌물을 주고받음

수매가격(收買價格) → 사들이는 값
전철(前轍)을 밟지 않도록 → 잘못을 되풀이 않도록
현안문제(懸案門題) → 걸린 문제
타결(妥結)되다 → 매듭지어지다

사의(謝意) → 감사의 뜻
석패(惜敗) → 아깝게 지다
성황리(盛況裏)에 → 성황 속에
신승(辛勝) → 가까스로 이김

산지(産地) →생산지
설전(舌戰) →입씨름
수주(受注) →주문받다
아주(亞洲) →아시아

연패(連敗) → 내리지다
윤화(輪禍) → 차사고
입체(立替)하다 → 대신 내다
자상(刺傷) → 찔린 상처

인니(印尼) → 인도네시아
인방(隣邦) → 이웃나라
연패(連覇) → 내리 이기다
저리(低利) → 싼 이자

체납(滯納)되다 → 밀리다
판금(販禁) → 판매금지

추이(推移) → 움직임
판촉(販促) → 판매촉진

호기(好機) → 좋은 기회
해갈(解渴) → 가뭄해소

하등(何等)의 → 아무런
근소(僅少)한 → 하찮은

한해(旱害) → 가뭄의 피해
돈사(豚舍) → 돼지우리
양당(兩黨) → 두 정당
대맥(大麥) → 보리
살포(撒布)하다 → 뿌리다

작황(作況) → 수확
사료(飼料) → 먹이
등세(騰勢) → 오름세
수하(誰何) → 누구
미지수(未知數) → 모를 일

구랍(舊臘) → 지난 연말(年末), 작년 12월
조속(早速)히, 신속(迅速)히 → 빨리
노령(老齡)의 → 나이가 많은, 늙은
우둔(愚鈍)한, 우매(愚昧)한 → 어리석은

출현(出現)하다 → 나타나다
수영(水泳)하다 → 헤엄치다
교환(交換)하다 → 바꾸다

세탁(洗濯) → 빨래
가급적(可及的) → 되도록이면
상실(喪失)하다 → 잃다

최초(最初) → 맨 처음
별도(別途)로 → 따로
곤난(困難)한 → 어려운
무상(無償) → 거저

판매(販賣)하다 → 팔다
금후(今後) → 이제부터
이전(移轉)하다 → 옮기다
동일(同一)한 → 같은

대금(代金) → 값
우려(憂慮) → 걱정

존재(存在) → 있음
하자(瑕疵) → 흠

증뢰(贈賂) → 뇌물 줌
점차(漸次) → 차츰

망각(忘却)하다 → 잊다
향후(向後) → 이후(以後)

고의(故意)로 → 일부러
다대(多大)한 → 큰

노후(老朽)한 → 낡은
의미(意味) → 뜻

의뢰(依賴) → 부탁
사체(死體) → 시체

수도(首都) → 서울
시사(示唆) → 비치다

무의탁(無依託) → 의지할 곳 없는
문란(紊亂)하게 → 어지럽게
미달(未達)된 → 못 미친
발부(發付)하고 → 보내고
부득이(不得已) → 할 수 없이
미등기(未登記) → 등기 안 된
소식을 접(接)했다 → 소식을 들었다.
교체(交替)키로 → 바꾸기로
인사말을 통(通)해 → 인사말에서
우천(雨天)으로 → 비가 와서

세금이 탈루(脫漏)돼 → 세금이 새나가
세종시로 명명(命名)했다 → 세종시로 이름을 지었다.
마크를 부착(附着)했다 → 마크를 붙였다.
결식아동(缺食兒童)들에게 → 굶는 아이들에게
금품을 살포(撒布)하다 → 돈을 뿌리다

휴식을 취(取)하고 있다 → 쉬고 있다
고조(高調)되고 있다 → 높아지고 있다
붕괴(崩壞)될 위기를 맞고 있다 → 무너질 판이다
도서(圖書) 분류작업을 벌이다 → 책을 분류하다
적확(的確)한 표현 → 정확(正確)한 표현
괄목(刮目)할만한 성과 → 주목(注目)할만한 성과
의아(疑訝)히 여기다 → 이상(異常)히 여기다
불만을 표출(表出)하다 → 불만을 나타내다
10년 만에 해후(邂逅)하다 → 10년 만에 만나다

미연(未然)에 방지(防止)하다 → 미리 막다
복명(復命)하고 → (~결과를)보고하고
불가항력(不可抗力) → 어쩔 수 없는
부의(附議)안(案) → 토의안, 회의안
방치(放置)하다 → 내버려두다/벼려두다
무자격자(無資格者) → 자격이 없는 사람
기억의 편린(片鱗)들을 → 기억의 조각들을
시건장치(施鍵裝置) → 잠금장치
장물을 은닉(隱匿)했다 → 장물을 숨겼다
대미(大尾)를 장식했다 → 마지막을 장식했다.

3연패(連覇)를 달성했다 → 3번 연속 우승했다.
색인(索引) 작업이 간편해졌다 → 찾는 일이 쉬워졌다.
경악(驚愕)을 금(禁)할 수 없다 → 놀라지 않을 수 없다.
전격적(電擊的)으로 경질(更迭)했다 → 갑자기 바꿨다.
두 체급을 석권(席卷)했다 → 두 체급 모두 우승했다.

발상(發想)의 전환(轉換)이 필요하다 → 생각을 바꿔야 한다.
마무리에 박차(拍車)를 가(加)하다 → 서둘러 마무리하다.
대책 마련에 부심(腐心)하다 → 대책을 마련하느라 애쓰다.
개전(改悛)의 정(情)이 현저(顯著)하다 → 뉘우치는 빛이 뚜렷하다.
수수방관(袖手傍觀)하고 있는 것은 → 팔짱을 끼고 보고만 있는 것은

근황(近況)이 어떻습니까? → 요즘 어떻게 지내십니까?
척사(擲柶) 대회 → 윷놀이 대회
비산(飛散) 먼지 주의 → 날림 먼지 주의
콘크리트 양생(養生) → 콘크리트 굳히는 중

약을 복용(服用)하다 → 약을 먹다
난색(暖色)을 표명(表明)하다 → 어려운 빛을 나타내다
가방을 분실(紛失)하다 → 가방을 잃어버리다
법에 저촉(抵觸)되다 → 법에 걸리다
전력(全力)을 경주(傾注)하다 → 온 힘을 기울이다
식별(識別)이 용이(容易)하다 → 알아보기 쉽다
적색등(赤色燈)이 점등(點燈)하다 → 빨간불이 켜지다
화재(火災)를 진압(鎭壓)하다 → 불을 끄다
촉수(觸手)를 엄금(嚴禁)하시오 → 손대지 마시오
가(可)타 부(不)타 → 옳다 그르다
폐일언(蔽一言)하고 → 한 마디로 말해서

유가(油價) → 기름 값
고(故)로 → 그러므로
적기(適期) → 제때
개수(改水)통 → 설거지통
정숙(靜肅) → 조용히, 고요히
가가호호(家家戶戶) → 집집마다
세모(歲暮) → 설밑
가공(可恐)할 → 두려운
고수부지(高水敷地) → 둔치

사고다발(事故多發)지역 → 사고가 많이 나는 곳
준용하천(準用河川) → 하천법에 적용하는 하천
출입증(出入證) 패용(佩用) → 출입증을 답시다

행선지 → 가는 곳
하등 → 아무런(어떤)
오지 → 두메(산골)
초지(草地) → 풀밭
노임 → 품삯
추궁 → 캐물음
금일(今日) → 오늘
관개(灌漑) → 물대기

지난(至難)한 일 → 매우 어려운 일
초치(招致)하다 → 청해오다, 불러오다
낭보(朗報) → 기쁜 소식, 반가운 소식
파기(破棄)하다 → 깨버리다, 없애버리다
적정가(適定價) → 알맞은 값, 적절한 가격
구축(驅逐)하다 → 몰아내다, 쫓아내다
치사(致死)하다 → 숨지게 하다, 죽게 하다
병역을 필(畢)하다 → 병역을 마치다

한(韓).미(美) 양국간의 관계개선(關係改善)을 위해
→ 한국과 미국사이의 관계를 개선하기 위해

"여러 사람이 대동소이(大同小異)한 내용을 중언부언(重言復言) 되풀이해 정말 따분한 시간이었습니다."

→ 정말 따분한 말이다. 대동소이, 중언부언 같은 딱딱한 한자어를 되풀이했다. 대동소이는 '거의 같은'처럼 쉬운 말로 바꾸고 중언부언은 생략하는 게 낫다.

*** 일본식 한자어**

견습 → 수습(修習) 고참 → 선임(先任) 구좌 → 계좌(計座)
대절 → 전세(專貰) 만개 → 만발(滿發) 융통 → 변통(變通)
입장 → 처지(處地) 출산 → 해산(解産) 취조 → 문초(問招)
시말서 → 경위서(經緯書)

〈바른말실천운동시민협의회 제공〉

* 말 한마디만 바꾸어도 세상이 달라집니다. 〈읽기 연습〉

지난 주말, 충청도 어느 읍내에서
이런 플래카드를 보았습니다.
「군수기 타기 군민체육대회」
단어 하나가 참으로 인상적이었습니다.
“타기!”
신선했습니다.

예전에는 그 자리에 주로
“쟁탈”이란 말을 넣었지요.
“대통령배 쟁탈...”
“협회장기 쟁탈...”
“싸워서 빼앗는다”는 뜻이었습니다.

단어 하나를 바꾸니까
싸움이 놀이가 됩니다.
“쟁탈”이라고 말하면
한쪽은 웃고 한쪽은 울 것 같은데
“타기”라고 하니까
양 편 모두 어깨동무를 하고
춤추고 노래할 것만 같습니다.

그 말 한 마디에
그 고장 사람들의 선한 표정이 보입니다.
온화한 마음씨가 보입니다.
될 수 있으면
곱고 예쁜 말을 쓰십시오.
아름답고 향기 나는 단어를 쓰십시오.
사람이 다르게 보입니다.

■ 무차별적인 외래어(外來語) 사용을 금한다.

급작스러운 사회변화로 인해 홍수처럼 쏟아져 들어온 외래어와, 우리말로 고쳐 써도 좋을 한자들을 그대로 사용하여 우리의 언어가 제 모습을 잃게 되었다. 우리말의 아름다움을 바로 알 수 있도록 방송인이 모범을 보여야 할 것이다.

외래어, 외국어를 음성 표현함에 있어 지켜져야 하는 대 원칙이 있는데 그것은 전달자는 여하한 경우에도 외국어의 발음은 우리의 '국어 생리에 부합되도록' 해야 한다는 것이다. 다시 말해서 고유한 언어감각에서 일탈됨이 없이 우리말에 융합되도록 구사해야 옳다.

외국어와 외래어는 발음의 표기, 용법의 차이로 구분한다. 즉 외국어는 원어(原語) 또는 원어에 가까운 발음을 해야 옳고, 그 표기는 외국어의 발음 부호로만 사용해야 한다. 외래어는 국어에 포함되는 것이므로 마땅히 국어 또는 국어에 가까운 발음을 해야 한다. 국어의 일종이므로 그 표기는 발음 부호용이 아닌 일반용이다.

우리말로 통용할 수 있는 것을 굳이 외국어로 표현할 필요는 없지만 에어로빅, 디스코텍크, 팻션 쇼, 해트트릭 등과 같은 것은 대치용어가 없다. 외래어, 외국어 사용은 신중해야 함은 물론 이상적인 기준을 세워 그에 따라야 마땅하다.

단모음을 이중모음으로 발음하는 현상, 즉 소파(sofa)를 쇼파로, 믹서(mixer)를 믹셔로, 컴프레서(compressor)를 컴프레샤 혹은 콤푸레샤로 발음하는 경우에는 음운을 하나 보탠 결과가 돼서 발음의 경계원칙에도 벗어날 뿐만 아니라 세련미도 덜하고 품위를 떨어뜨리기 때문에 방송에서는 특히 조심할 일이다.

중국어 표기는 현지 발음에 최대한 가깝게 표기하는 것이 원칙이기 때문에 외래어 표기상 가장 어렵다. 중국어 발음의 영문 알파벳 표기를 예로 든다면 's'는 'ㅆ'으로, 'sh'는 'ㅅ'으로, 'z'는 'ㅉ'으로, 'zh'는 'ㅈ'으로 표기하게 되어 있어 알파벳 발음 표기를 보지 않고 한자만 보아서는 구분하기가 매우 어렵다. '연변(延邊)'을 '옌벤'으로 쓴다. 또 '한진 텐진호'은 현행 외래어 표기법상 '텐'이 아닌 '톈'으로 써야 한다. 중국 톈진(天津)시의 이름을 땄기 때문이다. '톈' '옌' '볜'이라는 표기는 발음하기도 힘들다.

또 최근 중국에서 큰 인기를 끌고 있는 막걸리를 중국인은 통상적으로 '마거리(瑪格利)'라고 한다. 그러나 우리나라에서 수출하는 수출품에는 '마커리(瑪克麗)' 혹은 '마커리(瑪可利)'로 상표 등록이 되어있어 헷갈린다. 중국어 표기에 대한 전반적인 재검토와 표기 관리 시스템 구축이 시급한 실정이다.

아직 굳어지지 않은 외래어, 어려운 외래어는 그에 해당하는 고유어 또는 먼저 들어와 굳어진 외래어로 대치하는 것이 바람직하다.

가솔린 → 휘발유	가당찮다 → 당찮다	가라 → 무늬, 바탕
가리방 → 줄판	가봉 → 시침질	계주 → 이어달리기
가차압 → 가압류	가쿠목 → 각목	간구하다 → 바라다
간수 → 교도관	감방 → 수용실	거년 → 지난 해
곤색 → 감색	검사역 → 검사인	게임셑 → 경기 끝
견본 → 본보기	견출지 → 찾음표	결실 → 열매맺기
경합하다 → 겨루다	계 → 닭	계분 → 닭똥

개선하다 → 고쳐 쓰다	구로 곤색 → 진한 감색, 짙은 감색
격리재배 → 따로 가꾸기	고수 부지 → 둔치, 한간 둔치
균열하다 → 금가다, 갈라지다	그라운드 → 운동장, 경기장
기라성 → 샛별처럼 빛나는	기스 → 흠(흠집), 상처
끽연 → 흡연	그리스펜 → 색연필

공급원 → 공급처	가접수 → 임시 접수	공란 → 빈칸
고사 → 말라죽음	공급선 → 공급처	구좌 → 계좌
금일 → 오늘	과채류 → 열매채소	금번 → 이번
기지 → 천, 옷	구루마 → 손수레	계사 → 닭장
계출 → 신고		

노깡 → 토관	낙화생 → 땅콩	노가다 → 현장 근로자
낙과 → 떨어진 열매	노스탈지어 → 향수	노견(路肩) → 갓길
노화 → 늙음	닉네임 → 별명노우	코멘트 → 말 안함
네지 → 나사	나가리 → 중단됐다,	무산됐다, 허사가 됐다

다방 → 찻집	단스 → 옷장, 서랍장	두발 → 머리
다시 → 막 국물	다대기 → 다진 양념	다마 → 전구
다쿠앙 → 단무지	단수 → 물끊기	다마네기 → 양피
다모작 → 여러 번 짓기	담수 → (물)잠김	대두 → 콩
대두유 → 콩기름	다년생 → 여러해살이	대맥 →보리

대절 → 전세	대퇴 → 넓적다리	데생 → 밑그림
데스크 → 책상	도색 → 색칠	도선 → 나룻배
도열하다 → 늘어서다	돈사 → 돼지우리	돈육 → 돼지고기
동체 →몸통		

대별하다 → 크게 나누다	도끼다시 → 갈아 닦기
따블 빽 → 더플 백(duffle bag)	디스카운트 → 에누리
도리 → 다 가진다, 다 가져간다	스토어 → 종합 할인점
다마치기 → 구슬치기, 혹은 당구치기	뗑깡 부리다 → 떼 쓴다

라운드 → 회전
라이트 → 조명
레테르 → 상표
라인 → 선, 줄금
레일 → 철길, 궤도
루울 → 규칙
리스트 → 목록
로오열박스 → 귀빈석
리셉션 → 초대연
로비 → 복도
로우프 → 줄, 밧줄
로우드쇼 → 특별공연
마호병 → 보온병
만땅 → 가득
매점 → 사재기
매표소 → 표 파는곳
맥류 → 보리류
멕키 → 도금
메이커 → 제조업자
매너 → 태도
믹스하다 → 섞다
미이팅 → 모임
밀크 → 우유
미상불 → 아닌게 아니라
무데뽀 → 막무가내

반도 → 띠
반환하다 → 되돌리다
방까이 → 만회
배양하다 → 기르다
백묵 → 분필
백주 → 대낮
보루 → 포
벽지 → 외딴곳
브러시 → 솔
브레끼 → 제동기
빠꾸 → 뒤로, 퇴짜
본인은 → 나는, 저는
불철주야 → 밤낮없이
뻬빠 → 사포(砂布)
배포하다 → 나누어주다

부지불식간 → 모르는 사이
병용하다 → 같이 쓰다, 함께 쓰다
사고다발지역 → 사고 많은데
상실하다 → 잃다, 잃어버리다
사이즈 → 크기, 칫수
사진가꾸 → 사진틀
순번대로 → 차례로
쇼오부 → 결판, 흥정
수입선 → 수입국, 수입처
스프링클러 → 물뿌림 장치, 살수장치

사토 → 모래흙
세일즈 → 판매
슈거 → 설탕
쇼크 → 충격
사라 → 접시
스피이드 → 속력
사이비 → 가짜
수령 → 나무나이
수순 → 절차
스케일 → 규모
소맥(분) → 밀(가루)
수탈하다 → 빼앗다

선착장 → 나루　시다 → 조수　싱 →심, 속심지
시마이 → 마감　식푸 → 찜질　스메키리 → 손톱깎이
시이즌 → 철, 계절　소라색 → 하늘색　쇼부 → 흥정 결판, 승부

스타일 → 맵시　사양서 → 설명서, 내용서
시아게 → 끝손질, 뒷손질　소대나시 → (소매 없는)민소매
신마이 → 풋나기, 애숭이　스킨케어 → 피부관리

아나고 → 붕장어　야키만두 → 군만두　야미 → 뒷거래
아이롱 → 다리미　아이템 → 항목　오봉 → 쟁반
앙코 → 단팥　앗싸리 → 아예　옥토 → 기름진 땅
에러(error) → 실수　엑기스 → 진액　어시스트 → 뒷바침

우라 → 안감　일년생 → 한해살이　연돌 → 굴뚝
예의주시 → 잘살필　오기 → 잘못 적음　오류 → 잘못
어분 → 생선가루　오야 → 우두머리　이어링 → 귀거리
익일(翌日) → 이튿날　요오지 → 이쑤시개　이하여백 → (아래)빈칸

앙축하나이다 → 축하합니다　앗사리 → 깨끗이, 깔끔히
오이코시 → 앞지르기　와리캉 → 나눠내기, 각자부담
와일드하다 → 거칠다　운짱 → 운전기사, 운전사
요비링 → 초인종　아울렛 매장 → 재고상품 할인점

우동 → 가락국수　우의 → 비옷　일소하다 → 없애다
우천시 → 비 올 때　우편배달부 → 집배원　워카 → 군화
워밍업 → 준비운동　유가 → 기름 값　윤허 → 허락, 허가
일거에 → 단번에　인텔리 → 지식인, 지식층

이서 → 배서(背書), 뒷보증 잇빠이 → 한껏, 바짝, 가득
액면대로 → 적힌대로, 말대로 일조(석)점호 → 아침(저녁)점호
엔꼬 → (기름이)다 떨어졌다 야마가 돈다 → 분노가 치민다
유도리 → 융통성, 여유, 품이 넉넉하다(옷)

자가용차 → 승용차 직경 → 지름 쟈바라 → 주름
저지페이퍼 → 판정표 전기다마 → 전구 제위 → 여러분
정종 → 청주(淸酒) 절취선 → 자르는선 주야 → 밤낮
조만간 → 머잖아 죠오시 → 상태제로 베이스 → 원점기준

지대 → 봉지 지주대 → 받침대
진의 → 참뜻 짬뽕 → 초마면, 뒤섞기
전향적 → 적극적, 진취적 조끼 → 저그(jug),
잔찌라시 → 광고지, 선전지, 광고 쪽지

차아지타임 → 작전시간 차입 → 넣어줌 또는 빌림
차단스 → 그릇장, 장식장 카테고리 클럽 → 전문 할인점
멤버체인지 → 선수교체 추리닝 → 연습복, 운동복
체인지 → 교환, 교대, 교체 천정 → 천장 체임 → 밀린삯
차압 → 압류 챈스 → 기회

카운슬러 → 상담자 쿠치 → 몫 카케우동 → 가락국수
캘린더 → 달력, 일력 쿡 → 조리사 컬러 → 색체, 빛깔
케리어 → 경력 키이 → 열쇠 쿠치베니 → (입술)연지
쿠루마 → 수레 쿠세 → 버릇 코멘트 → 한말씀, 의견말
캔슬 → 그만둠, 없앰 쿠사리 → 야단, 꾸중, 면박

타라이 → 함지, 대야　타마 → 구슬, 알,　테크닉 → 기교
타임아웃 → (경기)끝　타임인 → (경기)시작　텟팡 → 철판
트러블 → 말썽, 충돌　트럭 → 화물차　트릭 → 속임수
토큰 → 승차표, 버스표　타쿠앙 → 단무지　텐푸라 → 튀김

파라솔 → 양산　파이트머니 → 대전료　펀치 → 주먹
프라이드 → 긍지포　지션 → 자리, 위치　판매고 → 판매액
프로. 프로테이지 → 퍼센트

하마평 → 물망　하명 → 지시　하프라인 → 중앙선
하코방 → 판자집　하코짝 → 상자　한소데 → 반소매
해머 → 망치　행거치프 → 손수건　허니문 → 신혼여행
헤게모니 → 주도권　헬멧 → 안전모　할증료 → 웃돈, 추가금

호로 → 포장　후앙 → 환풍기　하명 → 지시
하리핀 → 바늘 못　하아프라인 → 중앙선　한즈봉 → 반바지
히트송 → 인기가요　히이터 → 난로　해태(海怠) → 게으름

헤드라이트 → 전조등, 머리등　호출하다 → 불러내다, 부르다
후카시 → 부풀이, 부풀머리　호옴앤드 어웨이 → 상호방문경기
히야시 → 차게 한 것, 찬 것

*** 순화해야 할 외래어**

가십(gossip) → 소문
게이트(gate) → 의혹사건
노하우(know-how) → 기술, 비결, 비법
냅킨(napkin) → 식탁 종이
노미네이트(nominate) → 후보지명(候補指名)
노멀(normal)한 → 보통의, 평균의

디테일(detail)한 → 자세한
디엠(DM) → 우편광고(물)
드레스코드(dress code) → 표준 옷차림
드라이브(drive) → 몰아가기

로드 무비(road movie) → 여정영화
럭셔리(luxury)한 → 호화로운, 고급스러운
로고(logo) → 상징(象徵)
로고송(logo song) → 상징 노래
레시피(recipe) → 조리법

미션(mission) → 중요임무
메신저(messenger) → 쪽지 창
머스트 해브(must have) → 필수품
마리나(marina) → 해안 유원지

빙고(bingo) → 맞았어!
브이오디(VOD)서비스 → 다시보기
브랜드 파워(brand power) → 상표 경쟁력
블루오션(blue ocean) → 대안시장

방카쉬랑스(bancassurance) → 은행연계보험
박스오피스(box office) → 흥행(興行) 수익(收益)
비주얼(visual) → 시각적(視覺的)인 면
발레파킹(valet parking) → 주차대행

스팸 메일(spam mail) → 쓰레기 편지
스파이웨어(spyware) → 정보 빼내기 프로그램
스폿(spot)광고 → 반짝 광고
소호(SOHO) → 무점포 사업
스크린도어(screen door) → 안전 문
셀프카메라(self-camera) → 자가(自家) 촬영

언론 플레이(play) → 여론몰이
웰빙(well-being) → 참살이
원샷(one shot) → 한입 털기
오프라인(off-line) → 현실 공간
옴부즈맨(〈스웨덴〉ombudsman) → 민원 도우미
에지(edge)있게 → 멋있게, 개성 있게
올드(old)한 → 구식인
웹서핑(web surfing) → 누리검색
유시시(UCC=user created content) → 손수제작물
엑스 파일(X file) → 안개문서
올인(all-in)했다 → 다 걸었다.
오뎅 → 꼬치, 꼬치 안주
와사비 → 고추냉이
유도리 → 여유

전자 바우처(voucher) → 전자전표
트레이드마크(trademark) → 으뜸상징

팁(tip) → 도움말
터닝 포인트(turning point) → 전환점(轉換點)
터프 가이(tough guy) → 쾌남아
투잡(two job) → 겹 벌이
트렌디(trendy)한 → 최신 유행의

클래식(classic)한 → 고전적인
클러스터(cluster) → 산학협력기구
컬러링(colorring) → 멋울림
캡처(capture) → 장면 갈무리
컬트(cult) → 소수취향(小數趣向)
코드(code) → 성향(性向)
쿠사리 → 구박, 야단, 꾸중

파파라치(paparazzi) → 몰래 제보꾼
퍼블리시티권(publicity權) → 초상 사용권
피싱(phishing) → 정보도둑
파트너십(partnership) → 동반관계(同伴關係)
펜트하우스(penthouse) → 하늘 채
포스트 잇(post-it) → 붙임쪽지
풀 세트(full set) → 다 모음
파일럿 프로그램(pilot program) → 맛보기 프로그램

핸즈프리(handsfree) → 맨손통화기
하이브리드(hybrid) → 어우름
헝그리(hungry)정신 → 맨주먹 정신
하드보일드(hard-boiled) → 냉혹 기법

* 틀리기 쉬운 외래어 표기

원어	맞는 표기	틀린 표기
accessory	액세서리	악세사리
ad lib	애드리브	애드립
barbecue	바비큐	바베큐
battery	배터리	빠떼리, 빳데리, 밧데리
biscuit	비스킷	비스켓
blind	블라인드	브라인드
body	보디	바디
buffet	(프)뷔페	부페
business	비즈니스	비지니스
cake	케이크	케익, 케잌
cardigan	카디건	가디건
catalog	카탈로그	카다로그, 가다록
centimeter	센티미터	센치미터
chocolate	초콜릿	초코렛, 초콜렛, 초컬릿, 쵸코렛
collection	컬렉션	콜렉션
color	컬러	칼라
cover	커버	카바
cunning	커닝	컨닝
contents	콘텐츠	컨텐츠
curtain	커튼	커텐
data	데이터	데이타
digital	디지털	디지탈, 디지틀
encore(프)	앙코르앵콜	

fighting	파이팅	화이팅
flash	플래시	후레시, 후레쉬
flute	플루트	플릇, 플룻
fresh	프레시	프레쉬, 후레쉬, 후레시
frypan	프라이팬	후라이판, 후라이팬
gas range	가스레인지	가스렌지
giant	자이언트	자이안트, 쟈이언트
Hollywood	할리우드	할리웃, 헐리우트, 헐리웃
juice	주스	쥬스
Las Vegas	라스베이거스	라스베가스
makeup	메이크업	메이컵
mania	마니아	매니아
massage	마사지	맛사지
motor	모터	모타
network	네트워크	네트웍, 네트웤
nonsense	난센스	넌센스
nylon	나일론	나이론
pamphlet	팸플릿	팜플렛
panda	판다	팬더
panel	패널	판넬
placard	플래카드	프래카드, 플랭카드
plaza	플라자	프라자
radar	레이더	레이다
royal	로열	로얄
sash	새시	샤시, 샷슈, 샷시
sausage	소시지	소세지

set	세트	셋, 셋트, 셑
shutter	셔터	샤다, 샤따, 샤타
sofa	소파	쇼파
soup	수프	스프, 슾
special	스페셜	스페샬
staff	스태프	스탭, 스탶
sunglass	선글라스	썬그라스
supermarket	슈퍼마켓	수퍼마켓, 수퍼마켙, 슈퍼마켙
symbol	심벌	심볼
talent	탤런트	탈렌트
tape	테이프	테프, 테입, 테잎
ton[豚] kasu	돈가스	돈까스
total	토털	토탈
workshop	워크숍	워크샵
center	센터	센타
television	텔레비전	텔레비젼

*** '뜨거운 감자'**

"수도 이전이 정치권의 뜨거운 감자다." "뜨거운 감자인 국가보안법 폐지를 놓고 여야가 대립하고 있다" "과거사규명 문제가 뜨거운 감자로 떠올랐다." "뜨거운 감자였던 화폐개혁 논의가 부총리의 부인으로 수그러들게 됐다"

이처럼 중요 사안에 대해 사용하는 '뜨거운 감자'란 표현이 어떻게 생겨난 말이며, 무슨 뜻일까?

'뜨거운 감자'는 영어 'hot potato'에서 온 말이다. 먹고는 싶으나 뜨거워 먹을 수 없는 상태를 가리킨다. 그러나 '뜨거운 감자'는 다르다. 처음 예문처럼 우리는 '뜨거운 감자'를 중요 사안, 즉 'hot issue'의 뜻으로 쓰고 있다. 이는 이러지도 저러지도 못하는 골치 아픈 문제를 일컫는 'hot potato'와는 거리가 멀다. 다른 언어의 표현을 빌려 사용하려면 그 뜻에 맞게 써야 한다.

* '**~에 있어(서)**'

'~에 있어서'는 일본어를 직역한 것인데 언제부터인가 우리말 행세를 하고 있다. 연결어미 '~어서'는 "나는 집에 있어서 바깥일은 잘 모른다"에서처럼 이유나 근거(~에 있기 때문에)를 나타낸다. 이 밖의 경우 '~에 있어서'는 그때그때 문맥에 알맞게 고쳐주는 게 좋다.

이 말이 쓰이는 경우를 크게 네 가지 정도로 정리해 살펴보자. '~에 있어서'를 괄호 안처럼 고치는 것이 더 우리말답다.

"정치, 경제, 사회, 문화의 모든 영역에 있어서 개혁 기조가 자리잡아가고 있다."(→영역에서)

"외국어를 <u>공부함에 있어서</u> 왕도(王道)란 없다."(→공부하는데)

"<u>내게 있어서</u> 이것은 결코 환상이 아니요, 냉엄한 현실이다."(→내게)

"인간은 <u>결정적인 순간에 있어서</u> 그 정체를 가장 잘 드러내는 법이다"(→결정적인 순간에)

"OO <u>당선 이후에 있어서의</u> 미국의 대외정책은 어떻게 변할 것인가?"(→당선 이후의)

* 틀리기 쉬운 지명과 인명

아랍에미레이트×	아랍에미리트(Arab Emirates)
이태리(음역어)×	이탈리아(Italia)
싱가폴×	싱가포르(Singapore)
베네주엘라×	베네수엘라(Venezuela)
말레이지아×	말레이시아(Malaysia)
세빌리야×	세비야(Sevilla)
로스엔젤리스×	로스앤젤레스(Los Angeles)
마르세이유×	마르세유(Marseille)
삿뽀로×	삿포로(Sapporo)
블라디보스톡×	블라디보스토크(Vladivostok)
라스베가스×	라스베이거스(Las Vegas)
펜실베니아 ×	펜실베이니아(Pennsylvania)
아브라함 링컨×	에이브러햄 링컨(Abraham)
타이페이×	타이베이(Taibei[臺北])
카오슝×	가오슝(Gaoxiong[高雄])
큐슈×	규슈([九州])
리오데자네이로×	리우데자네이루(Rio de Janeiro)
푸케트×	푸껫(Phuket)
호치민×	호찌민(Ho Chi Minh)
버마×	미얀마(Myanmar)
랑군×	양곤(Yangon)
봄베이×	뭄바이(Mumbai)
캘커타×	콜카타(Kolkata)
징기스칸×	칭기즈칸(Chingiz Khan)
모차르트×	모차르트(Mozart)
바하×	바흐(Bach)
도스토예프스키×	도스토옙스키(Dostoevskii)
무소르그스키×	무소륵스키(Musorgskii)

*** 강세에 따른 외래어 모음 표기**

• 모음 'ㅗ'로 표기	• 모음 'ㅓ'로 표기
콘서트(concert)	커미션(commission)
콘텐츠(contents)	컨설팅(consulting)
콤팩트(compact)	컨트롤(control)
콘크리트(concrete)	커뮤니티(community)
콘테스트(contest)	컨베이어(conveyor)
콤플렉스(complex)	컴프레서(compressor)
콘택트렌즈(contact lens)	에어컨(air conditioner)

*** 외래어의 발음**

팬(fan[팬])	파일(file[파일])
포크(fork[포크])	프랑스(France[프랑스])
비닐(vinyl[비닐])	바이올린(violin[바이올린])
센터(center[쎈터])	서클(circle[써클])
가스(gas[까스])	서비스(service[써비스])
사운드(sound[싸운드])	댐(dam[땜])
버스(bus[뻐스])	부리지(bridge[브리찌])
배지(badge[배찌])	선크림(sun cream[썬크림])
게임(game[께임])	베네수엘라(Venezuela[베네수엘라])

〈KBS 표준 한국어 발췌〉

■ 어려운 말에는 반드시 설명을 붙인다.

크리스머스(X-mas) → 성탄절
방구(訪歐) → 유우럽 방문
버블(bubble) → 거품
포럼(forum) → 공개토론회
콘써트(concert) → 연주회

IAEA → 세계원자력기구 IAEA는...,
IMF → 국제통화기금 IMF는...,
KGB → 소련비밀경찰 KGB는...,
KAIST → 한국과학기술원 KAIST는...,
PL → 제조물책임법 PL은...,

CEO(Chief Executive Officer) → 최고경영자 CEO는...,
KDI → 한국개발연구원 KDI는...,
ABS → 미끄럼방지 제동장치 ABS는...,
TV → 텔레비전
IAEA → 세계원자력기구 IAEA는...,

SOFA → 한.미 주둔 군사지위협정 SOFA는...,
GDP → 국내총생산 GDP는...,
M&A → 기업인수.합병 M&A는...,
NGO(Non-GovernmentalOrganization) → 비정부기구NGO는...,
WHO → 세계보건기구 WHO는...,

NEIS → 교육행정정보시스템 NEIS는...,
UNESCO → 유엔교육과학문화기구 UNESCO는...,
DNA → 유전자의 본체 디옥시리보 핵산 DNA는...,
GPS → 위성 위치확인시스템 GPS는...,
PDA → 개인 휴대단말기 PDA는...,

LPGA → 미국 여자골프협회 LPGA는...,
NBA → 미국 프로농구협회 NBA는...,
BBC → 영국의 공영방송 BBC는...,
NYT → 미국의 일간지 뉴욕 타임스 NYT는...,
NSC → 국가안전보장회 NSC는...,

MBA → 미국 프로농구협회 MBA는...,
NIMBY → 지역이기주의 NIMBY는...,
HIV → 에이즈 바이러스 HIV는...,
FTA → 자유무역협정 FTA는...,
NASA → 미국 항공우주국 NASA는...,

WTO → 세계무역기구 WTO는...,
EU → 유럽연합 EU는...,
NPT → 핵 확산금지조약 NPT는...,
OECD → 경제협력개발기구 OECD는...,

*** 상식화(常識化)된 신 용어(用語)**

컨셉(concept): generalized idea(개념, 관념, 일반적인 생각)

키 워드(key word): 주요단어(뜻을 밝히는) 중요하고 핵심이 되는 말.

컨텐츠(contents): 내용, 목차(유무선 통신망을 통해 제공되는 디지털 정보나 내용물의 총칭.

아이템(item): 핵심내용...품목, 종목, 항목

로드맵(road nap): 도로지도, 방향제시도, 앞으로의 계획.

님비(NIMBY=not in my backyard): 지역 이기주의(혐오시설 기피 등..)

네비게이션(navigation): (선박, 항공기의)조종, 항해

와이브로(wibro=wireless broadband): 개인 휴대단말기

엔터테인먼트(entertainment): 오락(연예)

컨설팅(consulting): 전문지식을 가진 사람이 상담이나 자문에 응하는 일.

모니터링(monitoring): 언론계나 기업, 단체 등으로부터 의뢰 받은 것에 대해 의견을 제출하는 일.

매니페스터(manifester): 명백하게 하는 사람(것)

퍼머먼트(perament): 성형수술, 반영구 화장

헤드트릭(hat trick): 축구에서 한 선수가 한 게임에서 3골 이상 득점하는 것.

아우트쏘싱(outsourcing): 자체의 인력, 설비, 부품 등을 이용해 하던 일을 비용절감과 효율성 증대를 목적으로 외부 용역이나 부품으로 대체하는 것.

유비쿼터스(ubiquitous): 사용자가 컴퓨터나 네트워크를 의식하지 않고 장소에 상관없이 자유롭게 네트워크에 접속할 수 있는 환경.

그랜드슬램(grandslam): 테니스, 골프에서 한 선수가 한 해에 4대 타이틀 경기에서 모두 우승하는 것.
야구에서 타자가 만루 홈런을 치는 것.

카트리지(cartridge): 탄약통, 바꿔 끼우기에 간편한 작은 용기.
프린터기의 잉크통.

패러디(parody): 특정 작품의 소재나 문체를 흉내내어 익살스럽게 표현하는 수법 또는 그런 작품.

매니페스토(manifesto): 선거공약(選擧公約) 검증(檢證)

데이터베이스(data base): 컴퓨터에서 신속한 탐색과 검색을 위해 특별히 조직된 정보 집합체.

테이크 아웃(take out): 음식을 싸갖고 밖으로..., 도시락 개념

어젠다(agenda): 의제, 협의사항, 의사일정

노블레스 오블리제(noblesse oblige): 지도층 인사에 요구되는 도덕적 의무.

트랜스 젠더(trans gender): 성전환 수술자

패러다임(paradigm): 생각, 인식의 틀... 또는 다양한 관념을 서로 연관시켜 질서지우는 체계나 구조를 일컫는 개념.
범례

로밍(roaming): 계약하지 않은 통신회사의 통신 서비스도 받을 수 있는 것. 국제통화기능.

프로슈머(prosumer): 생산자이자 소비자인 사람. 기업 제품에 자기 의견, 아이디어를 말해서 개선.

시트콤(sitcom): situation comedy의 줄임말로 코미디 프로그램의 한 장르.

글로발 쏘싱(global sourcing): 세계적으로 싼 부품을 조합해서 생산단가 절약.

SUV(sport utility vehicle): 스포츠차인데 중량이 무겁고 범퍼가 높다.

매니페스터(manifester): 명백하게 하는 사람(것).

■ 동음어(同音語), 유음어(類音語)에 주의

눈(眼)싸움-눈:싸움(雪戰)

새 집-새:집(鳥家)

별 세계(別世界)-별:세계(星世界)

걷다(收)-걷:다(步)

가사: 家事/ 歌詞/ 假:死

간부: 姦:婦/ 姦:夫/ 幹部

부정: 不正/ 不貞/ 否:定

사의: 辭의/ 事意/ 謝:意

화장: 火:葬/化粧

■ 공통성이 높은 말을 고른다.

폐점(閉店) → 문을 닫겠다.

전철(前轍)을 밟지 않도록 → 잘못을 되풀이 않도록

집에 부재중(不在中)이다 → 집에 없다.

아사(餓死) 직전이다 → 굶어 죽을 형편이다.

쓰레기 불법투기(不法投棄) → 법을 어기고 쓰레기를 아무데나 버림

호명(呼名)이 있을 때까지 → 이름을 부를 때까지

■ 약어(略語)는 가능한 한 피한다.

開途國 → 개발도상국

純益 → 순이익

證市 → 주식시장

軍縮 → 군비축소

生必品 → 생활필수품

中企 → 중소기업

特消稅 → 특별소비세

納期 → 납부기간

家電製品 → 가정용 전기제품
地表 → 地球表面
街販 → 가두판매
國益 → 국가이익
水協 → 수산업 협동조합
全經聯 → 전국경제인연합회
디카 → 디지털카메라
總選 → 총선거
서울大 → 서울대학교
特檢 → 특별 검사제
株總 → 주주총회(株主總會)
海警 → 해양경찰대
空輸 → 공중수송
內需 → 국내수요
市銀 → 시중은행
야자 → 야간 자율학습
選管委 → 선거관리위원회
憲裁 → 헌법재판소
마이신 → 스트렙토마이신

※ 참고: 틀린 준말

잼× 재미　강력× 강력히　자랑스런× 자랑스러운
넘× 너무　완전× 완전히　만족스런× 만족스러운
셤× 시험　본격× 본격적으로　사랑스런× 사랑스러운
멜× 메일　먹거리× 먹을거리　부끄런× 부끄러운

껴요× 꿔어요　바꼈다× 바뀌었다　피지× 피우지
낸들× 난들　금새× 금세　웬지× 왠지
왠일× 웬일　어떻해× 어떻해　방사청×방위사업청

오늘 있은×　오늘 있었던
문의 바랍니다×　문의하시기 바랍니다
많은 시청 바랍니다×　많이 시청해주시기 바랍니다

■ 문어조(文語調), 한문조(漢文調), 번역조(飜譯調)를 피한다.

'성격의 소유자' '최선의 노력'

'믿어 의심치 않는다' : 이 말은 일본어를 직역한 것으로 '확실히 믿는다'라고 해야 옳다.

'보다 빠른' : '보다'라는 말이 부사로 쓰여진 말이다. 그러므로 '빠른'을 한정하는 말로는 '더'라는 부사가 적절하다. 흔히 체육대회에서 쓰는 '보다 빨리, 보다 높이, 보다 멀리'라는 구호는 재고되어야 할 말이다.

■ 간투사(間投詞) · 군말 · 군더더기 말은 피한다.

사족(蛇足)이라는 말이 있다. 사족이란 뱀의 발이라는 뜻으로 쓸데없는 군더더기를 이르는 말이다. 불필요한 말을 줄임으로써 한결 말이 간결하고, 부드러울 뿐만 아니라 읽기에도 수월하다. 비단 언어에서 뿐만이 아니라 논술문(論述文)을 작성할 때에도 문장이 간결해야함은 마찬가지이다.

같은 말도 자주 쓰면 성의 없어 보인다. 특히 같은 어휘가 자주 반복된 말을 듣다 보면 말하는 이의 '무지'와 '무성의'함이 동시에 느껴진다. 겹말, 겹뜻, 지나친 피동표현 등 군더더기 말은 피해야 한다. 이는 우리말을 아름답게 지켜나가는 하나의 방법이 될 수 있다.

예를 들면 '미술의 역할이 더욱 더 변화되어 가는 오늘날입니다. 그 많은 역할들 중에서도 특히 사람들의 관심을 모으는 것이 미술의 사회적 역할입니다. 그렇다면 미술의 사회적 역할의 의미는 무엇이고 그 구체적인 예로는 어떤 것을 말할 수 있을까요? 우선 미술의 역할이 다변화되었다는 것에 대한 원인은 그 향유 계층의 다변화에서 이해할 수 있습니다. (오늘날에는 미술의 역할이 더욱더 다변화되어 가고 있습니다. 그것은 특수 계층에서 일반 시민들까지 그 향유 계층이 다양해졌기 때문입니다.)

① “자 토론에 들어가기에 앞서…”
“역대 뭐 00정부를 거쳐…”

사회자나 출연자는 어떤 말을 하기에 앞서 남의 주의를 불러일으키기 위해 간투사를 사용한다. 또 긴 발화에서는 중간에 간투사를 넣어 이야기의 흐름을 조절하고 호흡을 가다듬으며, 자신의 이야기를 다시금 생각하거나 논리적으로 풀어갈 수 있는 시간적인 여유를 잠시 벌기 위해서도 간투사를 활용한다. 그런 점에서 간투사의 사용은 불가피하며 때로는 적절하게 사용함으로서 시청자에게도 편안한 느낌을 줄 수 있다.

그러나 간투사의 습관적인 반복 사용은 출연자가 어눌하다는 인상을 줄 뿐만 아니라 어떤 문제에 대하여 어물쩍 넘어가거나 억지로 핑계거리를 만들어 내는 듯한 인상을 줌으로써 발화 내용에 대한 신뢰도를 크게 떨어뜨림은 물론 이야기의 자연스러운 흐름을 가로막아 다른 사람의 이해를 어렵게 한다.

② “정말 코리안 타임이라는 건 아주 치욕적인… ”
“참 좋은 부모 만나는 것도…”
“아무래도 좀 생동감이 넘치고…”

‘좀’, ‘정말’, ‘참’ 등은 자연스럽게 이야기를 풀어가거나 이야기의 내용을 강조할 때 쓸 수 있다. 적절히 활용하면 표현이나 강조 효과를 크게 높일 수 있는 유용한 표현이다. 그러나 이들 표현을 남발하게 되면 이야기 내용에 대한 신뢰도를 크게 떨어뜨릴 뿐만 아니라 품위도 손상할 수 있다.

③ "거 뭐냐 하면 말이죠,..."
"이런 것들이 많단 말이에요..."
"이런 얘기다 이 말입니다...."

'말이죠', '말이에요', '말입니다' 등을 끝맺을 때 적절히 사용하면 구어적인 자연스러움을 살려 부드러운 분위기를 이끌어 낼 수 있다. 그러나 습관적으로 사용하는 것은 다른 사람을 몹시 거북하게 할 수 있다. 특히 연설(강연)에서 '이 말이야', '이 말입니다' 등으로 끝맺게 되면 시청자나 청중에게 어떤 주장을 일방적으로 강제하는 것처럼 비쳐서 다른 사람으로부터 거부감을 유발할 수 있다.

※ 불필요한 말 다듬기

A. 군더더기 표현

우리말에는 한자만의 특징이 있다. 그 가운데 언어를 사용할 때 불필요하게 같은 뜻을 되풀이하는 군더더기 표현이 있다. 예를 들어 신학기에 "새로 들어온 신입생 여러분 환영합니다"라는 말을 쓴다고 하자. 신입생(新入生)이 이미 '새로 들어온 학생'이란 뜻이니 앞에 쓰인 '새로 들어온'이란 구절은 쓸 필요가 없는 군더더기에 불과하다. '동해(東海)바다'도 '동해'라고만 해야 하며, '초가(草家) 집'은 '초가'라고 해야 한다.

거사(擧事)를 일으키다 → 거사하다, 일을 일으키다
결론(結論)을 맺다 → 결론을 내다, 결론을 보다
고래로부터(古來-) → 고래로
고의적(故意的)인 방화(放火) → 방화
공사(工事)에 착공(着工)하다 → 착공하다, 공사를 시작하다
과반수(過半數)를 넘다 → 반수를 넘다, 과반수이다
그때 당시(當時) → 그때, 당시
근(近) 1년 가까이 → 1년 가까이, 근 1년
기간(期間) 동안 → 기간
각 나라별 → 나라별, 나라마다
같은 동포 → 동포(同胞)
고안을 했다 → 고안(考案)했다
결실(結實)을 맺었다. → 열매를 맺었다.
가장 최근(最近) → 최근
개막이 됐다 → 개막(開幕)됐다
공감을 느끼다 → 공감(共感)하다

나의 고향 → 내 고향
너무 과장되다 → 과장(誇張)되다
남은 여생 → 여생(餘生), 남은 인생(생)
날조(捏造)된 조작극(造作劇) → 조작극
남은 여생(餘生) → 여생, 남은 인생
널리 보급하다(普及-) → 보급하다
넓은 광장(廣場) → 광장
노래가사(歌詞) → 노랫말, 가사
난상토론(爛商討論) → 난상(충분히 의논함, 또는 그런 의논)

다른 대안(代案) 없이 → 대안 없이, 다른 방안 없이
더러운 누명(陋名) → 누명
들리는 소문(所聞) → 소문, 들리는 말
따뜻한 온정(溫情) → 온정, 따뜻한 정
따스한 온정(溫情)의 손길 → 따스한 정의 손길, 온정의 손길
뜨거운 열기(熱氣) → 열기, 뜨거운 기운
둘로 양분하다 → 양분(兩分)하다
더러운 오명 → 오명(汚名)
대략 절반쯤 → 절반쯤
돈을 송금하다 → 송금(送金)하다, 돈을 보내다
당일 날 → 당일(當日)
돌이켜 회고해 보니 → 돌이켜보니
라인 선상에 떨어지다 → 라인(선)에 떨어지다

맡은 바 임무(任務) → 임무, 맡은 일
매(每) 30일마다 → 매 30일, 30일마다

먼저 선수(先手)를 치다 → 선수를 치다
면학(勉學)에 힘쓰다 → 학업에 힘쓰다
문전성시(門前成市)를 이루다 → 문전성시이다
미리 예약하다(豫約-) → 예약하다
미리 예비(豫備)하다 → 미리 준비하다, 예비하다
마지막 고별 무대 → 마지막 무대, 고별(告別) 무대
매 분기마다 → 분기마다, 매 분기(每 分期)
머리를 삭발하다 → 삭발(削髮)하다
미사일 공격을 가(加)했다. → 미사일 공격을 했다.

박수(拍手)를 치다 → 박수하다, 손뼉 치다
방치해(放置-) 두다 → 방치하다, 놓아두다
백발머리(白髮-) → 백발, 흰머리
범죄(犯罪)를 저지르다 → 죄를 저지르다
부상(負傷)을 입다 → 부상하다, 상처(를) 입다, 다치다
부채(負債)를 지다 → 빚(을) 지다, 부채(를) 안다
변질이 되고 있다 → 변질(變質)되고 있다
발표를 했다 → 발표(發表)했다
불법 도청 → 도청(盜聽)
빈 공터 → 공(空)터
방학 기간 동안에 → 방학 기간(其間)에
백발머리 → 백발(白髮)
북한산 산행(山行)을 갈 때 → 북한산에 갈 때

쓰이는 용도 → 용도(用途)
성품이 좋은 호인 → 호인(好人)

생각되어지다 → 생각되다
수십여 명 → 수십 명
사전에 예방하다 → 예방(豫防)하다
서로 상의(相議)하여 → 서로 의논하여, 상의하여
설명하도록 하겠습니다. → 설명(說明)하겠습니다.
성과물(成果物)이 나왔다. → 성과가 나왔다.
생명이 위독하다(危篤-) → 위독하다, 용태가 위독하다
수확을 거두다 → 수확하다, 곡식을 거두다
순찰(巡察)을 돌다 → 순찰하다

악화가 되고 있다 → 악화(惡化)되고 있다
역전(驛前) 앞 → 역 앞, 역전
예상이 됐다 → 예상(豫想)됐다
음력 설 → 설
오랜 숙원사업 → 숙원(宿願)사업
이벤트 행사 → 행사(行事)
여러분들 → 여러분
영업용 택시 → 택시
연락을 취(取)했다. → 연락했다.
이뤄졌는데도 불구(不拘)하고 → 이뤄졌는데도
음식물(飮食物) 쓰레기 → 음식 쓰레기
약(約) 10여(餘) 명가량 → 약 10명, 10여 명
여가 시간(餘暇時間) → 여가
우방국(友邦國) → 우방
이후(以後)부터 → 이후
(으)로 인해(因-) → (으)로

전기 누전 → 누전(漏電)
짧게 약술하시오 → 약술(略述)하시오
진위 여부를 따지다 → 진위(眞僞)를 따지다
자리에 착석하시기 바랍니다. → 앉아주시기 바랍니다.
조작하려고 기도(企圖)했다. → 조작하려고 했다.
점심시간을 이용(利用)해 → 점심시간에
집약을 했다 → 집약(集約)했다
자매결연(姉妹結緣)을 맺다 → 자매결연을 하다
-중(中)인 가운데 → -하는 중에/-하는 가운데

착공을 했다 → 착공(着工)했다
취재진들 → 취재진(取才陳)
최고의 갑부 → 갑부(甲富)
청첩장(請牒狀) → 청첩
타고 가던 승객(乘客) → 타고 가던 손님, 승객
판이하게 다르다 → 판이(判異)하다(다르다)
피해(被害)를 입다 → 피해를 보다, 손해를 입다,
손실을 입다 → 손실을 보다

해변(海邊)가 → 해변
허송세월(虛送歲月)을 보내다 → 허송세월하다
회의(懷疑)를 품다 → 의심을 품다
휘발유 차량(車輛), LPG 차량(車輛) → 휘발유 차, LPG 차
현장 검증을 실시(實施)했다. → 현장 검증을 했다.
해결되지 않은 현안 → 현안(懸案)
k모씨 → K씨
K모 고등학교 → K 고등학교

*** '~지'를 피한다.**

"빨리 숙제를 끝내야지 돼요."
"그 병은 수술을 해야지만 나을 거래요."

위의 두 예문이 전혀 이상하지 않다고 생각될 수도 있으나 앞의 예문에서는 쓰지 않아야 할 군더더기 표현이 하나씩 들어 있다.

흔히 실행하기를 강하게 바라거나 조건을 붙이는 말의 끝 부분을 '숙제를 끝내야지 돼요'나 '수술을 해야지만 나아요'처럼 '~야지'나 '~야지만'으로 사용하는 경우가 상당히 많다.

그러나 이런 경우에는 '~지'를 뺀 '~야'나 '~야만'이 바른 표현이다. 여기서 '~지'같은 말은 쓰지 말아야 하는 군더더기 표현에 불과하다. 따라서 앞의 예문은 '빨리 숙제를 끝내야지 돼요'가 아니라 '끝내야 돼요'이고 '그 병은 수술을 해야지만 나을 거래요'가 아니라 '수술을 해야만 나을 거래요'라고 해야 한다.

그러나 '내 일은 내가 해야지'와 같이 말을 끝내거나 '졸릴 때는 자야지 억지로 참으면 안 좋아요'처럼 중간에 일단 끊을 때는 '~지'가 쓰이는 것이 자연스럽다.

*** '~성'과 '~감'은 빼거나 '함'으로 고친다.**

- 운동의 방향성을 찾지 못하고 → 운동의 방향을 찾지 못하고
- 성실성이 있다 → 성실하다
- 자신감 있게 → 자신 있게
- 정직성이 첫째요 → 정직이 첫째요
- 기대감 속에 → 기대 속에, 기대에서

***'~하'나 '~아래'는 '~에서'로 고친다.('내에서'와 '속에서'도 마찬가지)**

- 이런 상황하에서 → 이런 상황에서
- 논리아래서 → 논리에서, 논리로
- 환경 내에서 → 환경에서

*** '및' '내지'보다 '와' '과' '이나' '혹은' '에서'를 쓴다.**

- 피해자 및 그 가족들 → 피해자와 그 가족들
- 분쟁 내지 갈등의 요인이 → 분쟁이나 갈등의 요인이
- 불법 내지 비윤리적인 행위로 → 불법 혹은 비윤리적인 행위로
- 5년 내지 10년의 기간 → 5년에서 10년의 기간

*** '~에의'는 '~를 위한' '~을 위해' '~에 대한' '~를 향한' '~를 바라는' '~로 가는' '~에 주는' '~을 합니다' '~에 ~합니다' '~에 한 것이며' '~에 ~한다' '~에' '~의'로 고치거나 아예 '~에의'를 없애도록 한다.**

- 국민에의 신뢰 → 국민에 대한 신뢰
- 정의에의 길 → 정의로 가는 길
- 그 사건에의 관심이 집중되고 → 그 사건에 관심이 집중되고

*** '~들'을 줄여 쓰자**

복수 접미사 '들'을 남용하는 경향이 있다. 우리말에서는 이야기의 앞뒤 흐름으로 복수임을 짐작할 수 있거나, 다른 어휘로 복수라는 것을 알 수 있는 경우 '들'을 붙이지 않는다. 꼬박꼬박 '들'을 붙여 쓰는 것은 영어식 표현이다.

"먹자골목에는 음식점들이 늘어서 있다"를 예로 들면 '늘어서 있다'는

서술어로 복수라는 것을 알 수 있으므로 '음식점'에 '들'을 붙일 필요가 없다. "먹자골목에는 음식점이 늘어서 있다"라는 표현으로 충분하다.

"사고로 여러 사람들이 다쳤다" "행사에 많은 사람들이 모였다"에서는 수식하는 '여러'와 '많은'이 구체적인 수를 드러내고 있으므로 '여러 사람이' '많은 사람이'로 하는 것이 자연스럽다.

'들'을 남용하다보니 "상승하는 수증기들이 주변 공기들 때문에 냉각되고, 서서히 뭉치면서 구름들이 생긴다."에서처럼 셀 수 없는 명사에까지 '들'을 붙이는 경우가 많다. '상승하는 수증기가' '주변 공기 때문에' '구름이 생긴다.'로 해야 한다.

불필요하게 '들'을 사용하면 간결성이 떨어지고, 듣기에도 불편해진다. "선생님들과 함께 수련 활동을 떠난 이들 학생들은 부모님들의 고마움을 생각하는 소중한 시간들을 보냈다"에서는 '이들'을 제외하곤 '들'자를 모두 없애야 한다.

참고로 일상 대화 가운데 "수고들 하세요" "잘들 해 봐라"에서처럼 복수가 될 수 없는 명사나 명사가 아닌 것에 '들'을 붙이는 예가 있다. 이것은 문장에서 주어가 생략됐을 때 그 주어가 복수라는 것을 나타내기 위해 빚어진 현상이다.

* **'이/가, 을/를'을 줄이자.**

격조사 '이/가', '을/를'을 불필요하게 사용함으로써 말이 늘어지고, 읽기도 불편한 경우가 많다.

"2011학년도부터 적용이 되는 새 입시제도에서는 논술이 당락의 변수가 될 것으로 예상이 됩니다"에서는 '이/가'가 많다.

'적용이 되는' '예상이 됩니다'의 '이'를 빼고 한 단어(적용되는, 예상됩니다)로 처리해 "2011학년도부터 적용되는 새 입시제도에서는 논술이 당락의 변수가 될 것으로 예상됩니다"로 하는 것이 간결하고 부드럽다.

"학교나 학원에선 벌써 글쓰기. 논술과목을 강화를 하고, 학부모들도 어떻게 대비를 해야 할지 걱정을 하고 있습니다"에서 '강화를 하고', '대비를 해야' '걱정을 하고'의 '을/를'을 빼고 "학교나 학원에선 글쓰기. 논술 과목을 강화하고, 학부모들도 어떻게 대비해야 할지 걱정하고 있습니다"로 하는 것이 낫다.

'예상하다' '합격하다' '급급하다'등 '명사 +하다'로 이루어진 동사나 형용사에서 굳이 어근인 명사를 분리한 뒤 '이/가' '을/를'을 넣어 '예상이 되다' '예상을 하다'는 식의 두 단어로 만들 필요가 없다.

"책상을 제대로 정리하지를 않아 어지럽고, 방바닥도 닦지를 않아 깨끗하지가 못하다"에서 보듯 '~지' 다음의 '이/가' '을/를'도 강조하는 의미가 있으나, '말하기, 읽기'를 불편하게 만든다.

"책상을 제대로 정리하지 않아 어지럽고, 방바닥도 닦지 않아 깨끗하지 못합니다"가 한결 부드럽다.

* '이'를 습관적으로 넣어 쓴다.

'설레임'이라는 표현이 있다. 이는 틀린 말이다. 기본형은 '설레이다'가 아니라 '설레다'고 그 명사형은 '설렘'이다.

또 '개이다', '패이다'가 그것인데 '날이 개이자', '가슴이 깊이 패인 옷'의 예문에서는 마땅히 '개자', '팬'이라고 써야 한다. 기본형이 '개다', '패다'이기 때문이다. 둘 다 자동사지만 '패다'는 '파다'의 피동형 '파이다'의 축약 형태여서 여기에 피동접미사 '이'를 또 집어넣는 것은 잘못이다.

외래어에도 이런 예가 있다. 흔히 설문조사를 '앙케이트'라고 이르지만 이는 잘못이다. 프랑스 말 앙케트(enquete)가 원어인데 난데없이 '이'는 왜 들어갔는지 알 수 없다.

*** 삼가다(?)**

화장실이나 공원에서 흔히 볼 수 있는 '삼가하여 주십시오'는 웃기는 표현법이다. '삼가 +하여'의 구조인데 기본형이 '삼가하다'가 아니므로 여기선 '삼가 +아(부사형 어미)'의 음운탈락 형태인 '삼가'를 써야 한다. 한술 더 떠 '삼가를 해 주십시오'라고도 쓰는데 '삼가'는 강조하지만, 명사가 아니라서 접미사 '하다'나 목적격조사 '를'이 붙을 수 없다.

*** '우'가 잘못 들어간 형태**

'(축구 천재로) 불리우다', '(소금에)재우다' 따위는 '우'가 잘못 들어간 형태다. '불리우다'의 '우'는 얼핏 '세우다, (잠)재우다'에서처럼 이중사동(이+우)형태를 띠고 있으나 엄연히 피동사인 '불리다(부르다의 피동형)'에 사동접미사가 웬 말인가?

*** 한자는 되도록 겹쳐서 쓰지 않는다.**

간단명료하다 → 간단하고 명료하다

복잡 다양하다 → 복잡하고 다양하다

계속 미행하다 → 계속해서 미행하다

*** '~에서부터'나 '~부터'를 써야 할 곳에 '~(으)로 부터'를 쓰지 않는다.**

예로부터 → 예부터

지금으로부터 → 지금부터

*** '로 인해서'와 '에 의해서'는 쓰지 않는다.**

폐수로 인해서 오염된 바다 → 폐수로 더렵혀진 바다

죽음에 의해서 → 죽음으로

＊ 의존명사 '것'의 남용

어휘력이 빈곤한 사람일수록 의존명사 '것'이라는 말을 남발한다. 전달하고자 하는 개념에 적합한 어휘가 떠오르지 않을 때 '것'이라는 말로 대신한다.

'것'은 사물이나 현상 또는 성질 따위를 추상적으로 이르거나, 앞서 말한 사실에 대한 확신이나 추측을 나타내는 말이다. 그런데 의존명사는 그 자체로 뜻을 가진 말이 아니므로 관형어의 도움을 받아야만 비로소 제 뜻을 가진다.

예를 들면 '인간을 위한 과학', 이것이야말로 과학자들이 추구해야 할 것이다 →'인간을 위한 과학', 이것이야말로 과학자들이 추구해야 할 목표(또는 이상, 과제 등)이다.

'가고 있는 것이다'보다 '간다'가 훨씬 힘이 있다. '나는 기분이 좋은 것 같아요'란 표현은 스스로의 기분에도 확신을 못 갖는다는 뜻이다. '~것'은 되도록 쓰지 않으며, 다음과 같은 경우에는 더더욱 쓰지 않는다.

- ~뜻하는 것은 말할 것도 → 뜻함은 말할 것도
- 생각하는 것입니다 → 생각합니다.
- ~을 보여주고 있다는 것이 → ~을 보여주고 있음이
- 애국심을 상징하는 것처럼 → 애국심을 상징이나 한다는 듯이
- 이루어져야 한다는 것이다 → 이루어져야 하겠다.
- 이룩되었던 것이다 → 이룩되었다.
- 오랫동안 지속되었는가 하는 것은 → 오랫동안 지속되었는지는
- 군사적으로 막강하다는 것이 → 군사적으로 막강함이

＊ '~화'는 되도록 쓰지 않는다.

소설의 저널리즘화 현상 → 소설이 저널리즘이 되는 현상

왜식화된 → 일본식으로 된

문제화되어 → 문제가 되어

*** '~한'은 되도록 쓰지 않는다.**

특별한 대안이 없는 한 → 특별한 대안이 없이는

싸움터를 벗어나지 않는 한 → 싸움터를 벗어나지 않고는

*** '되다'를 줄여 쓰자**

"구름 조금 끼는 맑은 날씨가 되겠고, 비 올 확률은 10%가 되겠습니다. 낮 최고 기온은 25도가 되겠으며, 아침. 저녁으로 선선한 날씨가 되겠습니다."에서처럼 '~되다(되겠다, 되세요)' 형태를 마구 쓰는 경향이 있다.

"구름 조금 끼는 맑은 날씨를 보이겠고, 비 올 확률은 10%입니다. 낮 최고 기온은 25도이며, 아침. 저녁으로는 선선하겠습니다"가 적절한 표현이다.

"정답은 3번이 되겠습니다" "총 사업비는 4억원이 되겠습니다" "추석과 한가위는 같은 뜻이 되겠습니다"에서는 '~이다'가 어울리는 자리에 '~되겠습니다.'를 쓴 경우다. '3번입니다' '4억원입니다.' 등으로 표현해야 한다.

"술. 담배를 줄여야 되고, 기름진 음식을 피해야 된다" "어떻게 해야 될지 몰라 긴장됐다"에서는 '~하다'가 어울리는 자리에 '~되다'를 쓴 경우로, '줄여야 하고' '피해야 한다' '해야 할지' '긴장했다'가 자연스럽다.

"좋은 여행 되세요" "좋은 식사 되세요"는 누가 봐도 영어식 표현이다. "부자 되세요"는 나보고 부자가 되라는 소리(나=부자)이므로 말이 되지만, 이들은 뜻이 통하지 않는다. "여행 잘 다녀오세요" "맛있게 드세요"가 적당하다.

"즐거운 추석(명절) 되세요" "즐거운 고향길 되세요" 등은 이왕이면 우리식 표현대로 "추석(명절) 잘(즐겁게) 보내세요" "고향길 잘 다녀오세요"로 하는 게 좋겠다.

*** 한자어 접미사 '~적(的)'의 남용**

한자어 계열의 접미사인 '~적'은 '상투적', '인간적' 따위처럼 한자 명사 뒤에 붙어 '그런 상태로 된', '그런 성질로 된', '그것과 관계된'의 뜻으로 쓰이는데, 아무 한자어에 붙여 쓸 수 있는 것은 아니다. "경제적 수준이 높아지고, 정치적 자유가 증진되고, 문화적 다양성이 확대되긴 했지만 사회적, 문화적 공통분모가 부족하다"에서처럼 '적'이 붙은 단어가 많이 쓰인다.

"몸적으로, 마음적으로..."라는 표현을 보면 '~적'이 얼마나 남용되고 있는가를 느낄 수 있다. '육체적' '정신적'이란 표현은 몰라도 '몸적' '마음적'은 어설프다. 순 우리말과는 '~적'이 특히 어울리지 않기 때문이다. '몸으로, 마음으로'라고 하면 될 것이다.

"그는 아버지의 말씀이라면 무조건적으로 따르고 있다" "인터넷은 시간적, 공간적 제약이 없다"에서는 불필요하게 '~적'을 붙인 경우로, '무조건 따르고 있다' '시간, 공간 제약이 없다'로 충분한 표현이 된다.

'~적'은 되도록 쓰지 않고 토씨 '으로'나 '의', 뒷가지 '스럽다'나 '답다'를 넣어 부드럽게 고친다.

종합적으로 → 통틀어서
상투적인 → 케케묵은
내재적인 → 속에(안에)있는
작가적인 재능 → 작가다운(작가스런) 재능
대표적인 예 → 주된 보기
핵심적인 모순 → 모순의 핵심(알맹이)
비극적인 → 슬픈, 비극스런
비교적 논리 정연한 글도 → 꽤 논리가 정연한 글도
대외적으로는 → 밖으로는
의식적으로 → 일부러

* '~에 대해'를 줄여 쓰자

"사랑이란 무엇인가에 대해 정의하기는 어렵다" "현실에 대해 제대로 인식하지 못하고 있다" "역사에 대해 바른 인식을 갖자"에서처럼 '~에 대해' 또는 '~에 대한'을 무의식적으로 남용하는 경향이 있다. 그러나 영어를 직역한 듯한 이들 표현은 목적어 형태로 바꾸는 것이 자연스러운 경우가 많으며, 다른 표현이 어울리거나 아예 없어도 될 때가 있다.

위의 예에서는 '~에 대해(대한)'를 모두 목적어로 바꾸어 "사랑이란 무엇인가를 정의하기는 어렵다" "현실을 제대로 인식하지 못하고 있다" "역사인식을 바로 갖자"로 하는 것이 자연스럽고 간결하다.

"삶에 대한 정의는 다양하게 내려질 수 있다" "사회현상에 대한 해석은 여러 관점에서 이루어질 수 있다"에는 '~에 대한'을 주어로 바꾸어 "삶은 다양하게 정의할 수 있다" "사회현상은 여러 관점에서 해석할 수 있다"로 하는 것이 부드럽고 깔끔하다.

"교장 선생님에 대한 인사가 있겠습니다" "지원자에 대해 특별히 요구하는 조건은 없다"에서는 '~에 대한(대해)'을 '~께' '~에게'로 바꿔 "교장선생님께 인사하겠습니다" "지원자에게 특별히~"로 하는 것이 우리말답다.

"자식에 대한 사랑이 지나치면 오히려 역효과를 낸다" "고구려사에 대한 연구가 부족하다"에선 '~에 대한'이 불필요한 경우로 "자식 사랑이~" "고구려사 연구가~"로 하는 게 낫다.

* '~상(上)'을 줄여 쓰자

"가을에는 기분(학)상 우울해지기 쉽다" "사람마다 감정상 변화가 다르다." "시간상 · 비용상 큰 차이가 없다" "운영상 불편한 점이 많다" 등과 같이 '~상'을 많이 사용하고 있다.

그러나 가만히 따져 보면 굳이 '~상'을 쓸 필요가 없는 것들이다. "기분이 우울해지기 쉽다" "감정 변화가 다르다" "시간·비용에 큰 차이가 없다"

"운영에 불편한 점이 많다" 등과 같이 다른 말과 바꾸거나 아예 없애는 것이 오히려 자연스럽다.

우리말에선 원래 '상(上)'이 이처럼 쓰이진 않았다. '상 등급'과 같이 품질·등급이 뛰어난 것을 뜻하거나 '지구상의 생물'처럼 위(쪽)을 가리키는 낱말로만 쓰였다

이밖에 하나의 단어나 말이 두 가지 이상의 의미로 해석될 수 있는 중의적 표현(예: 우리의 이런 사실들을 한 번쯤 모두 생각해 보아야... → '우리'와 '모두' 중 하나를 쓰지 말아야 한다.), '이상에서 살펴 본바와 같이...'등의 과정을 중계하는 식의 말은 피해야 한다.

*** 경어법(존대어 尊待語)에 대하여**

'존대하고 뺨 맞지 않는다.'는 속담이 있다. 남에게 공손하면 욕이 돌아오지 않는다는 말이다. 그러나 존대어도 잘 헤아려 써야 한다. 예를 들면 '아버님 머리님에 검불님이 붙으셨다'는 식으로 존대어를 말끝마다 붙인다면 군더더기 말이 된다. 존대어는 한마디면 족하다. 즉 '아버님 머리에 검불이 붙었습니다.' 하면 된다.

어느 헌법재판소 소장은 국회 청문회에서 부동산 투기의혹에 관한 질문에 "장모님이 이자를 내시고 계십니다"라고 답변을 했다. 이는 틀린 표현이다. 즉 "장모님이 이자를 내고 계십니다" 혹은 "장모님이 이자를 내시고 있습니다."하면 된다.

예)

- "선생님께서 너 오시래"("선생님께서 너 오라셔", "선생님께서 너 오라고 하셔")
- "우리 아빠가 이러시고 저러시고..."(어른 앞에서 남편에게 최상의 경칭은 잘못이다.)

*** '~이다'와 '~다'**

서술격 조사의 기본형인 '~이다'는 모음으로 끝나는 명사 뒤에 붙으면 가능한 표기이기는 하나 매우 어색하다. 이때는 '이'를 빼고 '~다'만 써야 자연스럽다. 특히 '아이' '보기' '예' 등 'ㅣ'모음으로 끝나는 명사 뒤에 '~이다'를 붙여 쓰면 아주 거북하다.

"차이를 만들어 내는 것은 태도이다" "그것은 당연한 결과이다"는 "~태도다" "~결과다"가 자연스럽다. "그는 참으로 영특한 아이이다" "잘못을 보여주는 대표적인 예이다"는 "~아이다", "~예다"가 부드럽다. 실제 생활에서는 이들을 '~이다'가 아니라 '~다'로 말하기 때문이다.

"중요한 것은 자신에 대해 어떻게 생각하느냐이다" "내가 이 일에 나선 것은 어려운 사람을 돕기 위해서이다"와 같이 '~이다'는 용언의 어미 또는 조사나 부사 뒤에도 붙을 수 있다. 이때도 모음으로 끝나는 경우 "~생각하느냐다" "~위해서다"처럼 '~다'만 붙여 쓰는 것이 자연스럽다.

모음으로 끝나는 말 다음에는 '~이다'보다 '~다'가 자연스러움에도 표기에 혼란을 주는 것은 과거의 타성에 젖어 실생활에서 쓰는 말과 동떨어진 표기를 계속하고 있기 때문이다.

'~이다'와 같은 문어체로는 '되어' '되었다'와 '하여' '하였다'가 있다.

B. 겹말, 겹뜻

우리말에는 같은 뜻의 형태가 겹쳐 군살을 끼게 만드는 비경제적 중복 표현이 많다. 이는 한자어와 고유어의 동의어(同義語)가 많기 때문이다. 이러한 중복은 어휘적인 경우와 통사적인 경우로 나눌 수 있다.

① 어휘적 중복 현상

실내체육관 ('실내'와 '관' 중복)
대관령 고개 ('령'과 '고개' 중복)
동해 바다 ('해'와 '바다' 중복)
박수치다 ('박수'와 '치다' 중복)
혹사시키다 ('사(使)'와 '시키다' 중복)
'약숫물', '무궁화 꽃', '라인선 줄', '농번기 철' 등...

② 통사적 중복 현상

왼쪽으로 좌회전(左回轉)하여라 → 좌회전 하여라/왼쪽으로 돌아라
연휴(連休)가 계속되어 → 휴일이 계속되어/연휴가 되어/연휴라
이런 결과로 인해 → 이래서/이런 결과로
'기타 다른 것', '여행 기간 동안', '최근에 들어', '소위 이른바' 등.

* 텔레비젼 같은 것 없어요? → 텔레비젼 없어요?
최선의 노력을 다 해서 → 최선을 다해서
저가 → 제가
운구(運柩)을 멘채 → 영구(靈柩)를 멘채
초가집 → 초가
생겨 가지고 → 생겨서
한 시간 남짓여 → 한 시간 남짓
긴장해 버려서 → 긴장해서
해변가 → 해변, 바닷가
반말짓거리 → 반말지거리

불리우고 → 불리고
불이 일어나다 → 불이 나다
버스에 탄 승객 → 버스에 탄 손님
쓰이는 용도에 따라 → 쓰임에 따라
처갓집 → 처가
탈출해 나온 → 빠져 나온, 탈출한
황토 흙 → 황토
판이하게 다른 → 판이한
빌딩 건물 사이로 → 빌딩 사이로
피해를 입다 → 해를 입다

내면 속에는 → 내면에는, 속에는
결실을 맺다 → 결실을 얻다
함께 동행했다 → 함께 갔다
책을 읽는 독자 → 책을 읽는 사람
표출해 내는 → 드러내는
기차가 발차한 시간 → 기차가 떠난 시간

폭음소리 → 폭음
들리는 소문에는 → 들리는 말에는
불시에 급습하다 → 급습하다
앞으로 전진하다 → 앞으로 나아가다
추천작으로 밀다 → 추천하다
존재하고 있다 → 존재한다
주시해 보다 → 주시하다
지나가는 과객 → 과객
지나치게 과식하다 → 과식하다
침입해 들어오다 → 쳐들어오다, 침입하다
전선줄 → 전선, 전깃줄
푸른 창공 → 창공, 푸른 하늘
함유하고 있다 → 함유하다

허송세월을 보내다 → 세월을 헛되이 보내다, 허송세월하다
혼자 독주하다 → 독주하다
회고해 보다 → 뒤돌아보다, 돌이켜보다
회의를 품고 → 회의하다, 의심하다
제품을 만들다 → 물건을 만들다
여러 가지 종류 → 여러 종류
잔재가 남다 → 찌꺼기가 남다
여러 가지 어려운 난관 → 난관
유산을 남겨주다 → 재산을 남기다
재학하고 있다 → 학교에 다니고 있다
더러운 누명 → 누명
전래되어 오다 → 전해 내려오다, 전래되다
거쳐 간 경로 → 경로
이해타산을 가리다 → 이해를 따지다

매끼마다 → 끼니마다, 매끼.
더러운 오물 → 오물, 더러운 물
중태에 빠지다 → 중태다
그 밖에도 다른 이유들 때문에 → 그 밖의 이유로
가까이 접근해서 → 가까이 다가가다
부상을 당하다 → 부상했다
간단히 요약하다 → 간단히 줄이다
같은 동포끼리 → 동포끼리
간략히 개관하다 → 간략히 살펴보다
미리 예고하다 → 미리 알리다
이질감을 느끼다 → 이질감이 들다
결연을 맺다 → 결연하다
먼저 선취점을 얻다 → 선취점을 내다
남은 여생 → 여생, 남은 인생
면학에 힘쓰다 → 공부에 힘쓰다, 열심히 공부하다

넓은 광장 → 광장
명확하게 밝히다 → 밝히다, 명확히 하다
서로 상의하다 → 상의하다
견지에서 본다면 → 입장에서 본다면
새로 들어온 신입생 → 신입생
방치해 두다 → 방치하다, 내버려 두다
뇌리 속에 → 뇌리에, 머릿속에
소급하여 올라가다 → 소급하다
결론을 맺다 → 결론을 내리다
높은 고지 → 고지, 높은 지대

단속 기간 중에 → 단속 기간에
담임을 맡다 → 담임하다, 맡다
빈 공간에 → 빈 칸(터)에, 공간에
장치를 만들어 → 장치를 하여
낙엽이 떨어지다 → 낙엽이 지다
집에 귀가하다 → 집에 돌아가다
산재하고 있다 → 산재하다, 널려있다
기간 동안 → 기간에, 동안에
날조된 조작극 → 날조극, 조작극
늙은 노모 → 노모, 늙은 어머니
소득을 얻다 → 소득을 올리다(얻다)
부정에 대한 대비책 → 부정의 대비책
마음을 결심하다 → 마음을 정하다
직장을 사직하다 → 직장을 그만두다
공사를 준공하다 → 공사를 마치다
모집에 응모하다 → 모집에 응하다
문제를 출제하다 → 문제를 내다
머리를 삭발하다 → 머리를 깎다
시험에 응시하다 → 시험에 응하다

작품을 출품하다 → 작품을 내다
돈을 송금하다 → 돈을 보내다
정당에 입당하다 → 정당에 들다
직인을 날인하다 → 직인을 찍다
그 때 당시에는 → 그 때에는, 그 당시에는
소개를 시켜주다 → 소개해 주다. 소개하다.
과반수 이상의 득표 → 과반수의 득표

C. 지나친 피동표현(被動表現)

우리가 잘못 쓰는 말 가운데는 피동표현을 쓸데없이 겹쳐 쓰는 경우가 있다.

예컨대 "젊은이들에게는 진취적인 사고(思考)와 적극적인 행동이 요구되어진다"에서 '요구되어진다'가 아닌 '요구된다'가 올바른 표현이다. '요구하다'의 피동형은 '요구되다'인데, 여기서 다시 '~어지다'를 겹쳐 쓴 '요구되어지다'는 잘못이다.

실제로 이런 예는 많다. "다음의 잘못 쓰여진 말을 고르시오"에서 '쓰다'의 피동형은 '쓰이다'인데, 여기에 '~어지다'를 겹쳐 쓴 '쓰여진'은 잘못이며, "굳게 닫혀진 창문"에서 '닫다'의 피동표현은 '닫히다'인데, 여기에 '~어지다'를 겹쳐 쓴 '닫혀진'도 잘못이다.

'젊은이들에게는 진취적인 사고와 적극적인 행동이 요구되어진다'에서 '요구되어진다'가 아닌 '요구된다'가 올바른 표현이다. '요구하다'의 피동은 '요구되다'인데, 여기서 다시 '~어지다'라는 꼴을 겹쳐 쓴 '요구되어지다'는 잘못이다.

쓰다 - 쓰이다(피동) - 쓰여지다(X) - 쓰인(O)
닫다 - 닫히다(피동) - 닫혀지다(X) - 닫힌(O)

이상은 모두 '-어지다'를 겹쳐 쓴 것으로서 틀린 표현이다.

능동표현(能動表現)이 행동 주체를 부각하기 위해 이를 주어로 표현하는 방식이라면, 피동표현(被動表現)은 피행동주(被行動主)를 부각하기 위해 이를 주어로 표현하는 방식이다.

"동물원에서 호랑이가 아기를 물었다"는 행동 주체를 부각하기 위해 '호랑이'를 주어로 삼은 능동문이고 "동물원에서 아기가 호랑이에게 물렸다"는 피행동주를 부각하기 위해 '아기'를 주어로 삼은 피동문이다. 그래서 피동문은 다양한 표현을 위해 필요한 문법 방식이기도 한다.

그런데 가끔 우리 주위에서 피동표현은 외국어 흉내라고 하면서 쓰지 말자고 주장하는 경우를 본다. 이는 하지 않아도 될 데에 피동 표현을 지나치게 남발하는 것을 두고 하는 말이다. 우리의 대화에는 행동 주체를 부각해서 말할 상황도 있고, 때로는 피행동주를 부각해서 말할 상황도 있다. 따라서 상황에 따라 적합한 표현을 하면 된다.

되어지다 → 되다
극복되어야 → 극복해야
보여지다 → 보인다, 본다
만들어진 → 만든

흔히 사물의 겉모습만 보고 그 사물을 판단해서는 안된다고 할 때 쓰는 말로 "보이는 것이 다가 아니다"라는 표현이 있다. 그런데 이것을 "보여지는 것이 다가 아니다"라고 하는 사람들이 많다. 이는 잘못된 표현이다.

'보다'는 앞에 대상이 되는 목적어가 나와야 하는 타동사다. 그리고 이 '보다'의 피동사가 '보이다'이다. 다음 문장을 보면 이 두 동사가 어떻게 쓰이는지 잘 알 수 있다.

① ㄱ. 창문으로 하늘을 보았다.
ㄴ. 창문으로 하늘이 보였다.
② ㄱ. 축구를 하는 친구를 보고 다가갔다.
ㄴ. 축구를 하는 친구가 보여서 다가갔다.

각 예문의 (ㄱ)문장에는 '보다'가 쓰였고 둘 모두 '하늘을' '친구를'이라는 목적어가 그 앞에 나왔다. 반면 (ㄴ)문장에는 '보이다'가 쓰였는데 여기서는 '보다'의 목적어로 쓰인 '하늘' '친구'가 '보이다'의 주어가 돼 있다.

이처럼 '보이다'는 피동문에 쓰이는 피동사다.

'보여지다'는 이미 그 자체가 피동사인 '보이다'의 어간에 다시 '-지다'라는 보조동사를 붙여 이중으로 피동을 만든 것이다. 따라서 이는 잘못된 표현이다. '~지다'는 '이루다'와 같이 피동사가 따로 없는 타동사에 붙어 다음과 같이 자동사를 만드는 역할을 한다.

③ ㄱ. 드디어 꿈을 이루었다.
ㄴ. 드디어 꿈이 이루어졌다.

이런 경우에는 '보다 · 보이다'와 같이 짝이 되는 피동사가 따로 없기 때문에 '이루어지다'라는 표현을 쓰는 것이다. 하지만 이미 '보이다'와 같은 피동사가 있는 경우에는 그럴 필요가 없다.

이와 같이 흔히 이중으로 피동을 만들어 쓰는 표현으로 '읽혀지다' '쓰여지다' '믿겨지다' 등이 있다. '읽히다' '쓰이다' '믿기다'는 이미 그 자체가 각각 '읽다' '쓰다' '믿다'의 피동사다. 따라서 여기에 다시 '~지다'를 붙이는 것은 '보여지다'와 같은 이유로 모두 잘못이다.

*** '~에 의해'를 줄여 쓴다.**

'~에 의해(~에 의하여)'를 전혀 필요 없는 곳에 집어넣거나, 다른 말이 어울리는 자리에 마구 사용하고 있다.

"청소년들은 잘못된 교육에 의해 억눌려 스스로의 삶을 살 기회도 없이 상업 논리에 의해 지배받는 값싼 대중문화로 보상받고 있다"에서는 '의해'가 군더더기이므로 '교육에 억눌려' '상업 논리에 지배받는'으로 해야 한다.

"친구들에 의해 소외당하고 있다."

"자연은 일정한 목적에 의해 움직이는 생물이다"

"여야 합의에 의해 법률이 통과됐다"에서는 각각 '친구들에게' '목적에 따라' '합의로'가 어울린다.

더 큰 문제는 영어의 'by~'를 단순히 '~에 의해'로 번역해 우리말 체계와 다른 피동문을 만들어낸다는 점이다.

"The book was written by Dr. Choi"를 대부분 "그 책은 최 박사에 의해 쓰였다"로 번역하지만, 능동문을 주로 사용하는 우리말로는 "최 박사가 그 책을 썼다."가 정상적 표현이다.

이러다 보니 요즘은 '~에 의해'를 사용한 피동문이 흔하다.

"사회적 지위 이동은 교육에 의해 좌우된다" "이 시설은 민간에 의해 위탁 경영되고 있다" 등이 그런 예로, 능동문인 "교육이 사회적 지위 이동을 좌우한다" "민간이 이 시설을 위탁 경영하고 있다"가 자연스럽다. '~에 의한' '~에 의하면'도 마찬가지다.

4) 품위 있는 말을 쓴다.

방송언어는 일상 언어와는 다른 격식적(格式的)인 성격을 갖는다. 따라서 특정 계층이나 집단의 언어를 사용할 수 없으며 사석에서 사용하는 언어와는 다르다. 또 1차적인 높임 대상이 시청자이므로 시청자 중심의 경어가 되어야 한다. 방송언어의 품격 향상을 위해서는 방송에서 품격 있고 공정한 언어를 사용해야 한다는 인식을 시청자와 방송 제작진이 공유하는 것이 중요하다.

국립국어원이 지상파 텔레비전 방송 프로그램의 언어사용 실태를 조사한 내용을 보면 '체험 예능 프로그램'이 가장 저속(低俗)한 표현이 많았으며, 다음은 '일반 예능 프로그램', '주말 드라마', '일일 드라마' 순으로 나타났다. 이는 곧 출연자들이 방송출연 자체를 공적활동의 하나로 인식하지 못하고 있기 때문이다.

'골 깨지는 줄 알았어요' '개 뿔이 아무 소용없고' '앗 싸, 너 이제 죽었어' '까불고 돌아다니다 걸리면 죽습니다' '네가 말하고도 재수 없지' '어유 골 때려' '해골이 복잡해' 등과 같은 반말, 비속어, 비표준어가 줄어들지 않고 있다. 또 외국어와 외래어가 점증하는 경향이 있음을 볼 수 있다.

방송 프로그램의 저(低) 품격(品格) 언어 사용 사례를 보면,

a. 비속어: 생까고, 꼽사리, 쌩까면, 날리신...
b. 폭력적 표현: 죽는다, 부숴버리겠다, 죽였어...
c. 욕설: 망할!, 미친 놈, 아이 씨...
d. 차별적 표현: 하늘같은 서방님(성별), 나이 든 양반이, 나이든 분이 주책(연령)...
e. 인격 모독 표현: 가방끈 짧은 거(학력), 돈 없는 남자(재력), 제일 배고프게 생겨(외모)...

f. 진언(陳言) 및 허언(虛言)

진언은 케케묵은 말이며 허언은 실속 없는 빈 말, 거짓말을 뜻한다.

- 참 호걸 같습니다-호떡집 걸레?
- 주변머리는 있고 소갈머리는 없는 것-대머리
- 가는 년(年)을 보내고, 오는 새 년을 맞이하기 위하여
- '에…' '에…또' '마…': 일본어의 냄새를 피우는 계어사(癸語辭)
- '되…' '저…말이에요' '있잖아요'

방송은 언중(言衆)보다 한 단계 위에서 교사적(敎師的) 역할을 해야 한다. 방송은 또 대상이 뚜렷하기 때문에 상대에 대한 배려(配慮) 차원에서 마땅히 경어를 써야 한다.

비속어(卑俗語), 반말 투의 언어, 분별없는 외래어 사용은 방송의 품위를 떨어뜨리게 되므로 세심한 주의가 필요하다.

A. 금기어(禁忌語)

가) 도덕적으로 바람직하지 못한 표현, 즉 성(性)과 관계되는 말과 윗사람에 대한 예의에 어긋난 부도덕한 말

나) 개인과 조직 등에 피해를 입힐 말

다) 심신을 자극하는 표현, 즉 국민 언어생활을 저해(沮害)하는 일체의 비속어 및 사회불안을 자극하는 표현, 지역감정을 자극하거나 계층 간에 위화감을 주는 용어 및 표현, 불구자를 멸시하거나 자극하는 말.

라) 정확하지 못한 말, 즉 사실에 벗어난 표현이나 어법(語法)이 바르지 못한 표현.

▶ 방송 금기어 사례

- 개망나니, 개차반, 말발, 화장발, 공짜배기, 진짜배기 장난질, 수작질, 고갯짓, 망나니짓
- 유색인종, 유색인, 검둥이, 살색, 미백, 혼혈아, 남방계, 두건 머리, 원숭이 얼굴을 한 사람
- 잡상인, 잡종, 막노동, 막가다, 막장(끝장), 불량 학생, 봉급쟁이, 말라깽이, 동냥아치, 장사치, 뚱보, 곰보
- 장애자, 귀머거리, 장님, 애꾸눈, 외눈박이, 벙어리, 말더듬이, 절름발이, 불구자, 난쟁이, 꺽다리, 언청이 저능아
- 벙어리 냉가슴 앓듯, 꿀 먹은 벙어리, 귀머거리 삼 년에 벙어리 삼 년, 장님 문고리 잡기
- 미인계, S 라인, 쭉쭉빵빵, 섹시하다, 섹스어필하다, 늘씬하다, 몸매가 끝내준다
- 미혼모, 사생아, 서자, 배 다른 형제, 거지, 노숙자

▶ 순화해야할 방송 금기어

처녀작 → 첫 작품
시집가다 → 결혼하다
집사람 → 아내, 처
청소부 → 환경 미화원
구두닦이 → 구두 미화원
때밀이 → 목욕 보조원
노가다 → 일용직 건설 노동자
결손가정 → 한 부모 가정
형무소 → 교도소
씹다 → 흉보다, 험담하다
처녀 출전 → 첫 출전
학부형 → 학부모
따까리 → 심부름꾼
백수 → 구직자, 취업 준비자
안내양 → 안내원
간호원 → 간호사
간수 → 교도관
뎀탱이 → 덤터기
이조실록 → 조선실록
생까다 → 외면하다

딸리다 → 달리다, 모자라다
깽판 치다 → 일을 망치다
바람 맞다 → 약속 어김을 당하다
찝찝하다 → 찜찜하다
뽀록나다 → 들키다
나가리되다 → 무산되다
뻥 → 거짓말
호구 → 바보
젬병 → 재주 없음
꿀리다 → 부족하다
골 때리다 → 황당하다
빵빵이 → 기합
꼬불치다 → 감추다
짝퉁,짜가 → 가짜
짱 → 최고, 으뜸, 굉장하다
구라 → 거짓말
조폭 → 조직 폭력배
땜빵 → 땜질, 대신

범생이 → 공부만 잘하는 학생, 모범생
신용불량자 → 금융채무불이행자, 금융채무연체자
가정부, 식모, 파출부 → 가사도우미
까다 → 벗다, 남을 비난하다, 마개를 따다
맞짱 뜨다 → 결투하다, 일대 일로 싸우다
빌빌대다 → 몸이 아프거나 허약해 힘들어 하다
쌈빡하다 → 최고이다, 화끈하다
빠삭하다 → 너무나 잘 알다, 통달하다
쪽팔리다 → 창피하다, 망신스럽다.
종군위안부, 정신대 → 종군피해여성
꼬시다 → 이성을 꾀다, 유혹하다

B. '해요'체, '요. 죠'의 문제점

현행 경어표현은 격식체(格式體)와 비격식체(非格式體)로 나뉘는데, '합쇼'체는 '격식'체요, '해요'체는 비격식체라 한다.

비격식체(非格式體)인 '요', '죠'의 말씨는 본래 서울 중부지방의 아녀자들 사이에서 많이 쓰였으나 요즘은 지역, 성별, 연령에 관계없이 널리 확산되었다. 일상 회화에서는 물론 방송에서도 만연되어 은연중 방송언어의 격을 크게 저하시키고 있다.

물론 '해요'를 전혀 쓰지 말자는 것이 아니라 지나치게 범람하는 현 시점에서는 '해요'체를 극소화시켜야 한다.

가) 종결어미로 잘못 쓰일 때

- 뉴스를 말씀드리겠습니다.
  뉴스를 말씀드리죠.
- 무슨 음식을 제일 좋아하십니까?
  무슨 음식을 제일 좋아하시나요?

위의 예문에서 '해요'체는 격식성(formality)보다 친밀성(familiarity)에 비중을 두는 존대 말이라고 하지만 오히려 불친절하고, 성인의 회화로서는 어색하고 정중한 맛이 없다.

나) '데'와 결합해서 '연결어미'인지 '종결어미'인지 분간키 어렵게 쓰이는 경우

- 지금 시각은 7시 5분인데요, 출근을...
- 오후부터 비가 내리겠다고 하는데요, 우산을...

종결어미로 쓰였다면 '7시 5분입니다' '비가 내리겠습니다'라고 해야 하고, 연결어미(連結語尾)였다면 '7시5분인데 출근시간을 서두르셔야 하겠습니다' '비가 내리겠다고 하는데 우산을..'라고 해야 마땅하다.

다) 주격조사 다음에 불필요한 '요'의 첨가

오늘은요,...., 옛사람들은요..., 우리는요...

*** '먹는다'의 의미**

새해가 되면 떡국을 먹는다. 그리고 나이도 한 살 더 먹는다. 같은 동양권인데도 중국인들은 나이를 첨(添)한다고 하고 일본 사람들은 도루(取)한다고 하는데 유독 우리만이 먹는다고 한다. 이 지구상에는 3천종 이상의 언어가 있지만 나이를 밥처럼 먹는다고 하는 민족은 우리밖에 없을 것 같다.

음식이나 시간만이 아니다. 마음도 먹는다고 한다. 마음먹기에 따라 한국인은 무엇이든 먹을 수 있다. 돈도 떼어먹고 욕도 얻어먹고 때로는 챔피언도 먹는다. 축구경기에서도 한 골 먹었다고 한다. 심리적으로는 겁을 먹고 애를 먹는다. 소통 행위에서는 '말이 먹힌다', '안 먹힌다'하고 경제면에서는 경비를 먹거나 먹혔다고 한다. 심지어 성애의 차원에서는 따먹었다는 말까지 등장한다.

*** '본다'의 의미**

우리말에는 '본다'라는 말이 많다. '장보러 간다' '며느리(사위) 본다' '집을 본다' '관상(觀相)(占)을 본다' '애를 본다' '선을 본다' '예배(미사)를 본다'등이다. 물론 기다리던 아들을 낳았을 때에도 '아들을 봤다'라고 말하는 것이다.

본다는 것은 어디에서나 사용해서 말을 완성시키고 의미를 만들어 낸다. 본다는 것은 사명의식이기도 하고 인간의 도리이기도 하고 삶, 그 자체의 지혜이기도 한 것이다. 명사 끝에 '본다'라는 형용사가 붙는 것은 가벼운 행위가 아니라 생각과 말과 행위가 통합의 의미로 '본다'라는 형용사를 즐겨 썼는지도 모를 일이다.

4. 방송문장(Sentence)

방송언어는 정보전달의 기능을 가지고 있기 때문에 문장은 쉽고, 정확하며, 간결하고, 논리적이어야 한다. 아무리 세련된 규범어(規範語), 즉 표준어를 구사하더라도 전달하고자 하는 내용이 정확하지 못하면 시청자들에게 미치는 영향은 엄청난 것이다.

특히 컴퓨터 시대와 함께 텔레비전의 자막처리가 급증하고 있고, 캡션 자막방송 등 영상 문자의 사용이 확대되기 때문에 문자 언어도 방송 언어에서 중요한 자리를 차지하고 있다.

◈ 문체(文體)는 회화체(會話體)로 한다

방송문장은 간결, 정확, 명료해야 한다. 방송문장은 회화체로 이루어진다. 방송문장은 신문과는 달리 읽기 위한 것이 아니라 듣기 위한 것이다. 어법에 맞게 써야 한다.

◈ 간결하고 단순해야 한다

방송문장은 짧고 단순해야 한다. 따라서 내용은 일문 일개념(一文 一概念)이 되도록 한다.

문장의 구조(構造)는 평서문(平敍文)이 적절하며 가급적 단문(短文)을 많이 쓴다. 접속사로 이어가는 문장은 피한다.

◈ 주술어(主述語)의 대응을 분명히

시청자가 불특정 다수이기 때문에 무엇에 대해 말하고 있는지를 분명히 하여야 한다. 이는 방송이 일방적인 언어이기 때문이다.

◆ 필요 이상의 많은 표현을 피한다.

방송에서는 진부(陳腐)한 문구나 무의미한 구(句), 그리고 지나친 수식을 하지 않는 담담(淡淡)한 문체가 되도록 하여야 한다. 많이 쓴다는 것은 혼란을 의미하며 시간에 제약을 받는다.

◆ 어순(語順)에 주의한다

어순은 도치법(倒置法)은 가능한 한 피하고 기본 문형을 바탕으로 한 정치법(正置法)을 써야 한다.

◆ 조사(助詞) 및 어미(語尾)를 생략하지 않는다

조사와 어미를 생략하면 문장은 딱딱하고 이해하기 어려운 글이 된다. 부드럽고 생생한 회화체의 문장이어야 한다.

◆ 시제(時制)는 현재형(現在形)을 쓴다

현재 시제는 뉴스의 경우 긴급성을 강조하기 때문에 원고에 생기를 불어 넣어주고 흥미를 갖게 한다.

◆ 축약(縮約)을 사용한다.

방송문장은 자연스럽고 회화적인 음성으로 표현하기 위하여 축약을 사용한다.

기하여 →기해,	다루어야 →다뤄야	하였습니다 →했습니다
다하여 →다해	메이다 →메다	설레이다 →설레다
개이다 →개다	삼가하다 →삼가다	쓰여지다 →쓰이다
날으다 →날다	나의 고향 →내 고향	매조지하다 →매조지다

◈ 어휘선택(語彙選擇)은 정확히

어휘가 정확하지 못하다는 것은 부적절한 어휘를 선택하는 경우와 완전히 잘못된 어휘를 선택하는 경우이다. 바르지 못한 어휘선택은 전달하고자 하는 내용이 바르게 전달되지 못하므로 기본적으로 의도한 전달 목표가 달성되기 어렵고, 방송 또는 방송자의 품위를 떨어뜨리거나 웃음거리가 될 수 있다.

또 시청자들의 언어생활에 영향을 주어 일반 대중의 언어를 혼탁하게 하며, 방송의 생명이라 할 수 있는 공신력 자체를 떨어뜨릴 수 있다.

어휘 또는 이와 관련된 문체상의 문제를 비롯해서 어휘에 대한 이해 부족에서 오는 오류는 그 수를 다 헤아릴 수 없으나 먼저 음성표현 부문 중에서 발음 문제만 간략히 설명하고, 어휘와 관련된 문체상의 오류 사례를 소개한다.

- 어휘와 관련된 문체상의 오류사례

ㄱ. a. 몰돌히 연구해서
  b. 열심히 연구해서
ㄴ. a. 빌려간 돈을 떼먹는다
  b. 빌려간 돈을 (끝내) 갚지 않는다

(ㄱ.a)에서 '몰돌히'는 국어에 존재하지도 않은 말로서 문맥에 의해 추측한다면 b.정도의 의미로 있을법하다.

(ㄴ.a)에서 '떼먹는다'는 표현은 방송언어로는 너무 비속한 말이다.

일반적으로 어휘를 사용함에 있어 각별히 유의해야 할 점은 어휘의 의미 및 통사적(統辭的) 특성을 바르게 이해해야 한다는 것이다. 여기서 말하는 통사적 특성이란 개별적인 단어가 문장의 구성요소로 들어갈 때 이것이 가지는 다른 요소들과의 상관관계 또는 여기에 작용되는 제약 등을 의미한다. 타동사가 목적어를 필요로 하는 것은 이러한 통사적 특성의 한 예이다.

방송에 임하는 사람들은 누구보다도 어휘에 대한 깊은 연구가 있어야 한다. 어휘에 대한 이해가 부족할 때 완전히 의미가 다른 어휘를 선택하는 과오를 범할 수도 있음을 알아야 한다.

ㄱ. a. 열대지방에서 만들어진 고기압
　　b. 열대지방에서 발생한 고기압
ㄴ. a. 사표를 표명했다
　　b. 사의를 표명했다

기압은 만들어지는 것이라기보다는 발생하는 것이며, 두 개 다 b.로 표현 되었어야 한다. a. b에서 관련되는 대응어는 그 의미가 전혀 다르다. 어휘에 대한 이해 부족에서 오는 현상으로 눈에 띄게 두드러진 현상의 하나는 의미상 동의성이 있는 단어나 구를 중첩시킴으로써 오류를 범하거나 부자연스러운 표현이 되게 하는 것이다.

ㄱ. a. 이심전심이 전달되어
　　b. 이심전심으로
ㄴ. a. 판매에 치중을 두고 있다
　　b. 판매에 치중하고 있다

이심전심은 이미 '전달되다'의 의미가 포함되어 있고 치중은 뒤에 오는 '두다'의 의미를 갖고 있기 때문에 이는 잉여적인 것이다. 때문에 그러한 중복표현은 필요도 없거니와 허용되지도 않는다.

동의어 또는 유사어의 반복이 항상 비문법적이거나 허용되지 않는 것은 아니다. 가령 '외가집, 처가집'등과 같은 경우 '집'은 완전히 잉여적인 것임에도 불구하고 이들은 바른 단어로 수용되고 있다. 비슷한 예로 '역전 앞에서 만나자'란 표현에서 '전'과 '앞'은 중복되지만 '앞'은 '역전'을 강조하는 의미에서 틀린 말이 아니다.

그러므로 이러한 유형의 단어나 구에서 그 문법적 또는 의미적 합법성을 판단하는데 조심하지 않으면 안 된다.

ㄱ. a. 비기거나 무승부일 경우
　　b. 비길 경우/무승부일 경우
ㄴ. a. 아직 분양되지 않은 미분양 아파트
　　b. 아직 분양되지 않은/미분양 아파트

사선(/)친 둘은 완전히 동의적인 것이어서 어느 하나는 버려야 옳다. 선행하는 말이 뒤에 오는 '미분양'의 의미를 설명한다고 보면 비문법적인 것은 아니지만 방송언어란 간결, 정확해야 하므로 부득이한 경우 외에는 부연이나 사족, 또는 우회적인 표현은 피해야 한다.

ㄱ. a. 신청 마감은 8월 1일 오후 다섯 시까지다
　　b. 신청 마감은 8월 1일 다섯 시이다.
ㄴ. a. 밝은 옷을 입은 탓으로
　　b. 밝은 옷을 입은 까닭에
　　c. 밝은 옷을 입었기 때문에

'마감'이란 단어는 한정된 시간을 요구하지 특정의 기간을 요구하지 않기 때문에 b로 써야 한다. 또 '탓'은 바람직하지 않은 결과에 대한 원인이나 이유를 말할 때 쓸 수 있기 때문에 밝은 옷을 입은 것이 나쁜 결과를 가져오지 않을 경우에는 a와 같이 쓸 수 없다.

이밖에 방송언어에서는 군말이나 불필요한 말도 피해야 한다.

- 텔레비젼 같은 것 없어요? → 텔레비젼 없어요?
- 생겨 가지고 → 생겨서
- 긴장해 버려서 → 긴장해서
- 최선의 노력을 다 해서 → 최선을 다해서
- 운구(運柩)를 멘 채 → 영구(靈柩)를 멘 채
- 1시간 남짓여 → 1시간 남짓
- 반말짓거리 → 반말지거리
- 저가 → 제가
- 불리우고 → 불리고

5. 기타 방송용어(放送用語)

AM: Amplitude Modulation의 약(略). 진폭변조(振幅變調)

Audition: Studio에서 행하는 test Pro에 대해 관계자들이 먼저 시청(視聽) 연구하는 것.

Ad Lib: Announcer, 출연자가 대본(臺本)에 없는 대사(臺詞)를 즉흥적으로 말하는 것

Channel: 주파수대(周波數帶). 송신로(送信路).

6메가 사이클로 나누어 7, 9, 11 등 번호를 부치고 있다.

Campain: 특정 문제에 관해 계몽하는 운동

Ex. 사회악추방 camp. 동물애호 camp. 문화재 보호camp.

Call Sign: 각 방송국의 호출부호(呼出符號)-HLKA. HLKY 등

CM: Commercial Message의 약(略)

상업방송에서 pro와 pro사이에 내는 광고문구

Cushion: 프로그램 끝에 시그날을 여유 있게 잡아 두는 것.

Cu: Close Up의 약(略)

CI: Cut In의 약(略)

소리가 갑자기 크게 들어가는 것.

CO: Cut Out

큰 소리가 갑자기 끊어지는 것.

Dry Run: 연출자와 cast만이 모인 마지막 연습.

Director: 연출자

DJ: Disc Jocky

disc를 틀면서 가벼운 얘기를 나누는 형식의 program.

FI: Fade In의 약(略)

소리(화면)가 점차 높게(똑똑하게) 들어간다.

FO: Fade Out의 약(略)

소리가 점차 낮게 끊어진다.

화면이 점차 흐려지면서 없어진다.

FM: Frequency Modulation의 약(略)

주파수변조(周波數變調)

AM보다 질이 좋은 방송을 낼 수 있다.

Gag: 배우나 talent가 임기응변(臨機應變)으로 쓰는 대사(臺詞)

유머나 위트가 있는 것.

Gag Man: gag의 idea를 생각해 내는 사람.

Guest: 특별히 출연하는 사람. 초대 손님

Gain: 음성이 늘고 주는 정도. 음향조절 dial

Hz: Herz의 약(略).

주파수의 단위.

Information Program: 정보(情報), 고지(告知)pro.

ID Card: 국명(局名)을 표시하는 카드.

Station Identification의 약(略)

Live: hot와 같은 뜻.

생방송(라이브). L또는 LL이라고 표시(表示).

Local: Local Station의 약(略). 지방국(地方局).

Leader: film 또는 tape의 앞뒤에 두는 여분(餘分).

Leader Sheet: camera에 대한 지시(指示)를 적은 memo.

Lip Sync: 화면의 입술에 맞추어 대사(臺詞)나 노래를 일치(一致)시키는 것.

LD: Light Director의 약(略). 조명(照明) 담당자(擔當者).

MC: Master of Ceremonies의 약(略)

사회자(司會者). 진행자(進行者)

Mike: Microphone의 약(略)

1) 동작 방식에 따라 dynamic mike(압전형 壓電型), condenser mike(정전형 靜電型), ribbon(velocity) mike(동전형 動電型).

2) 소리를 잡는 범위에 따라 무지향성(無指向性) mike, 쌍방지향성(雙方指向性) mike, 일단일지향성(一單一指向性) mike, 가변지향성(可變指向性) mike.

Microwave: 파장(波長)이 1m이하 1cm이상이고, 주파수 300~30.000 메가헬스인 전파(電波)

Magazine Style: 일상생활에 관련된 것은 종합적(綜合的)으로 다루는 pro.

Master: • 콘솔을 통하는 음(音)을 전체적으로 조정하는 주음량(主音量) 조정장치(調整裝置)

• copy가 만들어 지는 원본tape

Magic Eye: dial이 잘 맞추어 졌는가를 눈으로 볼 수 있게 되어 있다. (진공관의 일종).

MD: Master Director의 약(略)

Melodrama: 감상적, 통속적, 대중적인 연극 또는 영화.

Monodrama: 1인극(1人劇).

Monitor: • 방송program을 청취 또는 평가하는 것.

• 방송이 제대로 되고 있는가를 감시하는 장치 또는 기술자.

Montage: 세심하게 연출된 녹음구성.

Miscast: 잘못된 배역(配役).

Mix: 두 가지 이상의 상(像), 또는 조정(調整)하는 작업.

Mixer: Mix하는 사람, 또는 조정장치(調整裝置).

Narratage: 주인공의 해설(解說)에 따라서 화면이나 story가 진행되는 기법(技法)

Network: 선로망(線路網). 회선망(回線網).
보통 방송망(放送網)이라고 함.

News-Variety: news를 다양(多樣)하게 처리하는 보도 program.

News Caster: news방송을 전문으로 하는 사람.

NG: No Good의 약(略).
쓸 수 없게 된 tape 또는 film.

OL: Over Lap의 약(略)
두 가지 이상의 소리가 물리는 것.
signal과 bridge가 섞이면서 넘어가는 것.

Package Pro: 상업방송에서 sponsor에게 그대로 팔 수 있도록 만들어진 ready made program.

PD: Program Director의 약(略). 보통 director라고 한다.
pro제작을 지도한다.

Q: Cue의 약(略)

- pro가운데 움직임. 음악을 지시하기 위하여 미리 정해 놓은 신호(信號).
- 각 방송국사이에 mike를 넘기거나 받을 때의 신호(信號).

SI:
- Service Information의 약(略).
  생활정보 즉 교통, 단수, 단전 등 생활에 유익한 정보.
- Sneak In의 약(略). 소리가 서서히 들어간다.

SO: Sneak Out의 약(略).
소리가 서서히 사라진다.

Stand By: 뜻밖의 사고(事故)에 대비하여 만들어 놓은 pro.
중계 도중 비가 와서 중단될 경우에 방송한다.

Spot News: pro와 pro 사이에 내보내는 짤막한 news.

Sponsor: 민간방송 광고주.

Script-writer: 방송 대본(臺本)을 제작하는 사람.

SP: Sustaining Pro의 약(略).
　자주(自主)pro를 말함.
　방송국이 경비를 부담(負擔)하고 제작하여 sponsor에게 팔리지 않은 pro.

SE: Sound Effect의 약(略).
　음향효과.

T: tape의 약(略). 녹음(錄音)의 뜻.

Talent: 방송의 출연자. 성우, TV 배우를 말함.

UHF: Ultra High Frequency(초단파대 300~3.000메가 사이클의 주파대 周波帶)

부록

표준 발음법(標準 發音法)

-문교부 고시 제88-2호(1988.1.19)-

부록 표준 발음법(標準 發音法) -문교부 고시 제88-2호(1988.1.19)-

제1장 총 칙

제1항 표준 발음법은 표준어의 실제 발음을 따르되, 국어의 전통성과 합리성을 고려하여 정함을 원칙으로 한다.

제2장 자음과 모음

제2항 표준어의 자음은 다음 19개로 한다.

ㄱ ㄲ ㄴ ㄷ ㄸ ㄹ ㅁ ㅂ ㅃ ㅅ ㅆ ㅇ ㅈ ㅉ ㅊ ㅋ ㅌ ㅍ ㅎ

제3항 표준어의 모음은 다음 21개로 한다.

ㅏ ㅐ ㅑ ㅒ ㅓ ㅔ ㅕ ㅖ ㅗ ㅘ ㅙ ㅚ ㅛ ㅜ ㅝ ㅞ ㅟ ㅠ ㅡ ㅢ ㅣ

제4항 'ㅏ ㅐ ㅓ ㅔ ㅗ ㅚ ㅜ ㅟ ㅡ ㅣ'는 단모음(單母音)으로 발음한다.

[붙임] 'ㅚ, ㅟ'는 이중 모음으로 발음할 수 있다.

제5항 'ㅑ ㅒ ㅕ ㅖ ㅘ ㅙ ㅛ ㅝ ㅞ ㅠ ㅢ'는 이중 모음으로 발음한다.

다만 1. 용언의 활용형에 나타나는 '져, 쪄, 쳐'는 [저, 쩌, 처] 로 발음한다.

가지어 →가져 [가저]　찌어 →쪄 [쩌]　다치어 →다쳐 [다처]

다만 2. '예, 례' 이외의 'ㅖ'는 [ㅔ] 로도 발음한다.

계집 [계:집/게:집]　계시다 [계:시다/게:시다]

시계 [시계/시게] (時計)연계 [연계/연게] (連繫)
몌별 [몌별/메별] (袂別)개폐 [개폐/개페] (開閉)
혜택 [혜:택/헤:택] (惠澤)　　지혜 [지혜/지헤] (智慧)

다만 3. 자음을 첫소리로 가지고 있는 음절의 'ㅢ'는 [ㅣ] 로 발음한다.
늴리리　닁큼　무늬　띄어쓰기　씌어　틔어
희어　희망　유희　희떱다

다만 4. 단어의 첫음절 이외의 '의'는 [ㅣ] 로, 조사 '의'는 [ㅔ] 로 발음함도 허용한다.
주의 [주의/주이]　　협의 [혀븨/혀비]
우리의 [우리의/우리에]　　강의의 [강:의의/강:이에]

제3장 소리의 길이

제6항 모음의 장단을 구별하여 발음하되, 단어의 첫 음절에서만 긴소리가 나타나는 것을 원칙으로 한다.

(1) 눈보라 [눈:보라]　말씨 [말:씨] 밤나무 [밤:나무]
많다 [만:타]　멀리 [멀:리] 벌리다 [벌:리다]

(2) 첫눈 [천눈]　참말 [참말]　쌍동밤 [쌍동밤]
수많이 [수마니]　눈멀다 [눈멀다]　떠벌리다 [떠벌리다]
다만, 합성어의 경우에는 둘째 음절 이하에서도 분명한 긴소리를 인정한다.
반신반의 [반:신바:늬/반:신 바:니]　재삼재사 [재:삼재:사]

[붙임] 용언의 단음절 어간에 어미 '-아/-어'가 결합되어 한 음절로 축약되는 경우에도 긴소리로 발음한다.

보아 →봐 [봐:]　기어 →겨 [겨:]　되어 →돼 [돼:]

두어 →둬 [둬:]   하여 →해 [해:]

다만, '오아 →와, 지어 →져, 찌어 →쪄, 치어 →쳐'등은 긴소리로 발음 하지 않는다.

제7항 긴소리를 가진 음절이라도, 다음과 같은 경우에는 짧게 발음한다.

1. 단음절인 용언 어간에 모음으로 시작된 어미가 결합되는 경우

감다 [감:따] -감으니 [가므니] 밟다 [밥:따] -밟으면 [발브면]

신다 [신:따] -신어 [시너] 알다 [알:다] -알아 [아라]

다만, 다음과 같은 경우에는 예외적이다.

끌다 [끌:다] -끌어 [끄:러]   떫다 [떨:다] -떫은 [떨:븐]

벌다 [벌:다] -벌어 [버:러]   썰다 [썰:다] -썰어 [써:러]

없다 [업:따] -없으니 [업:쓰니]

2. 용언 어간에 피동, 사동의 접미사가 결합되는 경우

감다 [감:따] -감기다 [감기다] 꼬다 [꼬:다] -꼬이다 [꼬이다]

밟다 [밥:따] -밟히다 [발피다]

다만, 다음과 같은 경우에는 예외적이다.

끌리다 [끌:리다] 벌리다 [벌:리다] 없애다 [업:쌔다]

[붙임] 다음과 같은 합성어에서는 본디의 길이에 관계없이 짧게 발음한다.

밀-물 썰-물 쏜-살-같이 작은-아버지

제4장 받침의 발음

제8항 받침소리는 'ㄱ, ㄴ, ㄷ, ㄹ, ㅁ, ㅂ, ㅇ'의 7개 자음만 발음한다.

제9항 받침 'ㄲ, ㅋ', 'ㅅ, ㅆ, ㅈ, ㅊ, ㅌ' 'ㅍ'은 어말 또는 자음 앞에서 각각 대표음 [ㄱ, ㄷ, ㅂ] 으로 발음한다.

닦다 [닥따] 키읔 [키윽] 키읔과 [키윽꽈] 옷 [옫]
웃다 [욷:따] 있다 [읻따] 젖 [젇] 빚다 [빋따]
꽃 [꼳] 쫓다 [쫃따] 솥 [솓] 뱉다 [밷:따]
앞 [압] 덮다 [덥따]

제10항 겹받침 'ㄳ', 'ㄵ', 'ㄼ, ㄽ, ㄾ', 'ㅄ'은 어말 또는 자음 앞에서 각각 [ㄱ, ㄴ, ㄷ, ㄹ, ㅂ] 으로 발음한다.

넋 [넉] 넋과 [넉꽈] 앉다 [안따] 여덟 [여덜]
넓다 [널따] 외곬 [외골] 핥다 [할따] 값 [갑]
없다 [업:따]

다만, '밟-'은 자음 앞에서 [밥] 으로 발음하고, '넓-'은 다음과 같 은 경우에 [넙] 으로 발음한다.

(1) 밟다 [밥:따] 밟소 [밥:쏘] 밟지 [밥:찌]
밟는 [밥:는 → 밤:는] 밟게 [밥:께] 밟고 [밥:꼬]
(2) 넓-죽하다 [넙쭈카다] 넓-둥글다 [넙뚱글다]

제11항 겹받침 'ㄺ, ㄻ, ㄿ,'은 어말 또는 자음 앞에서 각각 [ㄱ, ㅁ, ㅂ] 으로 발음한다.

닭 [닥] 흙과 [흑꽈] 맑다 [막따] 늙지 [늑찌]
삶 [삼:] 젊다 [점:따] 읊고 [읍꼬] 읊다 [읍따]

다만, 용언의 어간 말음 'ㄺ'은 'ㄱ' 앞에서 [ㄹ] 로 발음한다.

맑게 [말께] 묽고 [물꼬] 얽거나 [얼꺼나]

제12항 받침 'ㅎ'의 발음은 다음과 같다.

1. 'ㅎ(ㄶ,ㅀ)' 뒤에 'ㄱ, ㄷ,ㅈ'이 결합되는 경우에는, 뒤 음절 첫소리와 합쳐서 [ㅋ, ㅌ ㅊ] 으로 발음한다.

   놓고 [노코]　　좋던 [조:턴]　　쌓지 [싸치]

   많고 [만:코]　　않던 [안턴]　　닳지 [달치]

   [붙임1] 받침 'ㄱ(ㄺ), ㄷ, ㅂ(ㄼ), ㅈ(ㄵ)'이 뒤 음절 첫소리 'ㅎ'과 결합되는 경우에도, 역시 두 소리를 합쳐서 [ㅋ, ㅌ,ㅍ, ㅊ] 으로 발음한다.

   각하 [가카]　먹히다 [머키다]　밝히다 [발키다]

   맏형 [마텽]　좁히다 [조피다]　넓히다 [널피다]

   꽂히다 [꼬치다]　앉히다 [안치다]

   [붙임2] 규정에 따라 'ㄷ'으로 발음되는 'ㅅ, ㅈ, ㅊ, ㅌ'의 경우에는 이에 준한다.

   옷 한 벌 [오탄벌]　낮 한때 [나탄때]

   꽃 한 송이 [꼬탄송이]　　숱하다 [수타다]

2. 'ㅎ(ㄶ, ㅀ)' 뒤에 'ㅅ'이 결합되는 경우에는, 'ㅅ,을 [ㅆ] 으로 발음한다.

   닿소 [다쏘]　　많소 [만:쏘]　　싫소 [실쏘]

3. 'ㅎ' 뒤에 'ㄴ'이 결합되는 경우에는, [ㄴ] 으로 발음한다.

   놓는 [논는]　　쌓네 [싼네]

[붙임] 'ㄶ, ㅀ' 뒤에 'ㄴ'이 결합되는 경우에는, 'ㅎ'을 발음하지 않는다.

   않네 [안네]　않는 [안는]　뚫네 [뚤네 →뚤레]

   뚫는 [뚤는 →뚤른]

* '뚫네 [뚤네 →뚤레] , 뚫는 [뚤는 →뚤른] '에 대해서는

제 20항 참조

4. 'ㅎ(ㄴㅎ, ㄹㅎ)' 뒤에 모음으로 시작된 어미나 접미사가 결합되는 경우에는 'ㅎ'을 발음하지 않는다.

낳은 [나은]　놓아 [노아]　쌓이다 [싸이다]
많아 [마:나]　않은 [아는]　닳아 [다라]
싫어도 [시러도]

제13항 홑받침이나 쌍받침이 모음으로 시작된 조사나 어미, 접미사와 결합되는 경우에는, 제 음가대로 뒤 음절 첫소리로 옮겨 발음한다.

깎아 [까까]　옷이 [오시]　있어 [이써]　낮이 [나지]
꽂아 [꼬자]　꽃을 [꼬츨]　쫓아 [쪼차]　밭에 [바테]
앞으로 [아프로]　덮이다 [더피다]

제14항 겹받침이 모음으로 시작된 조사나 어미, 접미사와 결합되는 경우에는, 뒤엣것만을 뒤 음절 첫소리로 옮겨 발음한다.(이 경우, 'ㅅ'은 된소리로 발음함.)

넋이 [넉씨]　앉아 [안자]　닭을 [달글]　젊어 [절머]
곬이 [골씨]　핥아 [할타]　읊어 [을퍼]　값을 [갑쓸]
없어 [업:써]

제15항 받침 뒤에 모음 'ㅏ, ㅓ, ㅗ, ㅜ ㅟ'들로 시작되는 실질 형태소가 연결되는 경우에는, 대표음으로 바꾸어서 뒤 음절 첫소리로 옮겨 발음한다.

밭 아래 [바다래]　늪 앞 [느밥]　젖어미 [저더미]
맛없다 [마덥다]　겉옷 [거돋]　헛웃음 [허두슴]
꽃 위 [꼬뒤]

다만, '맛있다, 멋있다'는 [마싣따], [머싣따] 로도 발음할 수 있다.

[붙임] 겹받침의 경우에는 그 중 하나만을 옮겨 발음한다.
넋 없다 [너겁따] 닭 앞에 [다가페] 값어치 [가버치]
값있는 [가빈는]

제16항 한글 자모의 이름은 그 받침소리를 연음하되, 'ㄷ, ㅈ, ㅊ, ㅋ, ㅌ, ㅍ, ㅎ'의 경우에는 특별히 다음과 같이 발음한다.

디귿이 [디그시] 디귿을 [디그슬] 디귿에 [디그세]
지읒이 [지으시] 지읒을 [지으슬] 지읒에 [지으세]
치읓이 [치으시] 치읓을 [치으슬] 치읓에 [치으세]
키읔이 [키으기] 키읔을 [키으글] 키읔에 [키으게]
티읕이 [티으시] 티읕을 [티으슬] 티읕에 [티으세]
피읖이 [피으비] 피읖을 [피으블] 피읖에 [피으베]
히읗이 [히으시] 히읗을 [히으슬] 히읗에 [히으세]

제5장 소리의 동화

제17항 받침 'ㄷ, ㅌ(ㄾ)'이 조사나 접미사의 모음 'ㅣ'와 결합되는 경우에는, [ㅈ, ㅊ] 으로 바꾸어서 뒤 음절 첫소리로 옮겨 발음한다.

곧이듣다 [고지듣따] 굳이 [구지] 미닫이 [미다지]
땀받이 [땀바지] 밭이 [바치] 벼훑이 [벼훌치]

[붙임] 'ㄷ' 뒤에 접미사 '히'가 결합되어 '티'를 이루는 것은 [치] 로 발음한다.
굳히다 [구치다] 닫히다 [다치다] 묻히다 [무치다]

제18항 받침 'ㄱ(ㄲ, ㅋ, ㄳ, ㄺ), ㄷ(ㅅ, ㅆ, ㅈ, ㅊ, ㅌ, ㅎ), ㅂ(ㅍ, ㄼ, ㄿ, ㅄ)'은 'ㄴ, ㅁ'앞에서 [ㅇ, ㄴ, ㅁ] 으로 발음한다.

먹는 [멍는] 국물 [궁물] 깎는 [깡는]
키읔만 [키응만] 긁는 [긍는] 흙만 [흥만]
닫는 [단는] 앞마당 [암마당] 있는 [인는]
맞는 [만는] 쫓는 [쫀는] 꽃망울 [꼰망울]
짓는 [진:는] 놓는 [논는] 잡는 [잠는]
몫몫이 [몽목씨] 붙는 [분는] 밟는 [밤:는]
읊는 [음는] 없는 [엄:는] 밥물 [밤물]
옷맵시 [온맵시] 젖멍울 [전멍울]

[붙임] 두 단어를 이어서 한 마디로 발음하는 경우에도 이와 같다.

책 넣는다 [챙넌는다] 흙 말리다 [흥말리다]
옷 맞추다 [온마추다] 밥 먹는다 [밤멍는다]
값 매기다 [감매기다]

제19항 받침 'ㅁ, ㅇ' 뒤에 연결되는 'ㄹ'은 [ㄴ] 으로 발음한다.

담력 [담:녁] 침략 [침냑] 강릉 [강능] 항로 [항:노]
대통령 [대:통녕]

[붙임] 받침 'ㄱ, ㅂ' 뒤에 연결되는 'ㄹ'도 [ㄴ] 으로 발음한다.

막론 [막논 →망논] 백리 [백니 →뱅니]
협력 [협녁 →혐녁] 십리 [십니 →심니]

제20항 'ㄴ'은 'ㄹ'의 앞이나 뒤에서 [ㄹ] 로 발음한다.

(1) 난로 [날:로] 신라 [실라] 천리 [철리]
광한루 [광:할루] 대관령 [대:괄령]

(2) 칼날 [칼랄] 물난리 [물랄리] 줄넘기 [줄럼끼]
할는지 [할른지]

[붙임] 첫소리 'ㄴ'이 'ㄹㅎ', 'ㄹㅌ' 뒤에 연결되는 경우에도 이에 준한다.

닳는 [달른] 뚫는 [뚤른] 핥네 [할레]

다만, 다음과 같은 단어들은 'ㄹ'을 [ㄴ] 으로 발음한다.

의견란 [의:견난] 임진란 [임:진난] 생산량 [생산냥]
결단력 [결딴녁] 공권력 [공꿘녁] 동원령 [동:원녕]
상견례 [상견녜] 횡단로 [횡단노] 이원론 [이:원논]
입원료 [이붠뇨] 구근류 [구근뉴]

제21항 위에서 지적한 이외의 자음 동화는 인정하지 않는다.

감기 [감기] (X [강:기] 옷감 [옫깜] (X [옥깜])
있고 [읻꼬] (X [익꼬]) 꽃길 [꼳낄] (X [꼭낄])
젖먹이 [전머기] (X [점머기]) 문법 [문뻡] (X [뭄뻡])
꽃밭 [꼳빧] (X [꼽빧])

제22항 다음과 같은 용언의 어미는 [어] 로 발음함을 원칙으로 하되, [여] 로 발음함도 허용한다.

피어 [피어/피여] 되어 [되어/되여]

[붙임] '이오, 아니오'도 이에 준하여 [이요, 아니요] 로 발음함을 허용한다.

제6장 된소리되기

제23항 받침 'ㄱ(ㄲ, ㅋ, ㄱㅅ, ㄹㄱ), ㄷ(ㅅ, ㅆ, ㅈ, ㅊ, ㅌ), ㅂ(ㅍ, ㄹㅂ,ㄹㅍ,ㅂㅅ)'뒤에 연결되는 'ㄱ, ㄷ, ㅂ, ㅅ, ㅈ'은 된소리로 발음한다.

국밥 [국빱] 깎다 [깍따] 넋받이 [넉빠지] 넓죽하다 [넙쭈카다]
닭장 [닥짱] 칡범 [칙뻠] 뻗대다 [뻗때다] 옷고름 [옫꼬름]
있던 [읻떤] 꽂고 [꼳꼬] 꽃다발 [꼳따발] 낯설다 [낟썰다]
솥전 [솓쩐] 곱돌 [곱똘] 밭갈이 [받까리] 값지다 [갑찌다]
옆집 [엽찝] 덮게 [덥깨] 삯돈 [삭똔] 읊조리다 [읍쪼리다]

제24항 어간 받침 'ㄴ(ㄴㅈ), ㅁ(ㄹㅁ)' 뒤에 결합되는 어미의 첫소리 'ㄱ, ㄷ, ㅅ, ㅈ,'은 된소리로 발음한다.

신고 [신:꼬] 껴안다 [껴안따] 앉고 [안꼬] 얹다 [언따]
삼고 [삼:꼬] 더듬지 [더듬찌] 닮고 [담:꼬] 젊지 [점:찌]
다만, 피동, 사동의 접미사 '-기-'는 된소리로 발음하지 않는다.
안기다 감기다 굶기다 옮기다

제25항 어간 받침 'ㄹㄱ, ㄹㅂ,' 뒤에 결합되는 어미의 첫소리 'ㄱ, ㄷ, ㅅ,ㅈ'은 된소리로 발음한다.

넓게 [널게] 핥다 [할따] 훑소 [훌쏘] 떫지 [떨:찌]

제26항 한자어에서 'ㄹ'받침 뒤에 연결되는 'ㄷ, ㅅ, ㅈ'은 된소리로 발음한다.

갈등 [갈뜽] 발동 [발똥] 절도 [절또] 말살 [말쌀]
일시 [일씨] 갈증 [갈쯩] 물질 [물찔] 발전 [발쩐]
몰상식 [몰쌍식] 불세출 [불쎄출] 불소 [불쏘] (弗素)
다만, 같은 한자가 겹쳐진 단어의 경우에는 된소리로 발음하지 않는다.
허허실실 [허허실실] (虛虛實實) 절절-하다 [절절하다] (切切-)

제27항 관형사형 '-〔으〕ㄹ' 뒤에 연결되는 'ㄱ, ㄷ, ㅂ, ㅈ'은 된소리로 발음한다.

할 것을 〔할꺼슬〕　갈 데가 〔갈떼가〕　할 바를 〔할빠를〕
할 수는 〔할쑤는〕　할 적에 〔할쩌게〕　갈 곳 〔갈꼳〕
할 도리 〔할또리〕　만날 사람 〔만날싸람〕
다만, 끊어서 말할 적에는 예사소리로 발음한다.

〔붙임〕 '-(으)ㄹ'로 시작되는 어미의 경우에도 이에 준한다.
할걸 〔할껄〕　할밖에 〔할빠께〕　할세라 〔할쎄라〕
할수록 〔할쑤록〕　할지라도 〔할찌라도〕　할진대 〔할찐대〕
할지언정 〔할찌언정〕

제28항 표기상으로는 사이시옷이 없더라도, 관형격 기능을 지니는 사이시옷이 있어야 할(휴지가 성립되는) 합성어의 경우에는, 뒤 단어의 첫소리 'ㄱ, ㄷ, ㅂ, ㅅ, ㅈ'을 된소리로 발음한다.

문-고리 〔문꼬리〕　눈-동자 〔눈똥자〕　신-바람 〔신빠람〕
산-새 〔산쌔〕　손-재주 〔손째주〕　길-가 〔길까〕
물-동이 〔물똥이〕　발-바닥 〔발빠닥〕　굴-속 〔굴:쏙〕
술-잔 〔술짠〕　바람-결 〔바람껼〕　그믐-달 〔그믐딸〕
아침-밥 〔아침빱〕　잠-자리 〔잠짜리〕　강-가 〔강까〕
초승-달 〔초승딸〕　등-불 〔등뿔〕　창-살 〔창쌀〕
강-줄기 〔강쭐기〕

제7장 소리의 첨가

제29항 합성어 및 파생어에서, 앞 단어나 접두사의 끝이 자음이고 뒤 단어나 접미사의 첫 음절이 '이, 야, 여, 요, 유'인 경우에는, 'ㄴ'소리를 첨가하여 [니, 냐, 녀, 뇨, 뉴] 로 발음한다.

솜-이불 [솜:니불]　홑-이불 [혼니불]　막-일 [망닐]

삯-일 [상닐]　맨-입 [맨닙]　꽃-잎 [꼰닙]

내복-약 [내:봉냑]　한-여름 [한녀름]　남존-여비 [남존녀비]

신-여성 [신녀성]　색-연필 [생년필]　직행-열차 [지캥녈차]

늑막-염 [능망념]　콩-엿 [콩녇]　담-요 [담:뇨]

눈-요기 [눈뇨기]　영업-용 [영업뇽]　식용-유 [시공뉴]

밤-윷 [밤:뉻] 국민-윤리 [궁민뉼리]

다만, 다음과 같은 말들은 'ㄴ' 소리를 첨가하여 발음하되, 표기대로 발음할 수 있다.

이죽-이죽 [이중니죽/이주기죽]　야금-야금 [야금냐금/야그먀금]

검열 [검:녈/거:멸]　금융 [금늉/그뮹]

[붙임1] 'ㄹ' 받침 뒤에 첨가되는 'ㄴ' 소리는 [ㄹ] 로 발음한다.

들-일 [들:릴]　솔-잎 [솔립]　설-익다 [설릭따]

물-약 [물략] 불-여우 [불려우]　서울-역 [서울력]

물-엿 [물렫] 휘발-유 [휘발류]　유들-유들 [유들류들]

[붙임2] 두 단어를 이어서 한 마디로 발음하는 경우도 이에 준한다.

한 일 [한 닐]　옷 입다 [온닙따]　서른여섯 [서른녀섣]

3연대 [삼년대]　먹은 엿 [머근녇]

할 일 [할릴]　잘 입다 [잘립따]　스물여섯 [스물려섣]

1연대 [일련대]　먹을 엿 [머글련]

다만, 다음과 같은 단어에서는 'ㄴ(ㄹ)' 소리를 첨가하여 발음하지 않는다.

6.25 [유기오]　3.1절(사밀쩔]　송별-연 [송벼련]

등용-문 [등용문]

제30항 사이시옷이 붙은 단어는 다음과 같이 발음한다.

1. 'ㄱ, ㄷ, ㅂ, ㅅ, ㅈ'으로 시작하는 단어 앞에 사이시옷이 올 때에는 이들 자음만을 된소리로 발음하는 것을 원칙으로 하되, 사이시옷을 [ㄷ] 으로 발음하는 것도 허용한다.

   냇가 [내:까/낻:까]　샛길 [새:낄/샏:낄]　빨래돌 [빨래똘/빨랟똘]

   콧등 [코뜽/콛뜽]　깃발 [기빨/긷빨]　대팻밥 [대:패빱/대:팯빱]

   햇살 [해쌀/핻쌀]　뱃속 [배쏙/밷쏙]　뱃전 [배쩐/밷쩐]

   고갯짓 [고개찓/고갣찓]

2. 사이시옷 뒤에 'ㄴ, ㅁ'이 결합되는 경우에는 [ㄴ] 으로 발음한다.

   콧날 [콛날 →콘날]　아랫니 [아랟니 →아랜니]

   툇마루 [퇻:마루 →퇸:마루　뱃머리 [밷머리 →밴머리]

3. 사이시옷 뒤에 '이' 소리가 결합되는 경우에는 [ㄴㄴ] 으로 발음한다.

   베갯잇 [베갣닏 →베갠닏]　깻잎 [깯닙 →깬닙]

   나뭇잎 [나묻닙 →나문닙]　도리깻열 [도리깯녈 →도리깬녈]

   뒷윷 [뒫:뉻 → 뒨:뉻]

참고문헌

스피치와 프레젠테이션 전영우 2010. 민지사

국어순화교육 1984. 한국정신문화원

바른말 고운말 KBS 한국어 연구회 편 1998. 대교출판사

우리말 바로 써야한다 박갑수 1995. 집문당

우리말 지르잡기 권오운 2002. 문학수첩

언어학 신강 배량서 1982. 한신문화사

사라진 말 살아남은 말 1979. 박갑수 서태헌

당신의 우리말 실력은? 1985. 이기문 편저 리더스 다이제스트

세계 문장대백과 사전 1971. 이어령 편저 삼중당

한국어 표준발음 사전 2002. 이현복 서울대학교 출판부

우리말 우리글 바로 쓰기 2001 문화관광부

말하기와 쓰기 2011. 세종대학교 교양교육연구소

바른 국어 생활 2010. 국립국어원

한국어 발음 2002. 연세대학교 한국어학당

아나운서 저널 2011. 한국아나운서연합회

사회인을 위한 효과적 의사소통 교육 연구 2008. 국립국어원

방송과 우리말 2008. 문화방송 우리말 위원회

큰 소리로 읽는 한국어

- 낭독(朗讀)의 발견 -

조 동 오(趙東五)

2011년 8월 8일 초판인쇄
2011년 8월 10일 발 행
발행인 박 진 영
발행처 도서출판 진영사
인천광역시 부평구 갈산동 16-22번지
전화 : 032)505-4207
팩스 : 032)505-4206
E-mail : 0183734207@hanmail.net
등록 : 122-91-77317

ISBN 978-89-6541-049-2 92700
값 18,000 원

이 책은 관훈클럽신영연구기금의 도움을 받아 저술 출판되었습니다.